Demozid

1. Auflage September 2023

Lektorat: Aurelia Blumental
Satz und Layout: Mohn Media Mohndruck GmbH, Gütersloh
Umschlaggestaltung: Nicole Lechner

ISBN: 978-3-86445-955-9

MIX
Papier | Fördert gute Waldnutzung
FSC® C014496

Gerne senden wir Ihnen unser Verlagsverzeichnis
Kopp Verlag
Bertha-Benz-Straße 10
72108 Rottenburg
E-Mail: info@kopp-verlag.de
Tel.: (0 74 72) 98 06-10
Fax: (0 74 72) 98 06-11

Unser Buchprogramm finden Sie auch im Internet unter:
www.kopp-verlag.de

Peter Orzechowski

Demozid

Will eine selbst ernannte Elite die Menschheit reduzieren?

KOPP VERLAG

Inhalt

Vorwort 8

1 – Gibt es einen Plan, die Erde zu entvölkern? 12

Die verdächtigen Ziele der Vereinten Nationen 12
Verräterische Aussagen 16
Der mysteriöse Deagel-Report 19
Die Mär von der Bevölkerungsexplosion 23
Die »Influencer« der Entvölkerungsagenda 28
Die ökonomische Weltregierung 32
Die Geldgeber im Hintergrund 34
Der radikale Vordenker 39
Die entscheidende Rolle des Club of Rome 43
Der Vater des Gedankens 48
Auslese der Guten 50

2 – Der Angriff auf unsere Gesundheit 59

Massiver Geburtenrückgang 60
Heimliche Sterilisation 64
Hohe Übersterblichkeit in Deutschland
und den Ländern des Westens 68

Sterbehilfe: Medizinische Hilfe und »Schadensbegrenzung« ... 73
Covid-19 von langer Hand geplant? ... 75
Wie der Lockdown eingefädelt wurde ... 82
Impfstoffentwickler als Eugeniker ... 87
Impfen – ohne dass wir es merken ... 90
Neue Superviren werden gezüchtet ... 94
336 Pentagon-Labore weltweit ... 97
Die nutzlose UN-Biowaffenkonvention ... 101
Wird die Vogelgrippe zur neuen Pandemie? ... 104
Mysteriöse Nanopartikel ... 109
Die Erschaffung des neuen Menschen ... 111
»Das größte Verbrechen gegen die Menschlichkeit« ... 115

3 – Die Vernichtung unserer Nahrungsquellen 123

Gift im Essen ... 125
Die globale Nahrungsmittelkrise ... 128
Weltweite Hungersnot durch den Krieg in der Ukraine? ... 130
Der Netto-Null-Kult ... 135
Der inszenierte Mangel ... 138
Der Kampf ums Trinkwasser ... 140
Ominöse Planspiele:
Wenn Energie und Nahrung knapp werden ... 144
Bill Gates' Traum von den genetisch perfekten Nutztieren ... 149
Mysteriöse Lieferengpässe, Großbrände und Dürren ... 152

4 – Der mutwillig erzeugte Klimawandel 157

Sind Chemtrails real? 158
Weniger Sonnenlicht, dafür mehr Gift 162
Der Trick mit dem CO_2-Ausstoß 165
So geht Wettermanipulation 168
Der globale Wetterkrieg 171
Die Wettermacher 176
Die Waffe der Apokalypse 178
»Klimakrise« – die neue Plandemie? 184

5 – Krieg als Waffe für den Demozid 189

USA: Kein Rivale wird geduldet 192
»Dreh- und Angelpunkt Ukraine« 196
Deutsche Transatlantiker als Kriegstreiber 202
NATO: Die drei Stoßrichtungen gegen Russland 206
Die Ostsee wird zur Aufmarschzone 210
Auch die Bundeswehr hat Russland im Visier 213
Tödliche Raketen 217
Der atomare Erstschlag 222
Braucht Deutschland Atomwaffen? 226
Das Südchinesische Meer – Schlachtfeld der Zukunft? 233
Taiwan: Ukraine 2.0? 236
Deutschland bringt sich gegen China in Stellung 239
Krieg gegen China? 240
Nadelstiche gegen den Drachen – Die Sabotage der Neuen Seidenstraße 243
Der Konflikt ist bereits global 245

6 – Die Weichen sind gestellt 254

Die NSA überwacht Deutschland 255
Zensur gegen Andersdenkende 258
Der Weg in den Polizeistaat 263
Die WHO als globale Befehlszentrale 267
Die Kontrolle über unsere Gesundheit 271
»One Health« – das neue Zauberwort 274

Schlusswort 278

Quellen 287

Vorwort

Dieses Buch verbreitet keine Verschwörungstheorie. Dieses Buch will vielmehr den Versuch unternehmen, herauszuarbeiten, ob es eine Verschwörung gegen die Menschheit gibt. Kapitel für Kapitel klopft *Demozid* diese Theorie auf Schlüssigkeit hin ab. Gesucht wird nach Fakten, die bestätigen oder widerlegen, dass es einen Plan zur gezielten Dezimierung der Weltbevölkerung gibt.

Theorien zu überprüfen und Gedanken zu erörtern gehörte einmal zum Handwerkszeug eines jeden Menschen, der sich mit einer Sache ernsthaft beschäftigt und ihr auf den Grund gehen will. Ohne die Theorie, dass die Erde rund sei, wäre die Wissenschaft nicht weitergekommen.

Heute hat es den Anschein, dass neue Theorien zu erörtern oder gar eigene Gedanken zu haben verwerflich, ja sogar böse ist. Wie kann die akademische Welt dies hinnehmen? Wie kann ein auch nur halbwegs gebildeter Mensch akzeptieren, dass man ihm vorschreibt, was er zu denken hat? Wie kann auch nur einer von uns aufgeklärten Bürgern des 21. Jahrhunderts zulassen, dass wir nur noch in eine Richtung denken dürfen und dass wir uns von denen, die anders denken, gefälligst zu distanzieren haben? Wie kann die Wissenschaft ihre ureigensten Prinzipien des Hinterfragens und des Diskutierens von abweichenden Meinungen so verraten? Ist das dann überhaupt noch Wissenschaft?

Ich denke, wenn nur noch in eine Richtung gedacht werden darf, ist es nicht Wissenschaft, sondern Religion oder Kult. Und wenn die von uns gewählten Volksvertreter machen, was sie wollen, und uns Bürger je nach Bedarf kontrollieren und kujonieren, dann ist es nicht Demokratie, sondern Diktatur – natürlich mittels Propaganda in einer demokratischen Verkleidung.

Als Ende 2020 die Impfkampagne gegen Covid-19 anlief und die alternativen Medien vor den gesundheitsschädlichen Spritzen warnten, sagte ein Freund zu mir: »Die Impfung ist Teil des Plans, die Weltbevölkerung zu dezimieren.«

»Was ist denn das für ein Quatsch«, empörte ich mich, »das ist wieder eine dieser Verschwörungstheorien, die allen anderen, die längst bewiesen sind, die Glaubwürdigkeit nehmen sollen!«

Aber dieser Freund wusste genau, dass er mich mit dieser Aussage herausgefordert hatte. Denn nun wollte ich es genau wissen. Wenn Sie meine Bücher gelesen haben, wissen Sie, dass ich Verschwörungsaufklärer bin. Will sagen: Wo eine Verschwörungstheorie existiert, da gibt es entweder einen realen verdeckten Plan, der gefunden und dann aufgedeckt werden muss, oder die Theorie entpuppt sich als Verdacht, der zwar naheliegen mag, aber nicht bewiesen werden kann. Jedenfalls sehe ich es als meine Aufgabe an, die Menschen darüber aufzuklären, wo es Hinweise auf eine Verschwörung gibt. Oder um es noch genauer zu benennen: Aufzuzeigen, ob es Gruppen von Menschen gibt, die sich zusammengetan haben, um bestimmte Interessen und Ziele durchzusetzen – ohne dabei uns, die breite Mehrheit der Weltbevölkerung, gefragt zu haben oder gar von uns beauftragt zu sein. Genau diesen Vorgang nennt man Verschwörung.

Diese Arbeitsweise macht mich in den Augen des Mainstreams zum Verschwörungstheoretiker. Das liegt daran, dass die Vertreter des Mainstreams dazu angehalten werden, jede vom offiziellen Narrativ abweichende Meinung als Verschwörungstheorie zu brandmarken. Wieso verstehen sie nicht, dass es eigentlich *ihre* Aufgabe wäre, jegliches zielgerichtete konspirative Wirken aufzudecken?

Weil sie – wie Parlament und Regierung – vergessen haben, was ihre eigentliche Aufgabe ist: für unser aller Wohl einzutreten. Gerade die Presse muss immer auf der Seite derer stehen, die keine Macht und keine Lobby haben, ansonsten ist sie Public Relations (PR). Öffentlichkeitsarbeit ist aber kein Journalismus, weil sie eben nur für eine Seite gemacht wird. Es ist ja ihr Ziel, die Arbeit ihres Auftraggebers in bestmöglichem Licht darzustellen. Dafür werden die Öffentlichkeitsarbeiter bezahlt, und das ist ein normaler, korrekter Ablauf. Wenn aber diejenigen, die eben nicht nur die eine und alleinige Meinung ihres Auftraggebers darstellen, sondern sich alle Seiten anhören sollten, also die Journalisten, ihren Auftrag vergessen, nicht mehr nachforschen und überprüfen und nicht mehr auf die Nöte derer ohne Macht eingehen, dann machen sie PR. Was mir persönlich wehtut, denn ich habe mehr als 40 Jahre in diesem Umfeld gearbeitet und mich für freien und kritischen Journalismus eingesetzt. Dieser findet heute ausschließlich in den alternativen Medien statt.

Aber halten wir uns nicht mit denen auf, die freies Denken ohnehin schon abgeheftet und in die Schublade gelegt haben. Konzentrieren wir uns auf die These, die wir hier untersuchen wollen: Gibt es eine Verschwörung einiger sehr einflussreicher Menschen mit dem Zweck des Massenmordes? Nichts anderes ist ja eine geplante Dezimierung der auf Erden lebenden Menschen. Ich lade Sie ein, mit mir gemeinsam zu schauen, ob an diesem Gedanken etwas dran ist.

Zunächst aber will ich erklären, warum ich diesen Plan als Demozid bezeichne:

Der Begriff leitet sich ab vom altgriechischen *démos,* deutsch »Volk«, »Bevölkerung«, und dem lateinischen *caedere,* deutsch »morden«, »metzeln«. Er wurde eingeführt von dem amerikanischen Politikwissenschaftler Rudolph Joseph Rummel und meint die vorsätzliche Tötung von Menschengruppen durch die höchsten Institutionen eines Staates.[1]

Dies wird zum Beispiel erreicht durch die Auferlegung tödlicher Lebensbedingungen, aber auch durch das vorsätzliche oder fahrlässige Herbeiführen von Hungersnöten und Epidemien sowie durch Vertreibungen und Massenmigration oder durch gezielt herbeigeführte kriegerische Konflikte.[2]

Lassen Sie uns gemeinsam untersuchen, ob es Anhaltspunkte für diese grausame Idee der Massenentvölkerung gibt. Dabei gehe ich, wie immer, Schritt für Schritt vor in meiner Recherche. Ich möchte Sie, lieber Leser, mitnehmen auf diesem Weg der Enthüllung, damit Sie selbst sehen, ob an dieser Theorie, dass es eine Verschwörung Mächtiger gibt, etwas dran ist, oder ob wir nur mit einer Übertreibung einiger allzu ängstlicher Zeitgenossen konfrontiert sind.

Das heißt, wir haben eine lange, aber aufregende Reise vor uns. Denn es gilt, vieles anzusehen, zu überprüfen und Indizien und Beweise zu finden.

Zunächst müssen wir klären: Gibt es überhaupt einen Plan zur Dezimierung der Weltbevölkerung? Wenn ja, wer schmiedet diesen Plan? Und haben diejenigen, die dieser Vision anhängen, Macht und Einfluss genug, um sie umzusetzen? Natürlich müssen wir auch versuchen herauszufinden, warum die Planer überhaupt auf die Idee der Depopulation gekommen sind. Das ist der erste Fragenkomplex, den wir angehen müssen.

Zweitens müssen wir herausfinden, wie die Planer vorgehen wollen. Mit welchen Mitteln wollen sie ihr Ziel erreichen? Gibt es Anzeichen dafür, dass der Plan zumindest in Teilen bereits umgesetzt wird? Und wenn ja, wo auf der Welt geschieht das? Die Antworten auf diese Frage werden uns dann Aufschluss darüber geben, wann der Plan verwirklicht werden soll.

Viele Fragen also. Halten wir uns daher nicht mit Vorreden auf, sondern steigen wir gleich ein.

1 – Gibt es einen Plan, die Erde zu entvölkern?

Wenn man eine Recherche beginnt, dann schaut man zunächst, ob es bereits Veröffentlichungen zu diesem Thema gibt. Und da finden wir das Buch von Eileen DeRolf und Jan van Helsing mit dem Titel *Wir töten die halbe Menschheit – und es wird schnell gehen!* Es ist 2021 im Amadeus Verlag erschienen. Der Untertitel lautet: *Der Plan der Elite, »minderwertige Völker« über Krankheiten und Seuchen loszuwerden. Der Rest erlebt die grün-sozialistische Neue Weltordnung!*[3]

Das klingt vielversprechend: 325 Seiten zu unserem Thema. Leider sind die ersten 186 Seiten lediglich eine Übersetzung aus dem Amerikanischen über die »Agenda 21 für Nachhaltige Entwicklung« und ihre Bedeutung für die USA. Es folgt das Transkript der Videoansprache von George Hunt[4] vom 1. Mai 1992 anlässlich der Konferenz der Vereinten Nationen über Umwelt und Entwicklung in Rio de Janeiro, auf der die »Agenda 21« beschlossen wurde, sowie die Verschriftlichung der Tonbandaufnahmen vom Vierten World Wilderness Congress 1987. Und am Ende des Buches finden wir einen Anhang von 81 Seiten mit einer Initiative für die ECO-92-Erd-Charta vom 6. Oktober 2018 und der Aufzeichnung eines Gesprächs zwischen Jan van Helsing mit Hannes Berger und Andreas Ungerer über den Handel mit Geburtsurkunden sowie über allgemeine Themen.

Die verdächtigen Ziele der Vereinten Nationen

Schon haben wir das erste Stichwort, das wir näher untersuchen und daraufhin überprüfen sollten: Es ist die »Agenda 21« der Vereinten Nationen (UN). Mittlerweile – seit dem 1. Januar 2016 – heißt sie

»Agenda 2030«. In ihr sind siebzehn Ziele für nachhaltige Entwicklung (englisch: Sustainable Development Goals)[5] festgelegt. In Deutschland firmiert dieser »Fahrplan für die Zukunft« übrigens unter der Bezeichnung »Transformation unserer Welt: Die Agenda 2030 für nachhaltige Entwicklung«. Nahezu alle Länder der Welt haben dieses Papier im Jahr 2016 unterzeichnet.

Die 17 Punkte dieser Agenda lauten:

1. Armut beenden – Armut in all ihren Formen und überall beenden.
2. Ernährung sichern – den Hunger beenden, Ernährungssicherheit und eine bessere Ernährung erreichen und eine nachhaltige Landwirtschaft fördern.
3. Gesundes Leben für alle – ein gesundes Leben für alle Menschen jeden Alters gewährleisten und ihr Wohlergehen fördern.
4. Bildung für alle – inklusive, gerechte und hochwertige Bildung gewährleisten und Möglichkeiten des lebenslangen Lernens für alle fördern.
5. Gleichstellung der Geschlechter – Geschlechtergleichstellung erreichen und alle Frauen und Mädchen zur Selbstbestimmung befähigen.
6. Wasser und Sanitärversorgung für alle – Verfügbarkeit und nachhaltige Bewirtschaftung von Wasser und Sanitärversorgung für alle gewährleisten.
7. Nachhaltige und moderne Energie für alle – Zugang zu bezahlbarer, verlässlicher, nachhaltiger und zeitgemäßer Energie für alle sichern.
8. Nachhaltiges Wirtschaftswachstum und menschenwürdige Arbeit für alle – dauerhaftes, breitenwirksames und nachhaltiges Wirtschaftswachstum, produktive Vollbeschäftigung und menschenwürdige Arbeit für alle fördern.

9. Widerstandsfähige Infrastruktur und nachhaltige Industrialisierung – eine widerstandsfähige Infrastruktur aufbauen, breitenwirksame und nachhaltige Industrialisierung fördern und Innovationen unterstützen.
10. Ungleichheit verringern – Ungleichheit in und zwischen Ländern verringern.
11. Nachhaltige Städte und Siedlungen – Städte und Siedlungen inklusiv, sicher, widerstandsfähig und nachhaltig gestalten.
12. Nachhaltige Konsum- und Produktionsweisen – nachhaltige Konsum- und Produktionsmuster sicherstellen.
13. Sofortmaßnahmen ergreifen, um den Klimawandel und seine Auswirkungen zu bekämpfen.
14. Bewahrung und nachhaltige Nutzung der Ozeane, Meere und Meeresressourcen.
15. Landökosysteme schützen – Landökosysteme schützen, wiederherstellen und ihre nachhaltige Nutzung fördern, Wälder nachhaltig bewirtschaften, Wüstenbildung bekämpfen, Bodendegradation beenden und umkehren und dem Verlust der biologischen Vielfalt ein Ende setzen.
16. Frieden, Gerechtigkeit und starke Institutionen – friedliche und inklusive Gesellschaften für eine nachhaltige Entwicklung fördern, allen Menschen Zugang zum Recht ermöglichen und leistungsfähige, rechenschaftspflichtige und inklusive Institutionen auf allen Ebenen aufbauen.
17. Umsetzungsmittel und globale Partnerschaft stärken – Umsetzungsmittel stärken und die globale Partnerschaft für nachhaltige Entwicklung mit neuem Leben füllen.

Auf den ersten Blick liest sich die »Agenda 2030« wie das Patentrezept für Weltfrieden und eine goldene Zukunft. Wie will man dieses vermeintlich hehre Vorhaben mit dem Plan einer Entvölkerung in Verbindung bringen? Ganz einfach, indem man sich die einzelnen

Punkte genauer ansieht und überlegt, was sie in letzter Konsequenz bedeuten könnten.

»Verfügbarkeit und nachhaltige Bewirtschaftung von Wasser« will zum Beispiel die Forderung Nummer 6 erreichen. Das kann natürlich bedeuten, dass die Wasserversorgung in die Hände privater Betreiber gelegt werden soll, von denen der Verbraucher dann abhängig ist. Das heißt: Der Wasserversorger bestimmt Preis und Umfang der Lieferung. Und er könnte – aus welchen Gründen auch immer – den Verbrauchern den Hahn zudrehen oder diejenigen nicht mehr beliefern, die das Wasser nicht mehr bezahlen können. Dazu gab es im April 2023 beunruhigende Entwicklungen, wie ich weiter unten aufzeigen will.

Ebenso soll gemäß Punkt 7 die Energieversorgung organisiert werden, was zu willkürlichen Stromabschaltungen und unbezahlbaren Strompreisen führen kann.

Wasser- und Energieversorgung könnten also eingestellt und auf diese Weise große Notsituationen erzeugt werden, die Menschenleben kosten würden.

Im Punkt 11 wird gefordert, Städte und Siedlungen inklusiv, sicher, widerstandsfähig und nachhaltig zu gestalten. Der Begriff der »Smart City« taucht in diesem Zusammenhang auf. Er bedeutet in letzter Konsequenz, dass wir in Zukunft in Städten leben sollen, die unser gesamtes Lebensumfeld darstellen, sodass wir uns nur noch in einem Umkreis von maximal 15 Kilometern bewegen müssten. Der Gedanke drängt sich auf, dass es uns dann irgendwann – natürlich aus Gründen des angeblichen Klimaschutzes – nicht mehr erlaubt sein wird, uns aus diesem 15-Kilometer-Radius herauszubewegen. Ob das unsere Lebensfreude und damit unsere Lebenserwartung steigern würde, darf bezweifelt werden.

Auch bei Punkt 12, in dem nachhaltige Konsum- und Produktionsweisen gefordert werden, drängt sich der Verdacht auf, dass Konsum und Produktion in Zukunft gesteuert werden sollen, will sagen:

Die offiziellen Klimagebote werden bestimmen, was wir konsumieren dürfen.

Die Abschaffung des Verbrennungsmotors (Punkt 13) bedeutet bei genauerer Betrachtung eine erhebliche Einschränkung des Individualverkehrs und der Reisefreiheit. Auch hier sollen den Menschen offenbar Freiheit und Lebensfreude genommen werden.

Der zwangsweise Umbau der Landwirtschaft (Punkt 2 und 15) hat das größte Potenzial, um die Entvölkerung voranzubringen. Denn wer die Ernährung kontrolliert, der kontrolliert die Menschheit und deren Entwicklung.

Auch mit der Abschaffung der »Ungleichheit« (Punkt 10), ein Vorhaben, das auf den ersten Blick so großartig aussieht, geht die Gefahr einher, dass es zum Wohlstandsverlust für reiche Länder und deren Bewohner führen kann, während arme Länder arm bleiben.

Um all diese Veränderungen durchsetzen zu können, will man »leistungsfähige, rechenschaftspflichtige und inklusive Institutionen auf allen Ebenen aufbauen« (Punkt 16). Sind diese Institutionen bereits Teil einer künftigen Weltregierung?

Verräterische Aussagen

Halten wir fest: Einige Punkte in der »Agenda 2030 für nachhaltige Entwicklung« könnten eine Entvölkerung der Erde tatsächlich vorantreiben, aber sie taugen nicht als Beweis für einen finsteren Plan der Eliten. Schauen wir also nach, was wir noch an Hinweisen im DeRolf/van Helsing-Buch finden. In der Mitte des Werks sind auf zwei Seiten interessante Zitate zusammengetragen. Sie deuten darauf hin, dass Depopulation in den Köpfen einiger Mächtiger ein durchaus anzustrebendes Ziel zu sein scheint.

Ganz im Sinn der UNO-Agenda hat sich zum Beispiel Professor Maurice King geäußert: »Globale Nachhaltigkeit erfordert das bewusste Streben nach Armut, die Reduzierung des Ressourcenverbrauchs und eine kontrollierte Sterblichkeitsrate.«[6]

Der verstorbene Meeresforscher Jacques Cousteau wird angeführt mit dem Satz: »Um die Weltbevölkerung zu stabilisieren, müssen wir 350 000 Menschen täglich eliminieren.«[7]

Dave Forman, ein Mitgründer der Umweltbewegung Earth First!, sagte: »Meine drei wichtigsten Ziele wären die Reduzierung der Menschheit auf weltweit etwa 100 Millionen Menschen sowie die Zerstörung der industriellen Infrastruktur und die Rückkehr der Wildnis mit ihrer ursprünglichen Artenvielfalt auf der ganzen Welt.«[8]

Natürlich könnte man einwenden, Earth First! sei eine radikale Bewegung. Schließlich haben ihre Mitglieder geschworen: »No compromise in defense of Mother Earth!« (»Keine Kompromisse bei der Verteidigung von Mutter Erde!«)[9] Aber diese Organisation unterhält mittlerweile Vertretungen in neunzehn Ländern, auch in Deutschland. Das heißt: Wir sollten den Einfluss dieser Bewegung nicht unterschätzen.

Ein anderes Beispiel: David Brower von der Naturschutzstiftung Sierra Club (USA) sagte: »Schwangerschaften sollten als Verbrechen gegen die Gesellschaft strafrechtlich verfolgt werden, es sei denn, die Eltern haben eine staatliche Lizenz. Alle potenziellen Eltern sollen verpflichtet werden, Chemikalien zur Verhütung zu verwenden, wobei die Regierung Gegenmittel an jene Bürger ausstellt, die für die Geburt von Kindern ausgewählt wurden.«[10] Auch der Sierra Club mit seinem Jahresetat von derzeit über 70 Millionen Dollar[11] hat Einfluss auf die Öffentlichkeit, zumindest in den USA.

Eine interessante Aussage machte auch John Holdren, Direktor des Büros für Wissenschafts- und Technologiepolitik im Weißen Haus, während der Amtszeit von Präsident Obama. Er ist ein überzeugter Verfechter von Zwangssterilisation und befürwortet sogar die Zugabe von sterilisierenden Chemikalien in unser Trinkwasser. Und er hat noch ganz andere Ideen: »Die Entwicklung einer Langzeit-

Sterilisationskapsel, die unter die Haut implantiert wird und entfernt werden könnte, wenn eine Schwangerschaft gewünscht wird, eröffnet zusätzliche Möglichkeiten zur zwangsweisen Fruchtbarkeitskontrolle. Die Kapsel könnte in der Pubertät eingepflanzt und mit behördlicher Genehmigung für eine begrenzte Anzahl von Geburten entfernt werden.«[12]

Es gibt noch weitere beunruhigende Aussagen zu diesem Thema, zum Beispiel die zweier italienischer Professoren: Francesca Minerva und Alberto Giubilini veröffentlichten 2012 im *British Medical Journal* eine Arbeit, in der sie die These vertreten, dass die Tötung von Neugeborenen völlig akzeptabel sei, da diese noch nicht wirklich menschlich seien. Sowohl Föten als auch Neugeborene hätten nicht den gleichen ethischen Status wie tatsächliche Personen. Daher sollte nach Meinung der beiden Professoren die Tötung eines Neugeborenen in allen Fällen zulässig sein, in denen auch Abtreibung zulässig ist – sogar dann, wenn das Neugeborene nicht behindert ist. »Abtreibung nach der Geburt«, nennen sie diesen Mord.[13]

Im US-Bundesstaat Kalifornien ist man schon einmal vorgeprescht und lässt dieses Szenario Wirklichkeit werden. Nach einem im März 2022 eingebrachten Gesetzentwurf dürfte die Mutter eines ungewollten Babys dieses bis hin zu einigen Wochen nach der Geburt töten. Im US-Bundesstaat Maryland will ein ähnlicher Gesetzentwurf jede Untersuchung des Todes eines Babys verbieten, wenn es zwar gesund geboren wurde, aber in den ersten Wochen nach der Geburt stirbt.[14]

Aber es geht nicht nur um Säuglinge, die man offenbar in Zukunft töten darf: Menschen mit lebensbedrohlichen Krankheiten will man einreden, dass »der Tod gesund ist«. Das fordert ein Bericht des angesehenen Medizinjournals *Lancet*. Die Begründung: damit verringere sich ihr ökologischer Fußabdruck.[15] Auch ältere Menschen könnten unter diese Rubrik fallen. Ein Professor aus Yale – so berichtet die *New York Post* im Februar 2023 – schlägt vor, dass ältere Japaner Selbstmord begehen sollten, damit sie der Gesellschaft nicht länger zur Last fallen.[16]

So erschütternd diese Aussagen auch sind, sie sind noch kein Beweis für den Plan der Entvölkerung. Also müssen wir weitersuchen.

Ein Jahr nach dem ersten Buch über das Thema Entvölkerung, also 2022, veröffentlichte wiederum der Amadeus Verlag ein Buch von Valentino Bonsanto mit dem Titel *Massenmord oder »Natürliche Auslese«?*. Schauen wir mal, ob wir hier mehr Informationen erhalten.

Im fünften Kapitel finden wir elf Seiten mit der Überschrift »Impfungen und das Ausmaß des Genozids. Sind die Coronaimpfungen ein Mittel der angestrebten Entvölkerung?« Eine wichtige Frage, der wir uns im Lauf unserer Untersuchung annehmen müssen.

Im ersten Kapitel schreibt Bonsanto auf sieben Seiten über die »Reduzierung der Weltbevölkerung«. Er stützt sich dabei auf den sogenannten Deagel-Report. Über diesen geheimnisvollen Bericht diskutiert das Netz seit Jahren.

Der mysteriöse Deagel-Report

Der angeblich geheime Bericht wird zum Beispiel folgendermaßen angepriesen:

»Einer der Geheimdienste Amerikas, Deagel, prognostiziert in seinem neuesten Bericht die Entvölkerung der Welt aufgrund der Covid-19-Krise und des Great Reset. Deagel gilt als Amerikas geheimster Geheimdienst – so geheim, dass nur wenige Menschen von seiner Existenz wissen, und andere behaupten, die Organisation würde gar nicht rechtmäßig existieren. Trotz der überwältigenden Unterdrückung seiner Bedeutung wird Deagel routinemäßig von der CIA und anderen Sicherheitsorganisationen genutzt.«[17]

Stimmt das?

Es ist eine seltsame Website, dieses *deagel.com*[18]. Offiziell beschreibt sie sich als »Guide to Military Equipment and Civil Aviation«, also als

»Übersicht über Militärausrüstungen und zivile Luftfahrt«. Und tatsächlich: Es gibt wohl keine andere Website, die so detailliert auflistet, welches Land wo Waffen kauft oder bestellt.

Obwohl die Website kein Impressum ausweist, weiß man inzwischen, wer sich dahinter verbirgt:[19] Es ist der ehemalige Regierungsinsider Edwin Deagle. Er war Unterstaatssekretär der Air Force unter Präsident Bill Clinton. Später wurde er Assistent des Verteidigungsministers und 1994 stellvertretender Verteidigungsminister unter Clinton. Deagle ist auch als aktives Mitglied des Council on Foreign Relations (CFR) aufgeführt.

Am aufschlussreichsten ist vielleicht die Tatsache, dass Deagle der Direktor für internationale Beziehungen der Rockefeller Foundation ist. Diese Stiftung spielt – wie wir noch sehen werden – eine maßgebliche Rolle, warum überhaupt der Verdacht aufkam, es könne eine Verschwörung mit dem Ziel der Entvölkerung geben.

Auf jeden Fall ist damit klar, warum die Website über solch eine Menge hochsensibler militärischer und wirtschaftlicher Informationen verfügt: Edwin Deagle hat offenbar immer noch sehr hochrangige Verbindungen. Vielleicht führt Deagle ja tatsächlich »Amerikas geheimsten Geheimdienst« an – so abwegig ist das nicht. Auch dass der Dienst »routinemäßig von der CIA und anderen Sicherheitsorganisationen genutzt« wird, klingt durchaus plausibel, spielt aber für unsere Untersuchung keine Rolle.

Was uns interessiert, ist die Frage: Hat die Website in den letzten Jahren dramatische Vorhersagen über einen massiven Rückgang der Weltbevölkerung gemacht?

Laut verschiedenen Bloggern soll es dabei in den Ländern des westlichen Blocks – also Nordamerika und Europa – um einen Bevölkerungsverlust von bis zu 70 Prozent in den kommenden Jahren gehen. Aufgelistet seien 179 Länder mit einer Prognose für 2025. Sogar ein Screenshot dieser Prognose bezogen auf die USA wird gezeigt.[20] Er sieht aus, als stamme er von der Site *deagel.com*, und er sagt für das Jahr 2025 eine US-Bevölkerung von 54 Millionen Menschen voraus – derzeit leben knapp 330 Millionen in den USA.

Interessant ist, dass auch die Vereinten Nationen in ihren Grafiken zur Bevölkerungsentwicklung einen Einschnitt in den Kurven, also einen Rückgang der Bevölkerung, für das Jahr 2025 prognostizieren.[21]

Nach der geschätzten Vorhersage von *deagel.com* soll das US-Bruttosozialprodukt, errechnet aus allen erwirtschafteten Leistungen pro Jahr, von derzeit um die 20 Billionen US-Dollar auf 921 Milliarden schrumpfen, der Militärhaushalt gar von knapp 800 Milliarden auf 8 (!) Milliarden US-Dollar. Und während der US-Bürger heute im Schnitt etwa 60 000 Dollar im Jahr verdient, soll er im Jahr 2025 nur noch über 11 000 Dollar verfügen.

Auch der Autor Gerhard Wisnewski zeigt auf seinem YouTube-Video aus dem Jahr 2021 mit dem Titel »Das Geheimnis der Deagel-Liste« Screenshots der Website. An den Grafiken erkennt man, dass einige Staaten der Welt bis zum Jahr 2025 zwischen 50 und 80 Prozent ihrer Bevölkerung verlieren: USA minus 70 Prozent, Deutschland minus 65 Prozent. Aber wie sollen in Deutschland von den derzeit gut 82 Millionen Bürgern mehr als 53 Millionen verschwinden oder in den USA sogar 276 Millionen Menschen auf einmal zwischen heute und 2025 verstorben sein?

Wie Wisnewski in seinem Video zu Recht sagt: *deagel.com* gibt selbst zu, dass es sich bei diesen Zahlen nur um Mutmaßungen und ein mögliches Szenario handelt. Frühere Prognosen der Website hatten sich nach Wisnewski nicht bewahrheitet.

Neues Licht um das Mysterium des Deagel-Reports brachte ein Artikel auf der journalistisch sauber arbeitenden Schweizer Website *uncut-news.ch* am 18. April 2023 mit dem Titel: »Die Bevölkerungsprognosen für 2025 von Deagel neu betrachtet.«[22] Der Beitrag beruft sich auf den Schweizer Rechtsanwalt Michael Lusk, der am 13. Oktober 2020 auf seiner LinkedIn-Seite schrieb: »In Deagels Bild von 2025 blüht Russland auf, während Europa ruiniert ist. Deagel signalisiert, dass Großbritannien am umfassendsten ruiniert werden wird.«[23]

Die berüchtigte Bevölkerungsprognose von *deagel.com* für das Jahr 2025 wurde im April 2021 von der Website entfernt, aber der Inhalt wurde von *nobulart.com* reproduziert.[24] In einem Artikel vom September 2021 untersuchte *Metallicman,*[25] der *deagel.com* als einen kleinen Ableger des US-Militärgeheimdienstes bezeichnet, was der Bevölkerungsrückgang in der Deagel-Prognose für 2025 im Hinblick auf das, was wir zu dieser Zeit erleben, bedeuten könnte. Der Beitrag kommt zu dem Schluss: »Es besteht ein direkter Zusammenhang zwischen den Ländern, die mRNA-Impfungen durchführen, und denen, die dies nicht tun.«[26]

Zurück zu *uncut-news* und Michael Lusks Analyse. Der Schweizer Anwalt zeigt zwei Diagramme, die die Bevölkerungs- und Wirtschaftsaussichten für eine Vielzahl von Ländern nach den derzeitigen Angaben von *deagel.com* veranschaulichen. Die Grafiken zeigen das gleiche Bild wie die Screenshots, die Wisnewski vorgelegt hatte: Massiver Bevölkerungsrückgang in den USA und dem gesamten NATO-Komplex, einschließlich der nicht der NATO angehörenden US-Verbündeten (zum Beispiel Australien und Neuseeland). Nur Finnland, Ungarn und die Niederlande würden den sich abzeichnenden europäischen Umbruch mit relativ geringen Verlusten überstehen können. Im Gegensatz dazu zeigen die Diagramme von *deagel.com* positive Aussichten für China, Teile Lateinamerikas und Südostasiens und insbesondere für Russland auf.

Aber auch nach diesem Beitrag bleiben bei mir Zweifel an *deagel.com*. Daher mein Rat: Bilden Sie sich ihre eigene Meinung über diese Site! Wenn Sie dieses Buch in Händen halten, sind möglicherweise neue Erkenntnisse aufgetaucht. Sie finden die beiden Websites, die sich dem Thema widmen, im Quellenverzeichnis unter dieser Fußnote.[27]

Vermutlich wird *deagel.com* derzeit deswegen besondere Aufmerksamkeit gezollt, weil tatsächlich – wie wir schon den Medien entnehmen konnten – mit Beginn der Covid-19-Impfkampagne die Übersterblichkeit in den westlichen Ländern gestiegen ist.

Wenn wir uns außerdem an die eingangs genannten Zitate einiger einflussreicher Menschen erinnern, dann nährt das zweifellos den Verdacht, dass es eine Entvölkerungsagenda geben könnte.

Suchen wir also weiter. Die erste Frage, die sich stellt, ist: Warum kommt jemand überhaupt auf die Idee, man müsse die Zahl der Erdenbürger drastisch reduzieren?

Die Mär von der Bevölkerungsexplosion

Seit Jahrzehnten glauben die Menschen in den Vereinigten Staaten und Europa, dass sich die Welt inmitten einer »Bevölkerungsexplosion« befände, die Millionen von Menschen in den Hungertod treiben und die Erde unbewohnbar machen werde. Die Hysterie rund um die vermeintliche Überbevölkerung ist ein fester Bestandteil des Bildungswesens, und es gibt zweifellos Millionen von Menschen, die die Vorstellung, dass es bald viel mehr Esser auf der Erde geben wird, als man ernähren kann, als unumstößliche Tatsache betrachten.

Die angebliche Bevölkerungsexplosion wurde zur Grundlage für viele andere Agenden, einschließlich derjenigen zur »Klimakrise«, des Plans zur Ernährung durch Insekten und sogar der sexuellen Revolution, denn Verhütung und Abtreibung wurden ja von Anfang an angepriesen als Mittel, um die Weltbevölkerungszahl unter Kontrolle zu bringen.

Aber wir sind all die Jahre über getäuscht worden. Denn die Bevölkerungsexplosion ist ein Märchen, ausgedacht und erschaffen von Paul R. Ehrlich. Ehrlich war Entomologe an der Stanford University, als er das Buch *The Population Bomb*[28] schrieb, das 1968 in den USA veröffentlicht wurde. Entomologie ist die Lehre von den Insekten und ein Zweig der Zoologie. Ehrlich wandte also die Wissenschaft der

Insekten an, um eine galoppierende Überbevölkerung der Menschen vorherzusagen, die die Welt zerstören würde. Er schrieb den Bestseller, der in Deutschland 1971 unter dem Titel *Die Bevölkerungsbombe* erschien,[29] auf Vorschlag von David Brower, damals der geschäftsführende Direktor des Sierra Clubs.

Erinnern Sie sich? Brower war derjenige, der gesagt hatte, Schwangerschaften sollten als Verbrechen gegen die Gesellschaft strafrechtlich verfolgt werden. Beide gründeten übrigens im Jahr der amerikanischen Buchveröffentlichung, also 1968, eine Organisation, die vehement das Wachstum der Erdbevölkerung angriff und sich »Zero Population Growth«, also »Nullwachstum der Bevölkerung«, nannte. Die Denkfabrik gibt es heute noch unter dem unverfänglichen Namen »Population Connection«, also »Völkerverbindung«. Trotz ihres heute harmlosen Namens ist das Ziel, die Aufmerksamkeit auf das angebliche Problem der Überbevölkerung zu lenken und entsprechenden Druck auf den Gesetzgeber auszuüben, gleich geblieben.

Kommen wir kurz zum Inhalt des Buches. Paul R. Ehrlich sagt darin voraus, dass in der Zeit zwischen 1970 und 1980 Hungersnöte in der Welt auftreten würden. Der Grund: Die Überbevölkerung würde die Ressourcen zu stark belasten. Dass Indien sich jemals selbst ernähren könne, bezeichnete er als Fantasie.

Ehrlich prophezeite auch einen massiven Anstieg der Sterberate in den 1970er- (an manchen Stellen auch 1980er-) Jahren. Er orakelte, es würden Hunderte von Millionen Menschen verhungern.

Da lag der Insektenforscher massiv daneben: Die Sterberate ging von 13 (pro 1000 Menschen) in den 70er-Jahren auf 11 in den beginnenden 80er-Jahren zurück. Im Zeitraum 2005–2010 war sie schon auf 9 gesunken.

Ehrlich sagte sogar voraus, dass England bis zum Jahr 2000 aufhören würde zu existieren. England gibt es immer noch. Auch sind nicht 100 bis 200 Millionen Menschen pro Jahr verhungert.

Das wirklich Erstaunliche an der Mär und seinem Verfasser ist, dass sowohl die Theorie als auch ihr Urheber nach wie vor populär sind, obwohl es offenkundig ist, wie falsch Ehrlich mit seinen Prognosen lag. Das *Wall Street Journal* stellte im Januar 2023 fest, dass die etablierten Medien den mittlerweile 90-jährigen Ehrlich »mit einer unterwürfigen Ehrerbietung« behandeln,[30] und verweist auf einen Beitrag in der populären CBS-Sendung *60 Minutes,* in dem der Mythos der Bevölkerungsexplosion noch einmal aufgegriffen wurde.

Wir müssen uns klarmachen, dass durch Ehrlichs unrealistische Prognosen weltweit Geburtenkontrollmaßnahmen eingeführt wurden, von denen die bekannteste Chinas Ein-Kind-Politik ist, die über Jahrzehnte den Ehepaaren nur ein Kind zu haben erlaubte. Auch im Westen wurde aufgrund von Ehrlichs angeblichen Erkenntnissen Generationen von Menschen die Idee verkauft, dass es »verantwortungsvoll« sei, kleine Familien zu haben. Das ging sogar so weit, dass die Idee der Familie selbst infrage gestellt und die Freiheit eines kinderlosen Lebens, siehe auch LGBT, verklärt wurde.

Das Märchen ist entlarvt, ganz offiziell. Aber wie immer werden Korrekturen kaum zur Kenntnis genommen. Das ist wie bei den Gegendarstellungen in Zeitungen, wenn die Fehler in einem Artikel später zwar richtiggestellt werden, der Hinweis darauf aber so klein und unscheinbar abgedruckt ist, dass ihn keiner bemerkt. So auch beim Mythos der Bevölkerungsexplosion: Er ist widerlegt, aber keinen interessiert's.

Da schreibt etwa ein sogenannter Faktenfinder der ARD im März 2023: »Auch mit 8 Milliarden Menschen ist das Ende des Bevölkerungswachstums noch nicht erreicht: Experten rechnen bis zur zweiten Hälfte des 21. Jahrhunderts mit einem weiteren Anstieg. Die UN gehen davon aus, dass in den 2080er-Jahren 10,4 Milliarden Menschen auf der Erde leben werden.«[31]

Wie so oft bei den öffentlich-rechtlichen Medien fällt auch diese Meldung unter die Kategorie Fake News. Denn selbst die zum Mainstream zählende britische Tageszeitung *The Guardian* gab Ende März 2023 zu, dass die lange befürchtete Bevölkerungsbombe nicht explodieren wird.[32] Im Gegenteil: Die Zahl der Menschen werde ihren Höchststand niedriger und früher erreichen als bisher angenommen. Die Zeitung bezieht sich auf eine Studie des Club of Rome. Sie war von führenden Umwelt- und Wirtschaftsinstitutionen durchgeführt worden. Beteiligt waren das Potsdam-Institut für Klimafolgenforschung, das Stockholm Resilience Centre und die BI Norwegian Business School.

Die Studie sagt voraus, dass die Weltbevölkerung bei den gegenwärtigen Trends noch vor der Mitte des Jahrhunderts einen Höchststand von 8,8 Milliarden Menschen erreichen und dann rapide abnehmen wird. Wörtlich heißt es im *Guardian*-Artikel: »Der Höhepunkt könnte noch früher erreicht werden, wenn die Regierungen progressive Schritte unternehmen, um das Durchschnittseinkommen und das Bildungsniveau anzuheben.«[33]

Bevölkerungsexplosion also abgeblasen, Weltuntergang abgesagt? Weit gefehlt. Die Autoren der Studie legen gleich – ganz im Sinne des derzeit vorgeschriebenen Konsenses und des im Moment gebräuchlichen Narrativs – nach und warnen »davor, dass sinkende Geburtenraten allein die Umweltprobleme des Planeten nicht lösen werden, die bereits bei 8 Milliarden Menschen gravierend sind und in erster Linie durch den übermäßigen Konsum einer wohlhabenden Minderheit verursacht werden«.

Ben Callegari, einer der Autoren der Studie, betont: »Dies gibt uns Anhaltspunkte dafür, dass die Bevölkerungsbombe nicht hochgehen wird, aber wir stehen aus ökologischer Sicht immer noch vor großen Herausforderungen. Wir müssen große Anstrengungen unternehmen, um das derzeitige Entwicklungsparadigma des Überkonsums und der Überproduktion in den Griff zu bekommen, was ein größeres Problem darstellt als die Bevölkerungszahl.«[34]

Der Mythos der Übervölkerung lebt also weiter, obwohl er gerade widerlegt wurde. Daneben wird uns seit Jahrzehnten eine andere

Lügengeschichte aufgetischt, die uns ebenfalls weismachen will, es gäbe zu viele Menschen auf der Welt: die der Unterversorgung. Es gäbe nicht genug zu essen für alle Erdenbürger, wird diesbezüglich gebetsmühlenartig wiederholt.

Auch dieses Schreckensszenario ist in Ehrlichs Fabel von der Bevölkerungsbombe enthalten. Das Buch beginnt mit den Worten: »Der Kampf um die Ernährung der gesamten Menschheit ist vorbei. In den 1970er-Jahren werden Hunderte Millionen von Menschen verhungern, trotz aller jetzt eingeleiteten Sofortprogramme. Zu diesem späten Zeitpunkt kann nichts mehr einen erheblichen Anstieg der weltweiten Sterblichkeitsrate verhindern.«[35]

In den 1970er-Jahren verhungerten weder Hunderte Millionen von Menschen, noch stieg die weltweite Sterblichkeitsrate erheblich an. Und auch der Kampf um die Ernährung der gesamten Menschheit ist noch längst nicht verloren: Der »Weltagrarbericht«[36] kommt zu dem Schluss, dass bei dem heutigen Stand der Produktivkräfte bis zu 14 Milliarden Menschen auf der Erde ernährt werden könnten. Voraussetzung ist, dass die global hergestellte Nahrung »so effektiv wie möglich« genutzt würde.

Auch das Potsdam-Institut für Klimafolgenforschung (PIK) und das Umweltprogramm der Vereinten Nationen[37] kommen zu ähnlichen Schlussfolgerungen: In ihren Studien schreiben sie, 2050 könnten 9 Milliarden Menschen, 2100 sogar 11 Milliarden ernährt werden. Auch hier mit der Einschränkung, dass sich die Art des landwirtschaftlichen Anbaus ändern und der Verbrauch von Ressourcen heruntergefahren werden müsse.

Wir dürfen also annehmen, dass es für alle Menschen genug zu essen gibt. Der global zunehmende Hunger ist nicht Folge einer Überbevölkerung, sondern das Ergebnis einer ökologisch ruinösen Misswirtschaft, die Nahrung nur noch als Geschäft sieht.

Die Bevölkerungsbombe ist also nicht explodiert, und die Erde böte auch genügend Möglichkeiten des Nahrungsmittelanbaus für

Milliarden von Erdenbewohnern. Die Notwendigkeit, die Zahl der Menschen zu reduzieren, stellt sich also nicht. Aber wie so oft werden Nachrichten, die nicht ins Narrativ passen, von den Mainstreammedien einfach verschwiegen oder klein gehalten. Und daher geistert die Mär von der angeblichen Übervölkerung der Erde immer noch als »Fakt« durch die Redaktionsstuben.

Wir müssen also untersuchen: Wer hat ein Interesse, an dieser Idee festzuhalten, und warum? Und haben diejenigen, die an diese Erzählung glauben, irgendeine Bedeutung für uns, für alle Menschen? Haben sie vielleicht sogar die Macht, ihre Ziele durchzusetzen?

Die »Influencer« der Entvölkerungsagenda

Wie beeinflusst man – englisch: *to influence* – die öffentliche Meinung in eine bestimmte Richtung? Die Antwort: Indem man alle wichtigen Multiplikatoren und Entscheider von dieser Idee überzeugt, also möglichst viele, die im Rampenlicht der Öffentlichkeit stehen oder in ihren einflussreichen Kreisen – Wissenschaft und Medien – bekannt sind.

Wir müssen also herausfinden, ob es Prominente gibt, die eine Bevölkerungsreduktion befürworten.

Als Vertreter einer der einflussreichsten Dynastien dieser Welt sagen zum Beispiel König Charles wie auch sein Sohn, Prinz William, öffentlich, dass es zu viele Menschen auf Erden gäbe.[38]

»Was wären die Gefühle eines Tieres gegenüber der menschlichen Gattung, deren Bevölkerungsexplosion ihm die Möglichkeit nimmt, weiter zu existieren? Ich muss gestehen, dass ich versucht bin, um eine Reinkarnation als besonders tödliches Virus zu bitten«, schrieb Charles 1987.[39]

Bill Gates kündigte im Jahr 2010 an, dass sich die Menschheit mit »Reproduktionsmedizin und Impfstoffen« um 10 bis 15 Prozent reduzieren ließe, um den Planeten vor einer angeblich drohenden Überbevölkerung zu retten.[40]

Die Psychologin und Schriftstellerin Sue Blackmore erklärte vor einigen Jahren in einer Diskussion in der äußerst seriösen Radiosendung *Nightwaves* auf Radio 3 in England: »Ich hoffe für den Planeten, dass wir die Vogelgrippe oder etwas anderes bekommen, das die Bevölkerung reduziert, denn sonst sind wir dem Untergang geweiht.«[41]

Der Medienmogul Ted Turner bekannte 1996 in einem Interview: »Eine Gesamtbevölkerung von 250 bis 300 Millionen Menschen, ein Rückgang von 95 Prozent gegenüber dem heutigen Stand, wäre ideal.«[42]

Es gibt sie also, die einflussreichen Menschen, die von der Übervölkerung des Planeten überzeugt sind. Ich habe hier nur einige von vielen öffentlich zugänglichen Aussagen zitiert. Das heißt natürlich noch gar nichts. Das könnten einfach nur Ideen einiger Leute sein, die eben zufällig auch noch über großen Einfluss verfügen. Spannender wird es, wenn wir weiterrecherchieren und uns fragen: Wie stehen diese Einflussreichen zueinander? Existieren womöglich Organisationen, Konferenzen oder sonstige Veranstaltungen für diese Kreise der Mächtigen?

Das vermutlich berühmteste Treffen dieser Art findet unter der Schirmherrschaft des Weltwirtschaftsforums (World Economic Forum, WEF) regelmäßig in Davos, aber auch in China und anderswo statt. Im Zuge der Coronakrise hat der Direktor des WEF, Klaus Schwab (zu ihm gleich mehr), den »Great Reset« ausgerufen. Dieser »Große Neustart« verdient eine genauere Betrachtung, denn er soll unser bisheriges Leben komplett umkrempeln und möglicherweise Millionen in die Armut treiben, wenn nicht gar töten. Bevor wir also weitere Treffen und Organisationen untersuchen, müssen wir auf die geplante komplette Umwandlung unseres bisherigen Lebens schauen.

Der Begriff »Großer Neustart« wurde erstmals im Jahr 2014 in der Öffentlichkeit verwendet. Christine Lagarde, die damalige Leiterin des Internationalen Währungsfonds (IWF) und heutige Chefin der Europäischen Zentralbank, stand auf einem Treffen in Davos Rede und Antwort und brachte dabei den Begriff »Neustart« ganz bewusst zur Sprache. Lagarde führte aus, es gehe um eine dramatische Abkehr von den derzeitigen wirtschaftlichen, sozialen und politischen Modellen der Welt hin zu einem global zentralisierten und integrierten System – mit anderen Worten: um eine Neue Weltordnung.[43]

Lagardes Aussagen erfolgten zu der Zeit, als WEF-Gründer und -Direktor Klaus Schwab sein Konzept der »4. Industriellen Revolution« vorstellte.

Schwab, Mastermind des angestrebten Neustarts der Welt, zieht seit 50 Jahren von der Schweiz aus mithilfe der von ihm und Henry Kissinger gegründeten Organisation, dem Weltwirtschaftsforum, die Fäden. Diese wird auch als »Politbüro des Kapitalismus«[44] bezeichnet. Sie ist die Denkfabrik und Propagandaabteilung der globalen Unternehmen. Nach seiner Eigenbeschreibung ist das WEF »die internationale Organisation für öffentlich-private Zusammenarbeit«.

Das jährliche Treffen in Davos dient der Stärkung des Zusammenhalts der Konzernlenker, Milliardäre und Politiker. Das Ergebnis dieser Zusammenkünfte sieht man an der praktischen Umsetzung: Seit Jahren fördert zum Beispiel die Weltbank nur noch Entwicklungsprojekte, an deren Umsetzung die Mitgliedsunternehmen des WEF Geld verdienen können. Seit Jahren sind die Vereinten Nationen (UN) abhängig vom Geld der Mitglieder des WEF-Clubs und können praktisch nichts mehr tun, was deren Interessen nicht fördert oder ihnen gar zuwiderläuft. Seit Jahren dient auch der Internationale Währungsfonds (IWF) als Türöffner für die globalen Unternehmen des Clubs, wenn er einem armen Land in Schwierigkeiten helfen oder dessen Finanzsystem beurteilen soll. Der IWF rät in solchen Fällen stets, zuerst Zölle, sonstige Handelsschranken und jegliche staatliche Regulierung abzubauen, um den Unternehmen einen leichten Zugriff auf das betreffende Land zu verschaffen.

Wegen dieser weltweiten Vernetzung des WEF ist es wichtig, seine Philosophie, sein Denken, seine Pläne zu erfassen. Die Konzepte Great Reset (2020 unter dem Titel *COVID-19: Der große Umbruch*[45] als Buch erschienen) und 4. Industrielle Revolution (2016 unter dem Titel *Die Vierte Industrielle Revolution*[46] als Buch erschienen) ergänzen einander: Der Große Neustart beinhaltet diejenigen Aktionen, die zunächst Not und Chaos erzeugen, bis dann die 4. Industrielle Revolution (4IR) eine geplante »Ordnung« anbietet. Das heißt, es handelt sich um eine neue Ordnung, die aus einem künstlich geschaffenen Chaos entsteht.

Die 4IR beschreibt die digitale Revolution, eine Fusion der physischen, digitalen und biologischen Technologien, der künstlichen Intelligenz, der Robotik, der Nano- und Biotechnologie mit dem Menschen. Die Revolution werde eine »Symbiose zwischen Mikroorganismen, dem menschlichen Körper, den von Menschen konsumierten Produkten und den von uns bewohnten Gebäuden« sein, prophezeit der frühere Professor für Unternehmenspolitik der Uni Genf.[47] Der Mensch werde beginnen, sowohl mit der digitalen als auch mit der biologischen Welt zu konvergieren, um ein Teil von ihr zu werden. Dazu würden sich die Produktions-, Management- und Verwaltungssysteme komplett ändern müssen.

Auch außerhalb des Arbeitsplatzes wird sich alles verändern müssen, glaubt der im württembergischen Ravensburg Geborene: die menschliche Identität, die Privatsphäre, die Vorstellungen von Eigentum, die Konsummuster, die Zeit für Arbeit und Freizeit, die Art und Weise, wie wir uns als Individuen entwickeln und wie wir Menschen begegnen und Beziehungen pflegen.

Schwab erklärt dazu: »Unsere Gesundheits-, Transport-, Kommunikations-, Produktions-, Verteilungs- und Energiesysteme – um nur einige zu nennen – müssen völlig umgestaltet werden.« Zur Bandbreite der Transformation gehöre auch ein globales digitales Währungsnetzwerk. Schwab weiter: »Bereit oder nicht, eine neue Welt steht uns bevor.«[48]

Natürlich räumt Schwab ein, dass dies nicht ohne eine Periode des wirtschaftlichen Rückbaus geschehen kann, in der die Menschen Opfer bringen müssten.

Die Mehrheit der Mitglieder des WEF – unbestritten die mächtigsten und einflussreichsten Menschen dieser Welt – besteht also aus Befürwortern des Großen Neustarts und der 4. Industriellen Revolution. Sie wissen, dass ein solcher Neustart unsere Gesellschaften, unsere Lebensweisen, also unser gesamtes Dasein vollständig umgestalten würde. Und ihnen muss auch klar sein, dass dies zu einem kompletten Zusammenbruch führen wird. Das heißt: Diese von niemandem gewählten Menschen, die über das Schicksal der anderen 99,9 Prozent der Menschheit bestimmen (wollen), sind der Meinung, es sei an der Zeit, das jetzige System zusammenbrechen zu lassen.

Dabei ist das WEF nicht irgendein Club von reichen Menschen. Durch seine straffe hierarchische Struktur, die ich in meinem Buch *Durch Corona in die Neue Weltordnung*[49] detailliert beschrieben habe, hat sich das WEF zu einer globalen Organisation entwickelt, deren Einfluss auf die nationalen Angelegenheiten der Länder dieser Erde gewaltig ist. Um dies zu erläutern, fasse ich kurz die Struktur des WEF zusammen.

Die ökonomische Weltregierung

- Die »Strategischen Partner« befinden sich an der Spitze der Hierarchie. Es sind hundert globale Unternehmen oder Stiftungen – zum Beispiel die Bill & Melinda Gates Foundation und der Pharmariese Johnson & Johnson.
- Darunter stehen die »Strategic Partner Associates«. Zu ihnen gehören einige der Größten, vor allem Medienunternehmen der

Welt, die »aktiv an der Gestaltung der Zukunft von Branchen, Regionen und systemischen Fragen beteiligt sind«.

- Es folgen die »Partner«, zu denen zum Beispiel Marriott International gehört. Die Partner werden vom WEF als »Weltklasseunternehmen« beschrieben.
- Das Ende der Teilnehmerkette bilden die »Associate Partners«. Unter ihnen ist jede wichtige Branche der Welt vertreten, sei es das Bankwesen, die Landwirtschaft, das Gesundheitswesen, die Medien, der Einzelhandel, das Reise- und Tourismusgewerbe und so weiter.
- Der Nachwuchs wird von knapp 10 000 »Global Shapers« in 428 Städten (Hubs) und 148 Ländern gestellt. Das ist so etwas wie die Kaderschmiede des WEF. Sie dient dazu, »High Potentials«, also Menschen, die in Unternehmen, Politik und Kultur einflussreich werden könnten, frühzeitig zu identifizieren, miteinander zu vernetzen und an das WEF heranzuführen. Auf diese Weise haben Klaus Schwab und die Mitglieder seines Clubs weltweit Menschen in einflussreichen Positionen, die sie kontaktieren können, wenn sie etwas wissen müssen oder brauchen – sei es in Unternehmen, in Politik oder im kulturellen Bereich.
- Und sie alle sind beeinflusst durch die »Strategische Informationsplattform«. Die Plattform ist die Verbindung des WEF zu den führenden Denkfabriken dieser Welt. Offiziell genannt werden die Universität Harvard, das Massachusetts Institute of Technology (MIT), das Imperial College London, die Universitäten Oxford und Yale, die Rand Corporation, das Chatham House (auch bekannt als das Royal Institute of International Affairs), das Brookings Institute und der Europäische Rat für Auswärtige Beziehungen.[50]

Die Geldgeber im Hintergrund

Neben Schwabs WEF gibt es natürlich noch weitere Organisationen, die sich dem Großen Neustart verschrieben haben. Da ist zum Beispiel das »Council for Inclusive Capitalism« (CIC): Dieser »Rat für integrativen Kapitalismus« wird von einer Kerngruppe globaler Wirtschaftsentscheider geleitet, die sich »Wächter für integrativen Kapitalismus« nennen.

Diese »Wächter« verwalten ein Vermögen von mehr als 10,5 Billionen US-Dollar, ihre Unternehmen sind über 2,1 Billionen US-Dollar wert und beschäftigen 200 Millionen Arbeitnehmer in über 163 Ländern. Der Rat setzt sich für soziale Gerechtigkeit und Frieden zwischen den Religionen ein, aber auch für Klimaschutz und Nachhaltigkeit im Interesse der nachfolgenden Generationen.[51]

Papst Franziskus war von diesem Ansatz höchst beeindruckt. »Es wird dringend ein Wirtschaftssystem benötigt, das fair und vertrauenswürdig und in der Lage ist, die tiefgreifendsten Herausforderungen der Menschheit und unseres Planeten zu bewältigen. Sie haben die Herausforderung angenommen, indem Sie nach Wegen gesucht haben, den Kapitalismus zu einem stärker inklusiven Instrument für integrales menschliches Wohlergehen zu machen«,[52] lobte der Pontifex den Rat.

Gegründet wurde der CIC übrigens von Lynn Forester de Rothschild. Sie ist auch geschäftsführende Gesellschafterin von »Inclusive Capital Partners«, der weltweiten Sammelbewegung des Rats. Rothschild wörtlich: »Der Kapitalismus hat enormen globalen Wohlstand geschaffen, aber er hat auch zu viele Menschen zurückgelassen, er hat zur Degradierung unseres Planeten geführt und genießt in der Gesellschaft kein großes Vertrauen. Dieser Rat wird der Mahnung von Papst Franziskus folgen, auf den ›Schrei der Erde und den Schrei der Armen‹ zu hören und auf die Forderungen der Gesellschaft nach einem gerechteren und nachhaltigeren Wachstumsmodell zu antworten.«[53]

Die Unternehmen und Organisationen (oder Vertreter derselben), die zum CIC gehören, sind: BP, Allianz, Bank of America, Brunello Cucinelli SPA, Calpers, Dupont, Estée Lauder Companies, EY, die Ford-Stiftung, die Versicherungsgesellschaft Guardian, Inclusive Capital Partners, Johnson & Johnson, Mastercard, Merck, der Finanzminister von Kalifornien, die OECD, Salesforce, die State Street Corporation, die Rockefeller-Stiftung, TIAA und Visa.

Auffallend ist, dass jede dieser Gesellschaften – WEF, CIC und die im Folgenden aufgezählten – zwar global ausgerichtet ist, ihr Zentrum aber im euro-atlantischen Raum hat. Allesamt sind es Gruppen, »die entscheiden, aber nie gewählt worden sind«[54], wie der ehemalige bayerische Ministerpräsident Horst Seehofer in einem Gespräch mit dem Kabarettisten Frank Markus Barwasser im Mai 2010 festgestellt hatte. Sehen wir uns also die tatsächlichen Entscheider einmal näher an. Da ich dies in meinen früheren Büchern schon ausführlich getan habe, will ich mich hier auf eine Zusammenfassung beschränken.

Zu erwähnen sind die sogenannten Bilderberger, eine Gruppe von reichen und einflussreichen Menschen, die sich jedes Jahr irgendwo auf der Welt trifft, um 3 Tage lang abgeschottet und in geheimen Gesprächen über die Lage der Welt zu debattieren. Benannt ist die Gruppe nach dem Hotel de Bilderberg im niederländischen Oosterbeek, wo 1954 die erste Konferenz auf Einladung des niederländischen Prinzen Bernhard stattfand.

Es sind rund 130 Frauen und Männer aus mehr als 20 Ländern, die zu der illustren Runde gehören: Politiker, Unternehmer, Majestäten, Journalisten, Militärs, Geheimdienstler, vorwiegend aus den USA, Europa und Kanada – ein Who's Who der internationalen Elite. Im Lauf der Jahre waren unter anderem dabei: die ehemalige Königin Beatrix der Niederlande, die ehemalige Kanzlerin Angela Merkel, die Ex-US-Präsidenten Bill Clinton und Gerald Ford, der frühere US-Außenminister Henry Kissinger, die ehemaligen britischen Premiers Margaret Thatcher und Tony Blair, aber auch Vertreter der Grünen wie Cem

Özdemir oder Anton Hofreiter sowie die Wirtschaftsbosse Bill Gates, Eric Schmidt von Google und Ex-Siemens-Chef Joe Kaeser.

Bilderberger wird man per Einladung. Es gibt keine Mitgliedschaft. So gibt es auch keine Verträge und keine offiziellen Beschlüsse. Die Einladung zur Teilnahme wird durch den Vorsitzenden und die beiden ehrenamtlichen Generalsekretäre ausgesprochen. Der aktuelle Vorsitzende ist seit 2010 Henri de Castries, Vorstandsvorsitzender des französischen Versicherungskonzerns Axa. Neben dem dreiköpfigen Führungsteam gibt es einen achtköpfigen Lenkungsausschuss. Dieser wird nicht etwa gewählt, sondern vom Vorsitzenden bestimmt. Zum Ausschuss gehören immer zwei Teilnehmer aus Deutschland. Einer ist für die Finanzen und der andere für die Themen und Redner zuständig. Auf beiden Posten sitzen seit vielen Jahren jeweils ein Vorstandsmitglied der Deutschen Bank und ein Vertreter der Chefredaktion der Wochenzeitung *Die Zeit.*[55]

Michael Meacher, ehemaliger Minister für Umwelt und Transport der britischen Labourregierung von 1997 bis 2003, beschrieb die Bilderberger so: »Es ist eine Schattenorganisation, zu der der Rest von uns keinen Zugang hat. Die Leute sind die Führer der mächtigsten Banken, von multinationalen Unternehmen, dazu EU-Kommissare und eine begrenzte Anzahl von Politikern aus Europa und Amerika. Wenn du eine Gruppe finden willst, die die westlichen Herrschaftsstrukturen repräsentiert, du würdest sie hier treffen.«[56]

Willy Claes, ehemaliger NATO-Generalsekretär und Teilnehmer an diversen Bilderberg-Treffen, plauderte in einem Radiointerview im Jahr 2011 aus, dass die Teilnehmer der jeweiligen Treffen versprechen, die Entscheidungen, die während der jährlichen Konferenz formuliert werden, in ihrem Wirkungsbereich umzusetzen.[57]

Das 1921 gegründete »Council on Foreign Relations« (CFR) sei hier als Nächstes stellvertretend für andere einflussreiche politische Denkfabriken erwähnt – wie etwa die deutsche »Stiftung Wissenschaft und Politik« (SWP), die sich selbst »Forschungsinstitut für Internationale

Politik« nennt. Im CFR treffen sich regelmäßig die Vertreter der wirtschaftlichen (circa 31 Prozent), der akademischen (circa 25 Prozent), der politischen (circa 13 Prozent) und der medialen Macht (6 Prozent). Ziel des CFR ist, die Kontinuität der US-Außenpolitik zu gewährleisten. Alle 2 Monate erscheint die Verbandszeitschrift *Foreign Relations.* Interessant ist auch, dass der ehemalige deutsche Außenminister Joschka Fischer einen europäischen Ableger des CFR gegründet hat: das »European Council on Foreign Relations«.

In diesen Zusammenhang gehören auch die zahlreichen Stiftungen des Multimilliardärs George Soros – auch über Soros' global verzweigte Open Society Foundations habe ich in meinem bereits erwähnten letzten Buch ausführlich berichtet – sowie die sogenannte »Trilaterale Kommission« (TC). Zbigniew Brzeziński und sein Patenonkel David Rockefeller gründeten die Organisation im Jahr 1973 mit dem Ziel, »eine neue internationale Wirtschaftsordnung« zu erschaffen.[58]

Zu den Mitgliedern des TC gehörten oder gehören: Die ehemaligen US-Präsidenten George H. W. Bush und Bill Clinton; die ehemaligen US-Vizepräsidenten Dick Cheney und Al Gore; die Ministerpräsidenten Griechenlands und Italiens, Lucas Papademos und Mario Monti. Interessant dabei: Die ersten drei Männer halfen, die USA mit Kriegen im Ausland tief in die Schulden zu treiben. Der vierte läutete das Geschäft mit dem angeblichen Klimawandel ein. Und in Griechenland und Italien stand jeweils eine gewaltige Finanzkrise ins Haus.

Elf TC-Mitglieder waren Teil der Regierungsmannschaft Barack Obamas. Ein tieferer Blick auf den Zirkel von Tim Geithners Finanzministerium zeigt den beunruhigenden trilateralen Effekt: Paul Volcker (ehemaliger Vorsitzender des Federal Reserve System der USA); Alan Greenspan (ehemaliger Vorsitzender der US-Notenbank); E. Gerald Corrigan (Direktor bei Goldman Sachs) und Peter G. Peterson (ehemaliger Chef bei Lehman Brothers sowie ehemaliger Vorsitzender des Rates für Außenbeziehungen) waren alle Mitglieder der Trilateralen Kommission.

Jeder Zweifel an den Zielen der TC wird zerstreut vom Gründer der TC, David Rockefeller, der 2003 in seinen Memoiren schrieb:

»Einige glauben, wir seien Teil einer geheimen Kabale, die gegen die besten Interessen der Vereinigten Staaten arbeite, und bezeichnen meine Familie und mich als ›Internationalisten‹ und werfen uns vor, überall auf der Welt mit anderen daran zu arbeiten, eine integriertere weltweite Struktur für Politik und Wirtschaft zu erschaffen – die Eine Welt, wenn man so möchte. Das ist der Vorwurf, und ich bekenne mich schuldig und bin stolz darauf.«[59]

Ob Bilderberger, das Council on Foreign Relations, die Trilaterale Kommission, die weltweit operierenden Open Society Foundations des George Soros oder die transatlantischen Organisationen, die ich hier gar nicht alle aufgezählt habe – entscheidend ist die Frage, wer wiederum hinter diesen Netzwerken steht. Bei der Beantwortung dieser Frage stoßen wir auf die Unternehmensakteure des US-gesteuerten Globalismus, die ich hier kurz auflisten möchte:

- die Wall Street und die westlichen Großbanken mitsamt ihren Offshore-Geldwäscheeinrichtungen, Steueroasen, Hedgefonds und Geheimkonten;
- der militärisch-industrielle Komplex, mitsamt seinen Sicherheits- und Söldnerunternehmen und Geheimdienst-Tarnfirmen;
- die angloamerikanischen Erdöl- und Energiekonzerne;
- die Biotech-Großkonzerne, die zunehmend die Landwirtschaft und die Nahrungskette kontrollieren;
- die großen Pharmakonzerne sowie
- die Kommunikationsgiganten und Medienkonzerne.

Diese hier aufgeführten Akteure beeinflussen die westlichen Regierungen und ihre Geheimdienste. Die staatlichen Strukturen haben sich in Richtung dessen entwickelt, was der viel beachtete amerikanische Politanalyst Peter Dale Scott im Jahr 2014 in seinem Buch *The American Deep State* als den »tiefen Staat«[60] bezeichnet. Der Untertitel des Buches verrät bereits, was Scott dazu herausgefunden hat: *Wallstreet, Big Oil, and the Attack on U.S.Democracy* (»Die Wallstreet, die Ölkonzerne und der Angriff auf die US-Demokratie«). Im Buch kommt Scott zu dem Schluss, dass eine geheime Regierung aus Denkfabriken, Ausschüssen und beratenden Gremien existiert. Sie trifft die wichtigen Entscheidungen im Sinne der Unternehmen.

Gleichzeitig infiltrieren nachrichtendienstliche Akteure zunehmend die Vereinten Nationen und ihre Unterorganisationen. Sie durchsetzen Nichtregierungsorganisationen (NGOs), Gewerkschaften und politische Parteien mit ihren Verbindungsleuten. Die Entscheidungen, vom Wirtschaftsestablishment hinter verschlossenen Türen getroffen, werden dann von diesen Vertrauensleuten in den Regierungen und Parlamenten umgesetzt.

Aber – so könnte man nun einwenden – der geplante Neustart und die nachfolgend angestrebte 4. Industrielle Revolution bedeuten doch noch lange nicht, dass die Entscheider (wie ich das WEF und seine Mitglieder und all die oben aufgezählten Organisationen und Zusammenkünfte bezeichnen möchte) auch tatsächlich eine Entvölkerung der Welt anstreben.

Stimmt.

Gäbe es in Schwabs Imperium nicht diesen sehr gefragten Mann namens Yuval Noah Harari.

Der radikale Vordenker

Yuval Harari hielt während der WEF-Konferenz in Davos in den Jahren 2018 und 2020 wegweisende Vorträge und wird auch auf der Website des WEF prominent dargestellt.[61]

Der 1976 geborene Historiker ist seit 2005 Professor an der Hebräischen Universität Jerusalem und erlangte Weltruhm durch sein 2011 (auf Deutsch 2013) erschienenes Werk *Eine kurze Geschichte der Menschheit.* Es wurde in mehr als 50 Sprachen übersetzt. Mit zwei weiteren Bestsellern *Homo Deus – Eine Geschichte von Morgen* (2017) sowie *21 Lektionen für das 21. Jahrhundert* (2018) festigte er seine internationale Reputation. Der *Spiegel* schreibt von »fast 1600 Seiten Weltwissen«[62] und fügt hinzu, Harari werde international als Ideengeber oder Berater von Spitzenpolitikern herangezogen. Es heißt, Barack Obama schätze ihn als Inspirationsquelle und Angela Merkel und Emmanuel Macron hätten ihn zum Gedankenaustausch getroffen.[63] Wikipedia jubelt, Harari werde »als Gesellschaftsanalytiker und Vordenker auch von internationalen Spitzenpolitikern geschätzt und empfangen«.[64]

Das heißt andererseits aber auch, dass wichtige Entscheider von Hararis Prognosen beeinflusst werden. Eine dieser Vorhersagen ist, dass das Smartphone binnen 20 bis 30 Jahren für die Menschen zu einer Art zweitem Gehirn werden würde. Es würde wissen, was wir fühlen, wollen und denken und über unsere Alltags- und Lebensentscheidungen bestimmen. Aus den Menschen würden »hackable animals« – also Tiere, die man hacken kann.[65] Der Begriff »hacken« bedeutet in der Welt der IT, einen Sicherungsmechanismus zu brechen oder zu umgehen, um auf die Daten des auf diese Weise »gehackten« Computers zuzugreifen. An anderer Stelle führt er den Gedanken weiter: »Durch das Hacken von Organismen könnten Eliten die Macht erlangen, um die Zukunft des Lebens neu zu gestalten. Denn sobald sie etwas hacken können, können sie es üblicherweise auch gestalten.«[66]

Harari ist so begeistert von dieser in seinen Augen schönen neuen Welt, dass er schwärmt, mit künstlicher Intelligenz (KI) könne sogar die Spiritualität im Sinne der globalistischen Vision des WEF von »Gleichheit« und Inklusivität umgestaltet werden. »Es ist die erste

Technologie, die neue Ideen hervorbringen kann«, sagte er im Juni 2023 auf einer öffentlichen Veranstaltung und fuhr fort:

»Wissen Sie, die Druckerpresse, das Radio, das Fernsehen, sie senden, sie verbreiten die Ideen, die vom menschlichen Gehirn, vom menschlichen Verstand geschaffen wurden. Sie können keine neue Idee schaffen [...] KI kann neue Ideen erschaffen; [sie] kann sogar eine neue Bibel schreiben. Im Laufe der Geschichte haben die Religionen davon geträumt, ein Buch zu haben, das von einer übermenschlichen Intelligenz, einem nicht menschlichen Wesen, geschrieben wurde«, fügte er hinzu.[67]

Seine Vorstellung über die Zukunft des Reisens sieht so aus: »Die Länder müssen zusammenarbeiten, damit zumindest ein Teil der wichtigsten Reisenden weiterhin die Grenzen überqueren kann: Wissenschaftler, Ärzte, Journalisten, Politiker, Geschäftsleute. Dies kann durch ein globales Abkommen über die Vorauswahl von Reisenden durch ihr Heimatland erreicht werden.«[68]

Und schließlich legt Harari alle Hemmungen ab, indem er prophezeit, dass es in Zukunft zu viele »unnütze Menschen« geben werde. »Das Problem in den kommenden Jahrzehnten wird sein, was wir mit all den nutzlosen Menschen anfangen sollen. Wie finden wir etwas Bedeutungsvolles für sie zu tun, wo sie doch selbst bedeutungslos, wertlos sind? Wenn man überflüssig ist, hat man keinen Einfluss mehr«[69], sagt er in einem überraschenderweise immer noch zugänglichen YouTube-Video. Und weiter: Die Massen hätten heute, im Gegensatz zu früher, keine Macht mehr. Bei der jetzigen technischen Revolution gehe es nicht um Maschinen, sondern um den Menschen selbst. Körper und Geist [des Menschen] würden im Mittelpunkt dieser Umwälzung stehen.

Und dann werden Hararis Aussagen wirklich gruselig: »Für die Armen sieht die Zukunft schrecklich aus. Schon im Lauf der Geschichte war der Tod der große Gleichmacher. Ein Trost für die Armen, denn auch die Reichen mussten sterben.« Aber jetzt sei das vorbei, denn neben allen anderen Vorteilen, die die Reichen genießen, erhielten sie nun auch noch die Befreiung vom Tod. »Wenn man das Problem der Gehirn-Computer-Schnittstelle gelöst hat«, sei man in der Lage, alle Grenzen zu beseitigen.[70]

Und weiter: »Die Menschen entwickeln derzeit mehr Macht als je zuvor. Wir erlangen gerade göttliche Fähigkeiten der Erschaffung und Zerstörung. Wir erheben die Menschen zu Göttern. Wir sind zum Beispiel in der Lage, Leben neu zu programmieren.«[71]

Erlauben Sie mir an dieser Stelle eine persönliche Anmerkung: Ich freue mich schon jetzt auf die Buchkritiker, die mich nach Erscheinen dieses Buches wieder als Antisemit brandmarken werden, weil ich Harari, der jüdischer Herkunft ist, zitiert habe. So hatte man mich bereits vor Jahren verdammt, weil ich es wagte, George Soros zu kritisieren, der ebenfalls einer jüdischen Familie entstammt. Allerdings hatte ich dabei nicht meine eigenen Worte benutzt, sondern vielmehr die *Jerusalem Post* zitiert. Nun, offenbar ist diese israelische Zeitung ebenfalls antisemitisch. Ich weiß, dass meine Kritiker den folgenden Satz nicht lesen werden, denn sie lesen meine Bücher ja nicht, sondern zerreißen sie nur, aber ich muss es in aller Klarheit sagen: Es ist mir gänzlich egal, welcher Religion ein Mensch angehört. Aber ich nehme mir die Freiheit heraus, *jeden* zu kritisieren, der Macht über uns ausüben und bestimmen will, wie unsere Zukunft auszusehen hat. Im Übrigen war ich 12 Jahre lang glücklich mit einer Frau jüdischen Glaubens verheiratet.

Auch mein sehr geschätzter, aber leider 2022 verstorbener Kollege Markus Gärtner wurde des Antisemitismus geziehen, weil er die Ungeheuerlichkeit von Hararis Aussage in einem kurzen YouTube-Video kritisiert hat, das leider nicht mehr abrufbar ist. Gärtner zog das Resümee: »Der Begriff ›nutzlose Menschen‹ (›useless people‹) entlarvt ein an Verachtung kaum zu überbietendes Menschenbild. Die, die dabei sind bei der Digitalisierung – und jene, die man nicht mehr braucht und entsorgen kann, weil sie nutzlos, wertlos und bedeutungslos sind.

Es ist kaum in Worte zu fassen, wie viel Verachtung hinter dem Begriff ›useless people‹ steckt. Auch hier gehen Narrativ und Deutungshoheit aus dem Umfeld des Weltwirtschaftsforums hervor.«

Womit wir wieder bei unserer ursprünglichen Fragestellung sind: Wollen die Entscheider diese »nutzlosen Menschen« los werden?

Die entscheidende Rolle des Club of Rome

Aber wer hat Harari, Schwab und die anderen geprägt? Oder anders gefragt: Woher haben die oben aufgezählten Entscheider die Idee der Übervölkerung und der Bevölkerungsreduktion?

Den entscheidenden Impuls gab der sogenannte Club of Rome. Er wurde 1968 von David Rockefeller (1915–2017) gegründet, damals der »einflussreichste Mann in der Weltpolitik«, wie F. William Engdahl konstatiert.[72] Rockefeller war zu dieser Zeit Vorstandsvorsitzender der Chase Manhattan Bank. Führende Politiker und Geschäftsleute aus aller Welt schlossen sich dem Club of Rome an. Sein Ziel war es, die Welt hinter einer gemeinsamen Krise zu vereinen, die nur von der globalistischen Elite gelöst werden konnte. Nach dem Treffen sagten sie:

> »*Auf der Suche nach einem neuen Feind, der uns vereinen könnte, kamen wir auf die Idee, dass Umweltverschmutzung, die drohende globale Erwärmung, Wasserknappheit, Hungersnöte und Ähnliches dazu passen würden. Der wahre Feind ist also die Menschheit selbst.*«[73]

Dieser Club ist eine globalistische Nichtregierungsorganisation (NGO). Sie beruft Treffen zwischen Staatsoberhäuptern, Mitgliedern königlicher Familien, Wirtschaftsführern, internationalen Finanziers, Akademikern, Laborwissenschaftlern und Verwaltern von Global-

Governance-Institutionen wie den Vereinten Nationen (UN), der Weltbank, dem Internationalen Währungsfonds (IWF) und der Organisation für wirtschaftliche Zusammenarbeit und Entwicklung (OECD) ein. Der Club of Rome veranstaltet seine Zusammenkünfte nach dem Vorbild der »Round-Table«-Struktur der Bilderberg-Gruppe, des Royal Institute for International Affairs (RIIA, auch Chatham House genannt), des Council on Foreign Relations (CFR) und des Weltwirtschaftsforums.

1972 veröffentlichte der Club of Rome sein Buch *Die Grenzen des Wachstums.*[74] Es ist das Ergebnis von Computersimulationen, die von einem Team von Statistikern des Massachusetts Institute of Technology (MIT) berechnet worden waren. Das MIT-Team wurde von Jay Forrester und Dennis Meadows geleitet.

Das Buch über den Zustand der Erde hat die Welt verändert. Es hat zur Gründung der Grünen beigetragen, die Agenda der Vereinten Nationen bis zur heutigen »Agenda 2030« geprägt sowie das Weltwirtschaftsforum inklusive des Great Reset beeinflusst. Mehr als 50 Jahre lang hat es über die Medien unser Denken gelenkt.

Der Co-Autor des Weltbestsellers *Die Grenzen des Wachstums,* Dennis Meadows, amerikanischer Wissenschaftler und emeritierter Professor, sagte in einem Interview: »Es gibt viel zu viele Menschen auf der Welt. Aber die Zahl wird ohnehin sinken. Ich hoffe, dass dies auf zivilisierte und friedliche Weise geschieht. Die Erde kann 1 oder 2 Milliarden Menschen verkraften. Wir sind jetzt bei 7, also muss die Zahl deutlich sinken.«[75]

In einem Interview aus dem Jahr 2017 wurde Meadows noch deutlicher:

»Wir könnten […] 8 oder 9 Milliarden haben, wahrscheinlich, wenn wir eine sehr starke Diktatur haben, die klug ist … und [die Menschen haben] einen niedrigen Lebensstandard … Aber wir wollen Freiheit und wir wollen einen hohen Lebensstandard, also werden wir 1 Milliarde Menschen haben. Und jetzt sind wir bei 7, also müssen wir wieder herunterkommen. Ich hoffe, dass dies langsam geschehen kann, relativ langsam, und dass es auf eine Art und Weise geschehen kann, die relativ gleich ist, wissen Sie, sodass die Menschen die Erfahrung teilen.«[76]

Es fällt auf, dass diese Aussage von Meadows sich mit den Zielen des 1995 auf der UN-Klimakonferenz COP1 erstmals vorgestellten »Global Biodiversity Assessment« deckt. Darin heißt es:

»Eine ›landwirtschaftlich geprägte Welt‹, in der die meisten Menschen Bauern sind, sollte in der Lage sein, 5–7 Milliarden Menschen zu ernähren [...] Im Gegensatz dazu würde eine vernünftige Schätzung für eine industrialisierte Weltgesellschaft mit dem derzeitigen nordamerikanischen materiellen Lebensstandard bei 1 Milliarde liegen.«[77]

Neben David Rockefeller war der Industrielle Aurelio Peccei (1908–1984), der unter anderem den Unternehmen Fiat, Olivetti und Alitalia vorstand, ein weiterer Initiator des Club of Rome. Er wollte Lösungen für die Probleme der Gegenwart, einen »Plan für die weltweite Organisation der menschlichen Lebenssphäre, aufgeschlüsselt nach großen Regionen oder Ländergruppen«.[78] Peccei hielt auf Einladung von Klaus Schwab auf dem dritten jährlichen Treffen in Davos im Jahr 1973 vor den anwesenden Weltwirtschaftsführern einen Vortrag über die »Grenzen des Wachstums«.[79]

Ein Jahr später erklärte der illustre Club: »Die Erde hat Krebs, und der Mensch ist der Krebs.«[80] Die Erde sei übervölkert, Nahrungsmittelkrisen seien zu erwarten. Es brauche eine totale Umkehr. Im Detail wurden in dem Bericht »Menschheit am Wendepunkt« alle Forderungen formuliert, die wir 50 Jahre später in der »UN-Agenda 2030« und Klaus Schwabs Great-Reset-Entwurf wiederfinden.[81]

Neben Rockefeller und Peccei war damals ein dritter Mann die treibende Kraft: der kanadische Ölmilliardär Maurice Strong. Er war seit seinem 18. Lebensjahr mit Rockefeller befreundet, und dieser hievte ihn immer wieder in wichtige Positionen. So auch im Jahr

1972, als Strong auf Anregung der Rockefeller-Stiftung den Vorsitz des »Earth-Day«-UN-Gipfels in Stockholm innehatte. Um die Umwelt zu retten, müsse man die Zahl der Menschen reduzieren und den Lebensstandard senken, argumentierte Strong. In Stockholm wurde auch das United Nations Environment Program (UNEP) gestartet – mit Strong als Chef.

20 Jahre später war Strong immer noch äußerst aktiv in der Promotion des großen Wandels, der jetzt unbedingt nötig sei: Er führte den Vorsitz bei der UN-Konferenz über Umwelt und Entwicklung, den »Rio-Erdgipfel«.

Dort, in Rio de Janeiro, wurde auch die »Agenda 21 für nachhaltige Entwicklung«, der Vorläufer der »Agenda 2030« und des Great Reset sowie das Intergovernmental Panel on Climate Change (IPCC), das seither die angebliche globale Erwärmung propagiert, ins Leben gerufen. Strong, der im Vorstand des WEF sitzt, hat auch dafür gesorgt, dass Klaus Schwab als einer der Berater des Erdgipfels in Rio auserkoren wurde. Und er hat einen Bericht des Club of Rome angefordert mit dem Titel »Die erste globale Revolution«.

Strongs wichtigste Aussage in Rio – vor mehr als 30 Jahren! – liest sich wie die Blaupause für den Great Reset: »Es ist klar, dass der derzeitige Lebensstil und Verbrauch der wohlhabenden Mittelklasse – mit seinem hohen Fleischkonsum, dem Verbrauch von großen Mengen an gefrorenen und leicht konsumierbaren Nahrungsmitteln, der Verwendung von fossilen Brennstoffen, Klimaanlagen und Vororthäusern – nicht nachhaltig ist.«[82] Ist es nicht verblüffend, dass es seit einigen Jahren genau diesem Mittelstand an den Kragen geht und er durch Pandemiemaßnahmen und Russland-Sanktionen in den Ruin getrieben wird?

In einem Artikel aus dem Jahr 2012, mit dem das 40-jährige Bestehen des Buches gefeiert wurde, heißt es: »Es lohnt sich, *Die Grenzen des Wachstums* heute wieder aufzugreifen, weil es mehr als jedes andere Buch das Konzept des anthropozentrischen (vom Menschen verursachten) Klimawandels einem Massenpublikum nahegebracht hat.«[83]

Im Dunstkreis des Club of Rome tauchten dann nach und nach weitere einflussreiche Ideengeber in den USA auf.

Da gibt es zum Beispiel Tim Wirth. US-Präsident Bill Clinton hatte ihn 1993 zum Staatssekretär für Demokratie und globale Angelegenheiten des Außenministeriums ernannt. »Demokratie und globale Angelegenheiten« sind sehr dehnbare Begriffe, und es ist klar, dass Staatssekretär Wirth wohl eher »ein Mann für Spezialaufträge« war. Jedenfalls war Wirth während seiner Amtszeit unter anderem Delegationsleiter der US-Gesandtschaft bei der Klimakonferenz 1997 im japanischen Kyoto. Die Konferenz wurde berühmt aufgrund des sogenannten Kyoto-Protokolls, das erstmals völkerrechtlich verbindliche Zielwerte für den Treibhausgas-Ausstoß – der angeblichen Hauptursache für die angebliche globale Erwärmung – in den Industrieländern festschreibt. Übrigens haben die USA das Protokoll nicht unterzeichnet.

Im selben Jahr 1997 trat Wirth zurück, um Präsident der neu gegründeten United Nations Foundation (UNF) zu werden. Die UNF nennt sich eine unabhängige Stiftung, die mit ihrer Arbeit die Ziele der UN fördern will.[84] Ermöglicht hat sie Medienmogul Ted Turner, dem damals CNN und eine Reihe anderer Medien gehörten, mithilfe eines Stiftungskapitals von einer Milliarde Dollar. Die Stiftung gründet und fördert Public Private Partnerships, also die Partnerschaft zwischen öffentlicher und privater Hand – 25 Jahre bevor das WEF diese als Allheilmittel für unsere Wirtschaft angepriesen hat.

Wirth gab zum 1. Februar 2013 das Amt des Präsidenten der UNF ab.[85] Nachdem wir nun wissen, dass er nicht nur in der US-Außenpolitik, sondern auch in den Vereinten Nationen wichtige Fäden zog, ist seine Aussage umso brisanter: »Kriegen wir die Geburtenrate nicht in den Griff, wird die Zerstörung der Umwelt und die politische wie wirtschaftliche Instabilität größer und größer. Und alles, was wir auf der Welt erreichen wollen, wird sich rasch in nichts auflösen.«[86]

Sehen wir uns den nächsten einflussreichen Denker an: Lester R. Brown. Er war 26 Jahre lang Leiter des Worldwatch Institute (WI) in Washington, D. C. Das Institut war 1974 als interdisziplinäre Forschungseinrichtung mit Konzentration auf Themen der Nachhaltigkeit sowie auf umwelt- und sozialverträgliche Technologien von ihm gegründet worden. Weithin bekannt waren die jährlichen Publikationen des WI Zur [[kein Komma]] *Lage der Welt (State of the world).*

Brown verließ das Institut, um im Jahr 2000 das Earth Policy Institute (EPI) zu gründen. Auch diesem wurde die Gemeinnützigkeit zugestanden. Es wollte sich der Umweltforschung widmen und die Öffentlichkeit auf Probleme der Umwelt, insbesondere auf die angebliche globale Erwärmung, hinweisen. Dazu erstellten die Mitarbeiter Expertisen und Reports. Das EPI wurde wegen des altersbedingten Rückzugs Lester Browns zum 30. Juni 2015 geschlossen.

Brown hat zahlreiche Bücher zu Umweltthemen veröffentlicht, die in mehr als 40 Sprachen übersetzt wurden. Für unsere Untersuchung am interessantesten ist, dass ihn die *Washington Post* als »einen der einflussreichsten Denker der Welt« bezeichnet.[87] In der amerikanischen Ausgabe des *Who's who* firmiert er unter den 50 »Great Americans«. Die Bibliothek des US-Kongresses hielt fest, dass seine Veröffentlichungen »das Denken der Weltbevölkerung stark beeinflusst«[88] haben.

Der Vater des Gedankens

Aber Wirth, Brown oder die Mitglieder des Club of Rome haben den Gedanken der Überbevölkerung nicht erfunden. Dies tat vor über 200 Jahren der britische politische Ökonom – eigentlich war er Pfarrer – Thomas Robert Malthus (1766–1834). Er imaginierte schon am

Ende des 18. Jahrhunderts eine überbevölkerte Welt, die sich ihrer Überschusspopulation periodisch durch Seuchen, Hunger und Krieg auf natürlichem Weg »entledigen« würde. Dass das starke Wachstum zu einem riesigen Problem werden wird, hat er in seiner Schrift »An Essay on the Principle of Population« (»Ein Essay über die Grundlagen der Bevölkerung«) aus dem Jahr 1798 zum ersten Mal erklärt. Auch als Folge einer nicht zu unterdrückenden Passion zwischen den Geschlechtern werde die Zahl der Menschen so weit zunehmen, dass Armut und Elend das unausweichliche Resultat sein würden, schreibt er.

Des Weiteren sagte er: »Ein Mensch, der in einer schon okkupierten Welt geboren wird, wenn seine Familie nicht die Mittel hat, ihn zu ernähren, oder wenn die Gesellschaft seine Arbeit nicht nötig hat, dieser Mensch hat nicht das mindeste Recht, irgendeinen Teil von Nahrung zu verlangen, und er ist wirklich zu viel auf der Erde. Bei dem großen Gastmahle der Natur ist durchaus kein Gedecke für ihn gelegt. Die Natur gebietet ihm abzutreten, und sie säumt nicht, selbst diesen Befehl zur Ausführung zu bringen.«[89]

Malthus schlug vor, die angebliche Überbevölkerung dadurch zu verhindern, indem man arme Menschen durch Überfüllung der Wohnquartiere und Krankheiten ausrottet. Finanziert wurde er vom britischen Königshaus und den Rothschilds, die zusammen mit den Rockefellers den größten Teil der modernen Wissenschaften entwickelten. Sir Francis Galton (1822–1911), der die moderne Eugenik entwickelte, hat Malthus' Ideen aufgegriffen und weiter getragen.

Galton war der Cousin von Charles Darwin. Laut Darwins Autobiografie war es seine Theorie der Evolution durch natürliche Auslese, die seinen Cousin zur Entwicklung der Pseudowissenschaft der Eugenik inspirierte. Francis Galton verstand sie als biologische Konsequenz wachsender Populationen. Diese Bevölkerungen konkurrieren um begrenzte Ressourcen: Ähnliches hatte Malthus schon gesagt.

»Ich [Darwin] las zufällig zum Vergnügen Malthus' [Buch] über die Bevölkerung, und da ich durch lange Beobachtung der Lebensgewohnheiten von Tieren und Pflanzen gut vorbereitet war, den überall stattfindenden Kampf ums Dasein zu begreifen, fiel mir sofort auf, dass unter diesen Umständen günstige Variationen dazu neigen würden, erhalten zu bleiben, und ungünstige zerstört werden. Die Folge davon wäre die Bildung neuer Arten. Hier hatte ich also endlich eine Theorie, nach der ich arbeiten konnte.«[90]

Dass Charles Darwin die unwissenschaftlichen und rassistischen Theorien der Eugeniker teilte, machte sie in den intellektuellen Kreisen populär, insbesondere nachdem er, der Cousin von Galton, ihnen einen Anstrich von wissenschaftlicher Schlüssigkeit verliehen hatte, als er die Idee vom »Überleben der am besten angepassten Individuen« (»Survival of the Fittest«) entwickelte.

In seinem 1871 erschienenen Buch *Die Abstammung des Menschen* schrieb Darwin: »So vermehren die schwachen Mitglieder zivilisierter Gesellschaften ihre Art. Niemand, der sich mit der Zucht von Haustieren beschäftigt hat, wird bezweifeln, dass dies für die menschliche Rasse höchst schädlich sein muss.«[91]

Kurz gesagt, die Ideen des Thomas Robert Malthus im ausgehenden 18. Jahrhundert führten zu Charles Darwins Theorie vom Überleben der am besten Angepassten, die wiederum die Grundlage der Eugenik bildet.[92]

Auslese der Guten

Die Eugenik, abgeleitet vom altgriechischen *eũ* (»gut«) und *génos* (»Geschlecht«), will mithilfe der Humangenetik den Anteil positiv bewerteter Erbanlagen vergrößern (positive Eugenik) und den negativ bewerteter Erbanlagen verringern (negative Eugenik).[93]

Der Begründer der Eugenik, der bereits erwähnte Francis Galton, definierte seine neue Lehre als »die Wissenschaft, die sich mit allen Einflüssen befasst, welche die angeborenen Eigenschaften einer Rasse verbessern«.[94]

Galtons Ideen verbreiteten sich rasch und wurden in der ersten Hälfte des 20. Jahrhunderts breit diskutiert. In Großbritannien bildete sich eine aktive Eugenikbewegung. Ihr gehörten bekannte Personen des öffentlichen Lebens an, so zum Beispiel:

- der mehrfach ausgezeichnete und von Königin Elisabeth II. 1952 zum Ritter geschlagene Eugenikprofessor Ronald Aylmer Fisher;
- die amerikanische Aktivistin Margaret Sanger, die 1916 die erste US-amerikanische Klinik für Familienplanung und Geburtenkontrolle in Brownsville im New Yorker Stadtteil Brooklyn eröffnete, kurz danach verhaftet wurde und ab dann immer wieder im Blickpunkt der amerikanischen Öffentlichkeit stand. Ihre Verachtung für Menschen, die sie für minderwertig hielt, ist allgemein bekannt. Sie sagte: »Das Barmherzigste, was eine große Familie einem ihrer kleinen Mitglieder antut, ist, es zu töten.«[95] Sanger gründete im Jahr 1921 auch die Vorläuferorganisation der heutigen »Planned Parenthood« – dazu gleich mehr;
- der ebenfalls von der Queen 1958 geadelte Biologe und Philosoph Julian Huxley – der Bruder des bekannten Schriftstellers Aldous Huxley. Julian Huxley war einige Jahre Vorsitzender der britischen Eugenics Society (heute: Galton Institute) und übernahm eine bedeutende Rolle in der Gründungsphase der UNESCO (United Nations Educational, Scientific and Cultural Organization, Organisation der Vereinten Nationen für Bildung, Wissenschaft und Kultur). Er war von 1946 bis 1948 der erste Generaldirektor der Organisation. Im Jahr 1944 schrieb er: »Die

untersten Schichten vermehren sich zu schnell. Deshalb [...] dürfen sie keinen zu leichten Zugang zu Sozialhilfe oder Krankenhausbehandlung haben, damit es nicht durch die Beseitigung des letzten Hemmnisses für die natürliche Auslese zu leicht wird, Kinder zu zeugen oder zu überleben; lange Arbeitslosigkeit sollte ein Grund für Sterilisation sein.«[96]

- der englische Schriftsteller David Herbert Lawrence, der in einem Großteil seines Schaffens die Beziehung zwischen den Geschlechtern thematisierte und dabei dem Erotischen und dem Sexuellen eine wichtige Stellung zuwies – ein Skandal in der damaligen Zeit. Manche seiner Werke waren als unsittlich verboten, darunter sein bekanntestes, im Jahr 1920 erschienenes Buch *Lady Chatterley* (1928);
- der Dramatiker und Politiker George Bernard Shaw, der 1925 den Nobelpreis für Literatur erhielt. Shaw war zeit seines Lebens ein Bewunderer Stalins und pries in den 1920er- und frühen 1930er-Jahren auch mehrere faschistische Politiker. Er lobte sie als Politiker, die Dinge erledigten (»get things done«) und als starke Persönlichkeiten. Er sah in der Sowjetunion ein von ihm herbeigewünschtes Staatswesen. Shaw war ein Anhänger der Eugenik und befürwortete staatliche und erzieherische Maßnahmen bei der Reproduktion, um die Erbanlagen zu verbessern. Er sagte: »Wenn Menschen lebensfähig sind, sollen sie unter anständigen menschlichen Bedingungen leben. Wenn sie nicht lebensfähig sind, töte sie auf anständige, menschliche Weise.«[97];
- der Schriftsteller und Biologe Herbert George Wells. Er gilt als Pionier der Science-Fiction-Literatur, vor allem mit seinen beiden Romanen *Der Krieg der Welten* (1898) und *Die Zeitmaschine* (1895). Die Werke *Die offene Verschwörung. Aufruf zur Weltrevolution* (1928), *The Science of Life* (1930) und *Die Weltgeschichte* (1928) waren alle dazu bestimmt, die Idee der Schaffung eines Weltstaates populär zu machen. Seiner Ansicht nach war

dies die einzige Alternative zu einem Rückfall in die Barbarei und der endgültigen Vernichtung. Als Anhänger der Eugenik besprach Wells 1904 eine Veröffentlichung von Francis Galton und hielt dabei, so wörtlich, die Sterilisierung von Versagern für sinnvoller, als Erfolgreiche stärker zu vermehren.[98] Auch die Idee der Entvölkerung war Wells nicht fremd. Er schrieb: »Jene Schwärme von schwarzen, braunen sowie von gelben Völkern müssten weichen, weil sie den Erfordernissen der Effizienz nicht entsprechen, denn schließlich ist die Welt keine karitative Institution.« Er folgerte: »Wenn die Minderwertigkeit einer Rasse demonstriert werden kann, dann gibt es nur eines [...] zu tun – und dies ist, sie auszurotten.«[99]. In seinem Buch *Die offene Verschwörung. Aufruf zur Weltrevolution* aus dem Jahr 1928 entwarf er eine Eine-Welt-Regierung und ein Einheitswährungssystem unter Oligarchen, die sich selbst aus ihrer Mitte auswählen, in Form eines feudalen Systems. In diesem Eine-Welt-Gebilde wird die Bevölkerung durch Beschränkungen der Kinderzahl pro Familie, Krankheiten, Kriege und Hungersnöte begrenzt, bis eine Milliarde Menschen, die der herrschenden Klasse nützlich sind, in streng und klar definierten Gebieten als gesamte Weltbevölkerung verbleibt. Es wird keine Mittelschicht geben, nur Herrscher und Diener.

Gerade in den klassischen Einwanderungsländern wie USA, Kanada und Australien war der eugenische Gedanke durch den Umgang mit Zuwanderern und ethnischen Minderheiten sehr verbreitet.

In Japan und Deutschland, beides ehemalige Agrarstaaten mit seinerzeit wenigen Einwanderern, die ab 1900 eine rasante Wachstumsphase durchlebten, wurde der Begriff Eugenik mit den Schlagwörtern Rassenhygiene und Blutreinheit ersetzt.

Das erklärt auch, warum nicht nur diese beiden Begriffe, sondern auch das gesamte Thema Eugenik nach dem Zweiten Weltkrieg zunächst tabu war. Das änderte sich Ende des 20. Jahrhunderts durch die Fortschritte in der Genetik und in der Reproduktionsmedizin.

In den angelsächsischen Ländern hatte man weniger Scheu. Eugenik hat dort nie aufgehört, ein Thema zu sein. Das führte zum Beispiel zur Gründung von Organisationen wie »Planned Parenthood« (»Geplante Elternschaft«) im Jahr 1942. »Planned Parenthood« übernahm die Geschäfte der »American Birth Control League«, die 1921 von der Aktivistin Margaret Sanger gegründet worden war – genau, das ist jene aus der amerikanischen Eugenik-Bewegung.

Bill Gates' Vater war zeitweise im Vorstand von »Planned Parenthood«.[100] Aber nicht nur da: »Der Großvater und der Vater von Bill Gates waren über drei Generationen hinweg führende Vorstandsmitglieder in verschiedenen Eugenik- und Entvölkerungsgremien. Der ursprüngliche Name der Stiftung von Bill und Melinda Gates, die Mitte der 1990er-Jahre gegründet wurde, war ›The World Population Control Bureau‹ (›Büro zur Kontrolle der Weltbevölkerung‹)«, verrät der Betreiber der Website *InfoWars,* Alex Jones.[101]

Errol Musk, der Vater des Milliardärs und Twitter-Chefs Elon Musk, sagte in einem Interview im Mai 2023: »Stiftungen […] zu denen Menschen wie […] Bill Gates gehören, sagen, dass die Weltbevölkerung 500 Millionen betragen sollte, um […] im Einklang mit der Natur zu sein.« Vielleicht wollen sie das erreichen, indem sie die Menschheit impfen ließen, vermutet Musk senior. »99,8 Prozent der Menschen, die Corona bekommen haben, sind wieder genesen. Das bedeutet, dass es weniger schlimm ist als die Grippe, und dennoch wurden 7,5 Milliarden Menschen dazu gedrängt, sich eine mRNA-Spritze verabreichen zu lassen.«

Aber es ist ja nicht nur Bill Gates, der auf den Spuren von Malthus wandelt.

Die angesehene Wissenschaftszeitschrift *Scientific American* titelte am 4. Mai 2023 ganz groß: »Bevölkerungsrückgang wird die Welt zum

Besseren verändern.«[102] Der Artikel wurde von Stephanie Feldstein, der Direktorin für Bevölkerung und Nachhaltigkeit am Center for Biological Diversity, verfasst.

Feldstein empfiehlt zwei Bücher, eines davon ist *The Jane Effect*[103], das der Primatenforscherin Jane Goodall gewidmet ist. Goodall wünscht sich, genau wie Feldstein eine kleinere Bevölkerung und arbeitet dafür, wie sie 2020 während einer Podiumsdiskussion auf dem Weltwirtschaftsforum verkündete.[104]

In ihrem Artikel im *Scientific American* schreibt Feldstein: »Die Vereinten Nationen sagen voraus, dass die Bevölkerung in Dutzenden Ländern bis 2050 schrumpfen wird. Das ist eine gute Nachricht. In Anbetracht der Tatsache, dass die Population keiner anderen großen Tierart so stark, so schnell und mit so verheerenden Folgen für andere Arten gewachsen ist wie die unsere, sollten wir uns alle über den Bevölkerungsrückgang freuen.

Rückläufige Bevölkerungszahlen werden den Druck, den 8 Milliarden Menschen auf den Planeten ausüben, verringern. Als Direktorin für Bevölkerung und Nachhaltigkeit am Center for Biological Diversity habe ich die verheerenden Auswirkungen unseres immer größer werdenden Fußabdrucks auf die globalen Ökosysteme gesehen.«[105]

›Neue Malthusianer‹ könnte man diese Zeitgenossen nennen. Der Ausdruck stammt von der englischen Zeitschrift *Spectator.* Diese hatte im Jahr 2012 einen Artikel mit dem Titel »Malthus' Children« (»Die Kinder von Malthus«) veröffentlicht. Darin heißt es: »Die neuen Malthusianer werden immer dreister. Auf dem UN-Erdgipfel Rio+20 Anfang des Jahres forderten 105 angesehene Institutionen, darunter auch die zunehmend malthusianisch geprägte britische Royal Society, die internationalen Machthaber auf, die ›ethischen Empfindlichkeiten‹ in Bezug auf die Bevölkerungsfrage zu überwinden und ›der steigenden Weltbevölkerung entgegenzutreten‹. All diese weinenden Babys bedeuten, dass wir jetzt ›über die Möglichkeiten des Planeten hinaus leben‹, erklärten sie.«[106]

Apropos weinende Babys: Wohlhabende westliche Bürger können jetzt sogar ihre Kohlenstoffemissionen ausgleichen, indem sie dazu beitragen, die Geburt von Kindern in weniger glücklichen Gegenden zu verhindern. »PopOffsets« nennt sich das Projekt der britischen Stiftung »Population Matters« (übersetzt: »Populationsangelegenheiten« oder auch: »Population ist wichtig«). Die Idee von »PopOffsets«: Sie berechnen, wie viel Kohlendioxid Sie in Ihrem täglichen Leben ausstoßen, und ermitteln dann, wie viele Geburten Sie verhindern müssten, um diese Menge auszugleichen. Sodann leisten Sie einen finanziellen Beitrag an eine Wohltätigkeitsorganisation für Reproduktionszwecke, und diese Organisation ermutigt dann eine Frau irgendwo, keine weiteren Kinder mehr zu bekommen. Ihre persönlichen Emissionen werden durch Ihren Beitrag zur Nichterzeugung von ressourcenintensiven Babys ausgeglichen.[107] Die Aktion scheint erfolgreich zu laufen, denn »Population Matters« hat sich umbenannt in »Empower to plan«, verspricht also den Frauen in der Dritten Welt, sie zu befähigen, ihr Leben besser zu planen.[108]

Weniger Kinder, um die Umwelt zu retten – diesem Slogan folgen auch die Wissenschaftler, die zwar zähneknirschend anerkennen müssen, dass es keine Überbevölkerung gibt, dass das Bevölkerungswachstum aber dennoch gestoppt werden müsse, um den CO_2-Fussabdruck des Menschen auf der Erde zu verkleinern und damit den angeblichen Klimawandel zu bremsen. Am Anfang dieses Buches war ich darauf eingegangen.

Aber es gibt noch weitere Ansätze, um das Konzept der Übervölkerung zu propagieren. Völkermordforscher Hartmut Diessenbacher stellt in seinem Buch *Kriege der Zukunft. Die Bevölkerungsexplosion gefährdet den Frieden* die These auf, dass »der ungehinderte Zeugungs- und Empfängnisdrang der Weltbevölkerung ihre wachsende Todes- und Tötungsbereitschaft zum Resultat hat«. Das explosive Bevölkerungswachstum nach 1945 und die Zunahme von Kriegen und Völkermorden sei ein Beweis dafür. Von den 194 Kriegen, die seit

1945 geführt wurden, fanden 186 in Erdteilen und Regionen – überwiegend in Asien und Afrika – mit einem hohen Bevölkerungswachstum sowie geringer ökonomischer Produktivität statt.

Demografie als Kriegs- und Völkermordursache sei immer dann festzustellen, wenn das Bevölkerungswachstum und damit der »Nachschub« an jungen Menschen, die nach Arbeit und Anerkennung suchen, die Produktivität der Wirtschaft und die ausbeutbaren Ressourcen eines Landes übersteigen. Dann würden immer mehr Menschen zu »Überzähligen«, die keine Arbeit finden, gesellschaftlich nicht integriert werden oder gar Hunger leiden müssen.

Für Diessenbacher ist – ähnlich wie für Yuval Harari – der Überzählige eine prägende Gestalt des 21. Jahrhunderts. Er gehört zum Millionenheer der Armen, der Kranken und der Slumbewohner, der Wirtschaftsflüchtlinge und Asylanten.

Und ähnlich wie die Kreise des WEF befürwortet Diessenbacher eine Weltregierung, die imstande wäre, eine rigorose Geburtenkontrolle durchzuführen. Aber selbst dann würde bis zur Mitte des nächsten Jahrhunderts die Menschheit weiterwachsen – und so weitere Überzählige und Übervölkerungskriege hervorrufen.[109]

Fassen wir zusammen: Die Idee der Eugenik ist nie verschwunden; sie war nur für ein paar Jahrzehnte in den Schatten getreten. Aber heute wird sie wieder offen diskutiert. Wir haben gesehen, dass sie unter den Reichen und Mächtigen weitverbreitet ist. Früher hatte man Eugenik als Auslese der »guten« Erbanlagen verstanden. Heute denkt man nicht mehr in Rassekategorien, sondern hat nur noch Kosten und Nutzen im Sinn und kommt dann mit Yuval Harari zu dem Schluss, es gäbe zu viele »unnütze Menschen« auf der Erde.

Die heutigen Vordenker, die im Silicon Valley versammelt sind und eine transhumane, technologische und technokratische Welt vor Augen haben, sind mit Eugenik vertraut. Der offen angestrebte und geplante Great Reset, der von den herrschenden Eliten verfolgt wird, passt genau in diese Agenda.

Zu den Befürwortern der Eugenik gehören Universitätsprofessoren, Wissenschaftler, Technokraten, Funktionäre von Gesundheitsorganisationen und -institutionen sowie die Eliten mit ihren steuerfreien Stiftungen, die versuchen, die Welt nach ihrem Gusto umzugestalten.

Gehen diese Gedanken rund um die Umgestaltung und Geburtensteuerung so weit, dass sie die bewusst herbeigeführte Reduktion der Erdbevölkerung ins Auge fassen?

Aber wenn die Entvölkerung, der Demozid, mehr ist als nur ein feuchter Traum von selbst ernannten Weltherrschern, dann muss es in unserer aktuellen Welt Hinweise darauf geben, dass irgendwo mit Absicht – und zu unserem Schaden – eingegriffen und verändert wird.

Das müssen wir im nächsten Teil unserer Untersuchung überprüfen.

2 – Der Angriff auf unsere Gesundheit

Wird irgendwo aktiv eingegriffen? Wurden schon Aktionen gestartet? Grigori Kuranow, Putins stellvertretender Gesandter für die Region Fernost, sagte auf dem jährlichen Ostwirtschaftsforum in Wladiwostok im September 2022: »Die Angelsachsen wollen die Weltbevölkerung auf 1 Milliarde Menschen reduzieren. Um dies zu erreichen, schafft der Westen unter anderem ein Unfruchtbarkeitsvirus und künstliche Epidemien.«[110]

Ist das nur russische Propaganda?

Mike Yeadon, ehemaliger Vizepräsident und Chief Science Officer (Chefwissenschaftler) des umstrittenen Impfstoffherstellers Pfizer, hält die Impfungen gegen Covid-19 für eine Maßnahme zur Entvölkerung. In einem Interview mit »America's Frontline Doctors« sagte er am 25. März 2021:

»Ich muss zum Thema Auffrischungsimpfungen zurückkehren, und ich fürchte, dass dieses Narrativ ausgenutzt werden wird, um beispiellose Macht über uns zu erlangen. Bitte warnen Sie jede Person davor, Impfungen aufzufrischen! Es gibt absolut keine Notwendigkeit dafür.

Da sie nicht benötigt werden, sie jedoch in der Pharmaindustrie hergestellt werden und die Aufsichtsbehörden beiseitegetreten sind (keine Sicherheitstests), kann ich nur ableiten, dass sie für schändliche Zwecke verwendet werden.

Wenn zum Beispiel jemand in den nächsten Jahren einen erheblichen Teil der Weltbevölkerung schädigen oder töten wollte, wird dies durch die derzeit eingerichteten Systeme ermöglicht. Ich bin der Ansicht, dass es durchaus möglich ist, dass dies für eine massive Entvölkerung genutzt wird.«[111]

Anderthalb Jahre später erklärte Yeadon während der 66. Versammlung des Weltgesundheitsrates am 21. November 2022, dass

»die totalitäre Tyrannei und höchstwahrscheinlich die Entvölkerung in den Köpfen der bösen Leute steckt, die den Betrug namens Covid-19-Pandemie betreiben«.[112]

Auf einem Symposium in England sagte Yeadon: »Wir sind derzeit Zeuge eines laufenden Verbrechens. Ich bin überzeugt, dass es das größte Verbrechen der Geschichte sein wird. Ich persönlich glaube, dass Millionen, wenn nicht Milliarden von Menschen getötet werden.«[113] Dies sei lange im Voraus geplant worden, so Yeadon weiter in seiner Rede. Er habe Informationen erhalten, die zeigen, dass Armeen und Regierungsbehörden seit mindestens 25 Jahren darauf hinarbeiten. Er warnte: »Wenn Sie diese Tyrannei akzeptieren, werden Sie Ihre Freiheit und wahrscheinlich auch Ihr Leben verlieren.« Yeadon führte weiter aus, dass die Lieferketten unterbrochen werden. Das Gleiche geschehe in der Lebensmittel- und Düngemittelproduktion. »Wohin wird das führen? Massenhunger, Krieg, Migration. Das ist es, was passieren wird, wenn man nichts unternimmt.«[114]

Massiver Geburtenrückgang

Tatsächlich weisen die aktuellen Geburtenraten in Richtung Bevölkerunsgreduktion. Nach Angaben des Weltwirtschaftsforums sind in den letzten 70 Jahren die Geburtenraten weltweit um insgesamt 50 Prozent zurückgegangen.[115] Die »Stärkung der Rolle der Frau« in Bildung und Beruf, die geringere Kindersterblichkeit und die gestiegenen Kosten für die Kindererziehung werden als Gründe genannt.

Seit 2021 sinkt die Zahl der Geburten aber mehr als je zuvor. Der Grund hierfür liegt in den inzwischen gut dokumentierten Nebenwirkungen der Covid-19-Impfstoffe. Das glaubt jedenfalls Jordon Trishton Walker, ein leitender Angestellter von Pfizer. In einem Bericht des »Project Veritas« enthüllte er, dass es spezifische Bedenken hinsichtlich der Beeinträchtigung des Menstruationszyklus von

Frauen durch die Covid-19-Impfstoffe gab: »Es gibt etwas Unregelmäßiges bei ihren Menstruationszyklen. Wir werden das im weiteren Verlauf untersuchen müssen, denn das ist ein wenig beunruhigend.«[116]

Seine Bemerkung erwies sich als Untertreibung. Die Analyse einer Pfizer-Datenbank (die im Rahmen des amerikanischen »Freedom of Information Act« [»Bundesgesetz zur Informationsfreiheit«] freigegeben werden musste) über unerwünschte Ereignisse, die in den ersten beiden Monaten der Einführung des Impfstoffs aufgezeichnet wurden, ergab, dass bei 34 von den 270 unter geimpften Frauen gemeldeten Schwangerschaften unerwünschte Ereignisse verzeichnet wurden. In 28 dieser Fälle verloren die werdenden Mütter ihre Babys.[117]

Dr. James Thorp von der Society for Maternal Foetal Medicine (Gesellschaft für fötale und mütterliche Medizin) und andere Experten stellten die Nebenwirkungen der Coronaimpfung denen der Grippeschutzimpfung gegenüber. Dabei stellte sich heraus, dass bei der Coronaimpfung 57-mal mehr Fehlgeburten als bei der Grippeimpfung und 38-mal mehr Todesfälle bei Föten und Totgeburten gemeldet wurden.[118]

Thorp, der bereits zweimal vor dem US-Senat ausgesagt hat, hat seit dem Ausbruch der Pandemie fast 30 Forschungsarbeiten dazu veröffentlicht. In einem Interview sagte der Gynäkologe:

»Seite 12 der Pfizer-eigenen Daten zeigt die klare und gegenwärtige Gefahr der Covid-19-Impfung für schwangere Frauen. Sie sprechen von vorgezogenen, spontanen Aborten, Fehlgeburten, Uteruskontraktionen während der Schwangerschaft, vorzeitigem Blasensprung, Abtreibung, fehlgeschlagener Abtreibung, fötalem Tod, anderen klinischen Ereignissen, fötalen Wachstumsanomalien. Und wenn man es genau nimmt, kann ich am Ende des Tages nur ein einziges lebendes Baby finden, das von diesen 274 überlebt hat. Sie wussten, dass es in der Schwangerschaft tödlich ist. Wenn es 1223 Menschen getötet hat – über 100 Menschen pro Woche, als es auf den Markt kam –, warum sollte man es dann der weltweit am meisten gefährdeten Bevölkerungsgruppe, nämlich meinen schwangeren Patientinnen, zumuten?«[119]

Reproduktionstoxikologie-Studien von Pfizer seien gefälscht »und das amerikanische Volk und die Menschen auf der ganzen Welt belogen« worden. »Was sie in diesen Studien fanden, war eine unglaubliche, massive Anzahl von Schwangerschaftsverlusten, eine massive Anzahl von Missbildungen, einschließlich fehlender Gehirne, fehlender Schädel, fehlender Augen, schwerer Rippenmissbildungen und dergleichen.«[120]

Thorp beobachtet auch erhebliche Menstruationsveränderungen, die von Tausenden Frauen gemeldet wurden. »Wir haben festgestellt, dass die meisten von ihnen 3–5 Tage vor dem Auftreten ihrer schweren Menstruationsanomalie in unmittelbarer Nähe zu einer geimpften Person waren, entweder im Haushalt, am Arbeitsplatz oder im sozialen Umfeld. Daraus können wir schließen, dass es ein großes Problem mit der Übertragung des Virus von Geimpften auf Ungeimpfte gibt, das die Menstruationsstörung verursacht«, berichtet Thorp.[121]

Die Lipidnanopartikel des mRNA-Impfstoffs sammeln sich nach Thorp in den Eierstöcken und in den Hoden an. »Sie sind extrem giftig für die Vorläufer der Spermien und die OVA, die Vorläufer der Eizellen. Das ist der Grund für den massiven Rückgang der Fruchtbarkeit. Es gibt einen massiven Anstieg der Unfruchtbarkeit, nicht nur wegen der abnormalen Menstruationsblutungen, sondern auch wegen der Vergiftung der OVA und der Spermien.«[122]

Nach Thorp wussten Pfizer und Moderna um diese Probleme, denn ihre geimpften Studienteilnehmer seien angewiesen worden, nicht in die Nähe von schwangeren Frauen zu kommen und keinen engen Kontakt zu ungeimpften Personen zu haben.

Dr. Luke McLindon, ein australischer Gynäkologe, berichtet über einen Anstieg der Fehlgeburten von 15 auf 74 Prozent bei Frauen, die die Coronaimpfung erhalten haben.[123] Die Gesamtgeburtenrate in

Australien ging etwa 9 Monate nach der Einführung des Impfstoffs im Vergleich zum gleichen Monat des Vorjahres um 72 Prozent zurück.[124]

Vermutet wird, dass die Schäden durch einige der Zusatzstoffe in der Impfung – den sogenannten Adjuvantien – verursacht werden: Aluminium, Polysorbat 80, auch bekannt als Tween 80, Triton X-100, auch bekannt als Octoxynol 9, Formaldehyd und starke Antibiotika wie Streptomycin, Neomycin, Gentamicin und Polymyxin B.[125]

»Dies ist ein Kriminalroman, in dem es um die Frage geht, wie wir Frauen davon abhalten, gesunde Babys zu bekommen«, sagte die bekannte amerikanische Intellektuelle Naomi Wolf im Mai 2023 auf einer Veranstaltung.[126]

»Es gibt einen Abschnitt in den Pfizer-Dokumenten, in dem Pfizer die unerwünschten Ereignisse aufschlüsselt und zu dem Schluss kommt, dass 72 Prozent davon Frauen betreffen«, fuhr sie fort. »Sie konzentrieren sich also sehr auf die Fortpflanzung, auf die weibliche Fortpflanzung. Und die Frage ist: Woher weiß ich das? Und die Antwort ergibt sich aus der Struktur dessen, was man betrachtet.

Und als Frau ist das eines der schmerzhaftesten Dinge, die man erleben kann. Und ich bin Jüdin. Meine Großmutter hat neun Brüder und Schwestern im Holocaust verloren. Ich sage das nicht leichtfertig, aber dieses Diagramm ist eine Art Mengele-Diagramm. Es ist Mengele-Wissenschaft. Warum ist es Mengele-Wissenschaft?«, fragte Wolf. »Weil sie zwanzig verschiedene schreckliche Dinge aufschlüsseln, die hinsichtlich der Menstruation von Frauen passieren können.«

Und man müsse kein Raketenwissenschaftler sein, um herauszufinden, dass die mRNA-Injektionen von Pfizer Fruchtbarkeitsprobleme verursachen würden, fuhr Wolf fort. »Man benötigt Mathematikkenntnisse der 8. Klasse, um zu erraten, dass, wenn Frauen im Jahr 2021 schreckliche Menstruationsprobleme haben, es im Jahr 2023 Fruchtbarkeitsprobleme geben wird, richtig?«

»Jetzt haben wir also das Jahr 2023«, beklagte Wolf, nachdem diese Fruchtbarkeitsprobleme zum Tragen gekommen sind. »Und Igor

Chudov hat die Datenbanken in den Ländern der Welt verglichen. Es gibt 1 Million Babys weniger in Europa. Sie wurden nie geboren. Die Zahl der Lebendgeburten ist weltweit um 13 bis 20 Prozent zurückgegangen. Und jetzt wissen wir auch, warum. Jetzt kennen wir den Mechanismus.«

»Es ist also nicht nur ein Angriff auf die Menschheit, es ist ein Angriff auf unsere Zukunft«, stellte Wolf weiter fest. »Es ist nicht nur ein Angriff auf uns. Es ist nicht nur ein Massenmord, sondern es ist ein existenzieller Angriff. Und man muss es chronologisch betrachten. Ich bin sehr beunruhigt darüber, dass eine britische Quelle sagte, man wolle diese Informationen für 20 Jahre sperren. Ich frage mich: Was erwarten sie, was in 20 Jahren passiert sein wird?«

»Ich denke, das ist nur die Spitze des Eisbergs«, fuhr sie fort. »Wir haben einen Bericht über Turbokrebs, wir haben einen Bericht über Schlaganfälle, wir haben einen Bericht über Leber- und Nierenschäden. Ich will Sie nicht deprimieren, aber überall um Sie herum sind Menschen, die an Krankheiten leiden. Keiner ihrer Ärzte sagt ihnen, dass diese Erkrankungen als Nebenwirkungen in den Pfizer-Dokumenten stehen und dass wir die Mechanismen jetzt verstehen.«

Heimliche Sterilisation

Sind die gerade aufgezählten Zusatzstoffe bewusst verwendet worden, um die Fruchtbarkeit zu beeinträchtigen?

Der Verdacht liegt nahe, denn es gab schon einmal einen ähnlichen Fall: das weitverbreitete Tetanusimpfprogramm in Kenia im Jahr 2014. Der von der Weltgesundheitsorganisation in Kenia verwendete Tetanus-Toxoid-Impfstoff (TT) enthielt humanes Choriongonadotropin (hCG).[127] Zusammen können TT und hCG Spontanaborte und Unfruchtbarkeit verursachen. Sollte die weibliche Bevölkerung des Landes also sterilisiert werden? Die Antwort scheint klar, denn ein TT-

sowie ein hCG-Impfstoff waren bereits vor Jahren zur Geburtenkontrolle vorgeschlagen worden.[128]

Das Video *Unfruchtbarkeit: Eine teuflische Agenda,*[129] produziert von dem britischen Arzt und Impfkritiker Dr. Andrew Wakefield und Mary Holland, Präsidentin und leitende Rechtsberaterin der amerikanischen Aktivistengruppe Children's Health Defense, beschreibt detailliert die Absichten der Weltgesundheitsorganisation (WHO), einen Impfstoff gegen Fruchtbarkeit als Antwort auf die vermeintliche Überbevölkerung zu produzieren, und wie solche Impfstoffe seit Mitte der 1990er-Jahre ohne das Wissen oder die Zustimmung der Menschen eingesetzt werden.

Dabei führt der Film die oben beschriebene Impfaktion der WHO in Kenia an und behauptet, dass auch der seit dem Jahr 2006 verwendete HPV-Impfstoff negative Auswirkungen auf die Fruchtbarkeit hat. Eine HPV-Impfung soll eine Immunität gegen bestimmte Typen der sexuell übertragbaren humanen Papillomaviren aufbauen und speziell auch vor Hochrisiko-HPV-Typen mit Krebs erzeugendem Potenzial schützen. In den 10 Jahren nach der Einführung dieses Impfstoffs sank die Schwangerschaftsrate bei Jugendlichen um 50 Prozent.[130]

Wakefield erklärt in dem Video, dass die WHO seit den 1970er-Jahren an einem Impfstoff gegen Fruchtbarkeit arbeite. Die WHO selbst gebe dies zu.

Die WHO-Impfkampagne gegen Tetanus bei Frauen im gebärfähigen Alter in Kenia im Jahr 1995 sei nur ein Beispiel. Im selben Jahr erwirkte die Katholische Frauenliga der Philippinen einen Gerichtsbeschluss, der ein Tetanusprogramm der UNICEF stoppte, bei dem ein mit hCG versetzter Tetanusimpfstoff verwendet wurde. Mit Anti-hCG versetzte Impfstoffe waren auch in mindestens vier anderen Ländern gefunden worden.

Dieser mit Anti-hCG versetzte Tetanusimpfstoff passte perfekt zu dem Vakzin gegen Fruchtbarkeit, das die WHO 1993 angekündigt hatte. Aus den Unterlagen geht hervor, dass es WHO-Forschern 1976 gelungen war, menschliches Choriongonadotropin (hCG) mit dem im Tetanusimpfstoff verwendeten Tetanustoxoid zu verbinden. Wenn eine Frau geimpft wird, entwickelt sie Antikörper sowohl gegen Tetanus als auch gegen hCG. Genau dieses Hormon erhält die Schwangerschaft bis zum Ende aufrecht. Der Impfstoff beendet und verhindert eine Schwangerschaft, da das Immunsystem der Frau das hCG sofort angreift und zerstört, sobald es sich bildet.

Wakefield betont in dem Video, dass die Aussage, Impfstoffe im Allgemeinen und die Coronaimpfungen im Besonderen hätten keine negativen Auswirkungen auf Fortpflanzung und Fruchtbarkeit, eine pure Behauptung sei. Denn es seien überhaupt keine Reproduktionsstudien durchgeführt worden.

»Frauen, die solche Beteuerungen hören, gehen davon aus, dass die erforderlichen Studien durchgeführt wurden, obwohl dies eine glatte Lüge ist.«[131] Auch die Behauptung, dass die mRNA-Injektion im Deltamuskel, der Injektionsstelle, verbleibt, sei nicht mit der Realität vereinbar.

Tatsächlich wandere der Impfstoff durch den ganzen Körper. Das sehe man daran, dass sich das Spike-Protein in allen Geweben des Körpers, auch und gerade in den Eierstöcken finde. Dort könne es eine Entzündungsreaktion, Autoimmunität, Schäden und Unfruchtbarkeit auslösen.

Mary Holland fügt hinzu: »Was besonders verblüffend ist, ist die Tatsache, dass die Centers for Disease Control and Prevention (Zentrum für Krankheitskontrolle und -prävention) erklärt haben, es sei völlig in Ordnung, die Coronaimpfungen zusammen mit allen anderen Impfungen für Kinder zu verabreichen. Das wird ungeahnte schreckliche Auswirkungen haben […] Die meisten Kinderärzte werden sagen: ›Hey, die CDC sagen, es ist in Ordnung.‹ […] Sie werden diese Impfungen zusammen mit anderen Dingen verabreichen, und es gibt keine wissenschaftlichen Belege dafür. Keine.«[132]

Wakefield warnt: »Sie machten es von Jahr zu Jahr komplexer, fügten immer mehr Impfstoffe in den Zeitplan ein und warfen sie alle in einen Topf [...] die Idee, dass diese Impfstoffe in Kombination sicher sind, wurde nie getestet, sondern lediglich als sicher angenommen. Wir kamen zu der Erkenntnis, dass es sich um eine kumulative Toxizität, eine Wechselwirkung, eine Potenzierung handelt, die zu diesem massiven Anstieg von zum Beispiel neurologischen oder immunologischen Störungen führt.

Hätte man uns erlaubt, die Forschung fortzusetzen, hätten wir alle, jeder von uns, jetzt Antworten. Aber wir haben keine Antworten, weil die Arbeit auf Schritt und Tritt sabotiert wurde, und jetzt leben wir in einem Zustand größerer Unwissenheit als zuvor.« Und schließlich kommt Wakefield zu dem Schluss: »Wir leben jetzt in einer Welt der von Menschen verursachten Krankheiten.«[133]

Mary Holland ergänzt: »VAERS (das Vaccine Adverse Event Reporting System ist ein Meldesystem für Verdachtsfälle unerwünschter Wirkungen von Impfstoffen in den USA, Anm. d. Verf.) und anekdotische Berichte allein lassen vermuten, dass das Ausmaß der Verletzungen und Todesfälle enorm ist. Auch die Daten von Versicherungsgesellschaften aus aller Welt bestätigen dies. Im Jahr 2021 wissen wir von einer Lebensversicherungsgesellschaft in den Vereinigten Staaten, einer Gesellschaft aus Indiana, dass die Sterblichkeitsrate bei den 18- bis 64-Jährigen bei 40 Prozent liegt. Sie sagten, dass eine Verschiebung um 10 Prozent ein Ereignis von 1 in 200 Jahren wäre. Eine Verschiebung um 40 Prozent ist mehr als katastrophal, und das ist es, was wir hier sehen. Das sind Geheimnisse, die nicht verborgen werden können.«[134]

Höhere Sterblichkeitsraten sind aber nicht nur in den USA ein Problem, sondern auch in Europa und besonders in Deutschland – wie wir gleich sehen werden.

Hohe Übersterblichkeit in Deutschland und den Ländern des Westens

Neben Schwangerschaftsabbrüchen, Fehlgeburten und Unfruchtbarkeit ist laut Eurostat (dem Statistischen Amt der Europäischen Union) in ganz Europa eine schockierende Übersterblichkeit zu verzeichnen. Während in der EU die Übersterblichkeit im Dezember 2022 (im Vergleich zum gleichen Zeitraum 2016–2019) auf plus 19 Prozent stieg, lag Deutschland sogar bei plus 37 Prozent, das war die höchste Quote in der EU.[135]

Dabei variierte die Übersterblichkeit sehr stark zwischen den einzelnen EU-Mitgliedsländern: Rumänien und Bulgarien (beide minus 6 Prozent) lagen sogar unter dem Durchschnitt der Jahre 2016–2019. Ungarn (plus 3 Prozent), Luxemburg, Spanien und Malta (alle plus 10 Prozent) erreichten eine Übersterblichkeitsrate von weniger als der Hälfte des EU-Durchschnitts. Andere Länder mit Raten über plus 20 Prozent waren Österreich (plus 27), Slowenien (plus 26), Irland und Frankreich (beide plus 25), Tschechien, die Niederlande und Estland (alle plus 23), Dänemark (plus 22) sowie Finnland und Litauen (beide plus 21).

Betrachtet man statt der Prozente die tatsächliche Anzahl der überzähligen Todesfälle in Europa, dann wird die Dimension viel deutlicher: Im Jahr 2022 wurden laut der oben zitierten Erhebung von Eurostat 283 457 überzählige Todesfälle in Europa registriert. Das Projekt zur fortlaufenden und zeitnahen Überwachung der Übersterblichkeit großer Teile Europas, EuroMOMO, meldet sogar 404 600 mehr Todesfälle.[136]

Diese Zahl ist höher als in den Pandemiejahren 2020 und 2021. Auch hier ist besonders der Blick auf Kinder und Jugendliche verstörend, denn gerade bei diesen Bevölkerungsgruppen finden wir laut der European Medicines Agency (Europäische Arzneimittel-Agentur, EMA) seit Ende 2021 eine Übersterblichkeit.[137] Nachdem die EMA die Notfallzulassung für den Impfstoff Covid-19 von Pfizer auf Kinder im Alter von 12 bis 15 Jahren ausgeweitet hat, ist die Zahl der überzähligen Todesfälle bei Kindern im Alter von 0 bis 14 Jahren in 27 europäischen Ländern bis zur 12. Woche des Jahres 2023 um 760 Prozent gestiegen.[138]

Die Organisation für wirtschaftliche Zusammenarbeit und Entwicklung (OECD) hat Zahlen veröffentlicht, die auf den Daten von EuroMOMO, den Centers for Disease Control and Prevention in den USA (CDC), dem Office for National Statistics im Vereinigten Königreich und vom Australian Bureau of Statistics basieren. Es handelt sich also nicht um unabhängige Schätzungen, sondern um offizielle, von den Regierungen autorisierte Zahlen. Und sie zeigen, dass der Westen (USA, Kanada, Großbritannien, Australien, Neuseeland und 26 weitere Länder in Europa) bis zur 49. Woche des Jahres 2022 nach der Notfallzulassung der Covid-19-Injektionen 1,99 Millionen zusätzliche Todesfälle zu verzeichnen hatte.[139]

Sehen wir uns die Situation in Deutschland an. Thomas Rießinger, ein promovierter Mathematiker und ehemaliger Professor für Mathematik und Informatik an der Fachhochschule Frankfurt am Main, schreibt in einem langen Beitrag auf der Website des Journalisten Boris Reitschuster, dass es 2020 in Deutschland keine Übersterblichkeit gegeben habe, weder im langfristigen Vergleich mit den Jahren ab 2006 noch im üblichen kurzfristigen mit den 5 vorhergehenden Jahren. »2021 dagegen sah die Sache anders aus. Gemessen am Durchschnitt der Jahre 2016 bis 2020 musste man zwischen 17 000 und 18 000 über dem Durchschnitt liegende Todesfälle registrieren, die im Wesentlichen auf die zusätzlichen Sterbefälle der Menschen zwischen 35 und 75 Jahren zurückzuführen waren.«[140]

Rießinger fand heraus, dass das erste Halbjahr 2021 weitgehend unauffällig war und sich die zu verzeichnende Übersterblichkeit in der zweiten Jahreshälfte ereignete. Gemessen am üblichen Durchschnittswert aus den 5 Jahren, bevor die Impfungen vorgenommen wurden, weise das Jahr 2022 zusätzliche Tote in Höhe von 42 232 auf.

Der Mathematiker gibt zu bedenken: »Ich darf daran erinnern, dass im ersten Jahr der sonderbaren Pandemie, als die Bevölkerung angeblich völlig hilflos der neuen Situation ausgesetzt war, überhaupt keine Übersterblichkeit vermeldet werden konnte, während 2021, als man sich an Maßnahmen verschiedenster Art, einschließlich der bekannten Impfung, erfreute, eine Übersterblichkeit von 17 000 bis 18 000 vorlag. 2022 hatten wir 40 000.«[141] Besonders im zweiten Halbjahr 2022 seien die Zahlen stark angestiegen.

Rießinger hat noch weiter gerechnet: Aus den Sterbedaten für November 2022 hat er zwei stark betroffene Altersklassen herausgelesen, nämlich die von 35 bis 45 Jahren und die nicht minder betroffene Gruppe von 65 bis 80 Jahren. Beide zeigen sehr ähnliche Ausschläge, nämlich eine Übersterblichkeit von etwa 12 Prozent. Im Dezember 2022 stieg der Wert in beiden Gruppen auf 18 beziehungsweise 30 Prozent.

Das heißt: Die Übersterblichkeit für das Jahr 2022 kam primär durch das Sterbegeschehen im zweiten Halbjahr zustande. Denn das erste Halbjahr zeigte noch keine größeren Auffälligkeiten und sogar Rückläufigkeiten. Rießinger hat das zweite Halbjahr mit früheren zweiten Winterhalbjahren verglichen und eine Übersterblichkeit von über 50 000 zusätzlichen Toten errechnet.

Der Professor fragt in seinem Beitrag auch nach den Ursachen: »Es kann nicht an Covid-19 gelegen haben, denn das Virus hat sich von Jahr zu Jahr immer stärker in Richtung Harmlosigkeit entwickelt, und wenn 2020 keine Übersterblichkeit vorlag und 2021 eine wesentlich geringere als 2022, dann ist es kaum möglich, Covid-19 die Verantwortung für die Übersterblichkeit des Jahres 2022 in die Schuhe zu schieben. Manch ein schlichtes Gemüt ist vielleicht geneigt, dem Klimawandel die Schuld zuzuschreiben, doch eine Übersterblichkeit, die sich mit fortschreitendem Jahr in Richtung Winter verstärkt, kann nicht viel mit eventuellen sommerlichen Hitzewellen zu tun haben. Allerdings gibt es den einen oder anderen Aspekt, in dem sich 2022 von den Jahren 2016 bis 2020 unterscheidet. Infolge der hysterisch-unverantwortlichen Panikmache sind medizinische Untersuchungen und Behandlungen in großer Zahl für längere Zeit ausgeblieben, und es ist anzunehmen, dass irgendwann die Folgeschäden eintreten. Infolge unmäßig-grundrechtswidriger Maßnahmen wie beispielsweise Isolation und Maskenpflicht wurden die Immunsysteme zahlloser Menschen in ihrer Funktionsweise beeinträchtigt, und reduzierte Immunsysteme führen nur selten zu längerer Lebensdauer.«[142]

Aber vor allem die Impfungen sind für Rießinger die Ursache der Übersterblichkeit. Er schreibt: »Selbst in den sogenannten Mainstreammedien ist mittlerweile die Nachricht von schweren Impfschäden angekommen, sogar Karl Lauterbach soll inzwischen davon gehört haben. Wer sich darüber wundert, dass eine schlecht getestete und kaum geprüfte Behandlung, die man Millionen und Abermillionen von Menschen angedeihen lässt, zu zusätzlichen Todesfällen führen kann, der glaubt auch, dass die Ampelkoalition das Wohl der Bürger im Auge hat.«[143]

Der 2023 verstorbene deutsche Professor für Pathologie, Arne Burkhardt, bestätigte Rießingers Verdacht: Burkhardt untersuchte als Zweitgutachter Tote, die geimpft und dann gestorben waren. Nur dank privater Spenden konnten sie obduziert werden – offizielle Obduktionen vonseiten öffentlicher Stellen gab es nicht. Burkhardt kam nach seiner Analyse zu dem Schluss: »Ich sehe eine Übersterblichkeit aufgrund der mRNA-Impfungen.«[144]

Gerade der Anstieg der Sterbezahlen gegen Ende 2022 lässt Böses ahnen. Aber noch kann man von einem Demozid, einer vorsätzlichen Massentötung also, nicht sprechen. Wir müssen die Sterblichkeit im Jahr 2023 und den dann folgenden Jahren ganz genau untersuchen, um zu prüfen, ob die Übersterblichkeit zunimmt.

Ein weiterer Grund für die steigende Übersterblichkeit ist die massive Zunahme von Herzinfarkten. Eine neue, von Fachleuten geprüfte Studie des Cedars-Sinai Medical Centers in Los Angeles zeigt, dass es in den USA während der Pandemiejahre zu einem beispiellosen Anstieg tödlicher Herzinfarkte gekommen ist, wobei junge Altersgruppen am stärksten betroffen sind.[145]

Zwischen dem 1. April 2020 und dem 31. März 2021, im ersten Jahr der Pandemie, gab es einen Anstieg der Todesfälle durch Herzinfarkte um 14 Prozent im Vergleich zum Jahr davor. Im zweiten Jahr der Pandemie waren es schon 29,9 Prozent bei jungen Erwachsenen zwischen 25 und 44 Jahren.

Wir wissen also, dass die Zahl der Herzinfarkte erheblich gestiegen ist, aber warum? Und warum gibt es einen so starken Anstieg bei jungen Menschen, einer Altersgruppe, in der Herzinfarkte nicht sehr häufig sind?

Laut den Herzspezialisten vom Cedars-Sinai kommen mehrere Erklärungen in Betracht. Die eine ist, dass es etwas mit der Covid-19-Krankheit selbst zu tun hat. Covid-19 scheint in einigen Fällen Herz- und Herz-Kreislauf-Probleme zu verursachen. Und das würde auch Sinn ergeben, wenn Covid-19 aus einem Labor stammt. Ein Bericht des US-Senats besagt, dass die Theorie des Laborlecks der wahrscheinlichste Ursprung von Covid-19 ist.[146]

Eine andere Erklärung der Experten vom Cedars-Sinai sind die »psychologischen und sozialen Herausforderungen im Kontext der Pandemie«. Hier sind gemeint: Lockdown, Kontaktverbot, Maskenterror, Schließungen, Firmenpleiten und Arbeitsplatzverluste.

Ein weiteres zu beobachtendes Phänomen ist, dass mehr Menschen *plötzlich* sterben. Wir haben in letzter Zeit viele Medienberichte über Menschen gesehen, die plötzlich und ohne Erklärung verstarben, ganz zu schweigen von den vielen Sportlern, die beim Spielen jäh zusammenbrachen.

Es wird klar, dass etwas Merkwürdiges vor sich geht, etwas, das nicht normal ist.

Sterbehilfe: Medizinische Hilfe und »Schadensbegrenzung«

Sterben soll ja ohnehin gefördert werden. In mehreren Ländern gibt es bereits ein Recht auf Selbsttötung. In anderen wird das Thema diskutiert. In Kanada geht man nun noch einen Schritt weiter. Dort werden Menschen mit Behinderungen und Patienten, die zu teuer sind, zur Selbsttötung animiert.

Das kanadische Gesetz will es erlauben, Menschen mit schweren Behinderungen – ob sie rein körperlich oder auch psychisch sind – zu töten, wenn diese das wünschen, selbst wenn kein weiteres medizinisches Problem vorliegt. Anstatt Personen, die vielleicht einfach nur ein wenig Unterstützung vom Staat (etwa in Form von Sozialarbeitern) oder vom Gesundheitssystem benötigen, diese Hilfe zu gewähren, wird die Selbsttötung empfohlen. Das spart Geld.

Aber die Diskussion in Kanada geht noch weit darüber hinaus. Zwei kanadische Bioethikerinnen – Kayla Wiebe, Doktorandin der Philosophie, und Amy Mullin, Professorin für Philosophie – haben in der Zeitschrift *Journal of Medical Ethics* in einem Beitrag mit dem Titel »Choosing death in unjust conditions: hope, autonomy and harm reduction« (»Die Entscheidung für den Tod unter ungerechten Bedingungen: Hoffnung, Autonomie und Schadensbegrenzung«) vorgeschlagen, auch soziale Probleme durch Sterbehilfe zu lösen. Mit anderen Worten: Wer seine Armut nicht mehr erträgt, darf im Krankenhaus um die Giftspritze bitten. Zynischerweise wird diese Ansicht ausgerechnet in einer Zeitschrift vertreten, die sich der medizinischen Ethik verschrieben hat.

Für die beiden Bioethikerinnen ist es ein Ausdruck von »Hoffnung«, »Autonomie« (also freier Entscheidung) und »Schadensbegrenzung«, wenn arme Menschen, die die Ungerechtigkeit ihrer Existenz in Armut nicht mehr ertragen, im Krankenhaus darum bitten dürfen, von ihrem »Leiden« erlöst und eingeschläfert zu werden.

In dem Papier klingt das so: »Menschen, die sich bereits in ungerechten sozialen Verhältnissen befinden, zum Ausharren zu zwingen, bis sich diese sozialen Verhältnisse verbessern, oder auf die Möglichkeit öffentlicher Wohltätigkeit zu warten, auf die aber kein Verlass ist, wenn besonders leidvolle Fälle bekannt werden, ist inakzeptabel. Ein Konzept der Schadensbegrenzung erkennt an, dass die empfohlene Lösung notwendigerweise unvollkommen ist: ein »kleineres Übel« zwischen zwei oder mehr weniger idealen Optionen.«[147]

Die Logik ist bestechend: Anstatt den Menschen dazu zu verhelfen, ein menschenwürdiges Leben zu führen, soll der Staat ihnen ermöglichen, sich umzubringen.

Das ist die Zielgerade des Weges, den die Staaten der westlichen »Wertegemeinschaft« seit 20 Jahren mit dem fortschreitenden Abbau des Sozialstaates gehen. Den Menschen wird zuerst die soziale Sicherung genommen, das Gesundheitssystem wird abgebaut, und die Inanspruchnahme medizinischer Hilfe wird durch immer neue Zuzahlungen (in Deutschland zum Beispiel »Praxisgebühr« für Arztbesuche oder »Rezeptgebühr« für Rezepte für notwendige Medikamente) erschwert. Und wenn die betroffenen Menschen das Elend wegen Geldmangels und fehlender medizinischer Versorgung nicht mehr ertragen, wird ihnen als »Lösung« ihrer Probleme die Giftspritze angeboten.

Die kanadischen Bioethikerinnen sind der Meinung, dass die Umstände, die Kanadier in den Selbstmord treiben, unabwendbar sind: Und ihnen zu verweigern, sich auf Wunsch zu töten, »läuft darauf hinaus, ihr Leiden in der Hoffnung fortzusetzen, dass dies letztendlich zu einer besseren, ›gerechteren‹ Welt führen wird«. Sie meinen, der beste »Ansatz zur Schadensbegrenzung« würde bedeuten, dass »der am wenigsten schädliche Weg darin besteht«, diesen Menschen »medizinische Sterbehilfe zur Verfügung zu stellen«.

Das erinnert fatal an das sprachpolitisch umgestaltete Neusprech aus Orwells Roman *1984.* Worte bekommen eine vollkommen neue

Bedeutung: Giftspritzen sind nach Meinung der Bioethikerinnen »medizinische Hilfe«, und Selbstmord wird zur »Schadensbegrenzung«.

Wiebe schreibt in ihrem Beitrag für das *Journal of Medical Ethics* weiter: »Alle Optionen, die auf dem Tisch liegen, sind wirklich tragisch. Aber der am wenigsten schädliche Weg ist es, Menschen, die in der Lage sind, Entscheidungen zu treffen, den Zugang zu dieser Wahl zu ermöglichen, auch wenn es eine schreckliche Wahl ist.«[148]

Euthanasie ist eines der zentralen Verbrechen der Nazis gewesen: »Lebensunwertes Leben« (also Schwerbehinderte) wurde mittels Giftspritzen beendet. Kanada tut genau das, was auch die Nazis getan haben, man nimmt sich dabei nur mehr Zeit: Während die Nazis nicht darauf gewartet haben, bis die Betroffenen selbst darum baten, von ihrem elenden Leben durch eine Giftspritze »erlöst« zu werden, baut die kanadische Regierung systematisch Sozialleistungen und medizinische Hilfe ab und wartet einfach, bis die Betroffenen selbst um die Spritze bitten. Das ändert nichts daran, dass das Gedankengut hinter dieser Idee das Gedankengut von Nazis ist: Wer es nicht wert ist, zu leben, der bekommt in Kanada »das Recht« auf die Giftspritze.

In einigen Ländern der EU wird das Thema aktive Sterbehilfe bereits in den Parlamenten diskutiert.

Covid-19 von langer Hand geplant?

Sollten die diversen Covid-19-Impfstoffe tatsächlich eine Waffe zur Entvölkerung der Erde sein, dann müsste der Einsatz dieser Waffe lange im Voraus geplant worden sein. Denn dazu muss im Vorfeld vieles organisiert werden, und die Mitarbeiter müssen in die entscheidenden Positionen gehievt werden. Schauen wir einmal, ob es derlei Vorbereitungen gab.

Anfang Mai 2023 fand im Europäischen Parlament der Internationale Covid-19-Gipfel statt.[149] Einer der geladenen Redner war Dr.

David Martin. Er war Assistenzprofessor an der medizinischen Fakultät der Universität von Virginia, bevor er als international agierender Berater für technologische Innovationen weltweit engagiert war. Martin sagte Erstaunliches zu unserer Fragestellung:[150]

»Das Coronavirus ist als Modell eines Krankheitserregers im Jahr 1965 isoliert worden. Es konnte für eine ganze Reihe von Zwecken genutzt und modifiziert werden. 1966 wurde das erste CoV-Coronavirus als transatlantisches biologisches Modell zur Manipulation des Menschen benutzt. Das ist also kein Über-Nacht-Ding. Das ist etwas, was schon lange in der Mache ist. Zwischen den Vereinigten Staaten und Großbritannien gab es ein Corona-Datenaustauschexperiment. Im Jahr 1967 wurden die ersten Versuche am Menschen mit modifizierten Coronaviren durchgeführt. In den Jahren 1975, 1976 und 1977 wurden weitere Modifizierungen vorgenommen, indem das Coronavirus in verschiedene Tiere wie Hunde und Schweine eingepflanzt wurde. Es überrascht nicht, dass wir herausfanden, dass das Coronavirus ein wirtschaftliches Problem für die Hunde- und Schweinezüchter darstellte. Denn diese stellten fest, dass das Coronavirus Magen- und Darmprobleme verursachte. Und das wurde die Grundlage zum ersten Spike-Protein-Impfstoffpatent von Pfizer, das 1990 angemeldet wurde. Aber dann stellte man fest, dass der Impfstoff nicht funktioniert, denn es stellte sich heraus, dass das Coronavirus ein sehr anpassungsfähiges Modell ist. Es wandelt und verändert sich und mutiert mit der Zeit. Jede Veröffentlichung über Impfstoffe von 1990 bis 2018 – das waren Tausende wissenschaftlicher und unabhängiger Studien – kam zu dem Schluss, dass sich das Coronavirus den Impfstoffen entzieht, weil es sich zu schnell verändert und mutiert, als dass Impfstoffe wirksam sein könnten.

Das entscheidende Datum ist das Jahr 2002. Da wurde SARS patentiert, das im Labor gezüchtet worden war. Ein Jahr später meldeten die CDC das Patent auf das vom Menschen isolierte SARS-Coronavirus an, 2007 wurde das Patent erteilt. Im Jahr 2005 wurde dieses Virus als Biowaffen-Plattformtechnologie bezeichnet, genauer als Biowaffenausgangsstoff … eine Waffe, die die Menschheit auslöschen soll. Es wird zu einer versehentlichen oder absichtlichen Freisetzung eines Erregers der Atemwege kommen, war der allgemeine Konsens in den Jahren 2016, 2017. Viermal wurden im April 2019 die Impfpatente von Moderna geändert, um den Begriff ›absichtliche oder unbeabsichtigte Freisetzung‹ als Begründung für die Herstellung eines Impfstoffes anzunehmen. Im September 2019 wurde bekannt gegeben, dass es zu einer versehentlichen oder absichtlichen Freisetzung kommen würde, sodass bis September 2020 die Akzeptanz einer universellen Impfstoffvorlage erreicht werden würde.«

Martin kommt zu dem Schluss:

»Es handelt sich um einen Akt biologischer und chemischer Kriegführung gegen die menschliche Rasse.«

Auch von staatlicher Seite war die Covid-19-Pandemie lange vorbereitet worden: Bereits 2006 hat George W. Bush ein Pandemiegesetz erlassen, den »Pandemic and All-Hazards Preparedness Act of 2006« (»Erlass zur Vorsorge vor Pandemien und allen anderen Bedrohungen von 2006«). Er ermächtigte den US-Gesundheitsminister, »alle bundesstaatlichen Maßnahmen im Bereich der öffentlichen Gesundheit und Medizin bei Notfällen im Bereich der öffentlichen Gesundheit zu leiten«.[151]

Aus heutiger Sicht wird damit klar, dass nach dem 2001 proklamierten »War on Terror« die Weichen für die nächste Einschränkung der bürgerlichen Grundrechte gestellt wurden: die Ausrufung einer Pandemie.

Bushs Nachfolger Barack Obama erließ den »Pandemic and All-Hazards Preparedness Reauthorization Act of 2013«, der eine »regelmäßige Bewertung der Bereitschafts- und Reaktionsfähigkeiten von Bund, Ländern, Gemeinden und Stammesverbänden durch Übungen, einschließlich Übungen zur Sicherstellung der notfallmedizinischen Fähigkeiten für unangekündigte Ereignisse« vorsieht.[152]

Vorangegangen war die mit viel Fanfare verkündete Vogelgrippe H7N9, die allerdings nach Angaben der Weltgesundheitsorganisation weltweit nur 1500 Krankheitsfälle auslöste. Aber das genügte, um Panik zu schüren und Obamas Pandemiegesetz sinnvoll erscheinen zu lassen. Der Erlass ermächtigte außerdem den Assistant Secretary for Preparedness and Response (ASPR) innerhalb des US-Gesundheitsministeriums (Department of Health and Human Services) zur »Durchführung von Schulungen und Übungen in Absprache mit dem Department of Homeland Security, dem Department of Defense, dem Department of Veterans Affairs und anderen geeigneten Bundesministerien und -behörden, soweit erforderlich und angemessen, zur Ermittlung, Information und Erfüllung von Richtlinien in Bezug auf die medizinische und gesundheitliche All-Gefahren-Bereitschaft und Reaktion, einschließlich Übungen auf der Grundlage von [...] identifizierten Bedrohungen, für die Gegenmaßnahmen verfügbar sind, und [...] unbekannten Bedrohungen, für die keine Gegenmaßnahmen verfügbar sind«.[153]

Am 4. November 2016, weniger als eine Woche vor der Niederlage der Demokraten gegen Donald Trump, erließ Obama die Executive Order »Advancing the Global Health Security Agenda to Achieve a World Safe and Secure from Infectious Disease Threats« (»Globale Gesundheitsschutzagenda, um die Welt vor den Bedrohungen durch Infektionen zu schützen«).[154]

Darin wies er das FBI an, sich mit Interpol zu koordinieren, um das globale Gesundheitssicherheitsprogramm umzusetzen. Interpol ist die Internationale Kriminalpolizeiliche Organisation mit

195 Mitgliedstaaten, darunter auch Länder wie China, Russland oder Iran.

Präsident Obamas Executive Order verpflichtete auch die US-Gesundheitsbehörde Centers for Disease Control (CDC), das Verteidigungsministerium und mehrere andere US-Bundesbehörden, die Agenda für globale Gesundheitssicherheit voranzutreiben.

Kurz darauf, am 23. Dezember 2016, nachdem die Demokraten von Trump besiegt worden waren, nutzte Präsident Obama den »National Defense Authorization Act for Fiscal year 2017« (»Nationaler Verteidigungserlass für das Haushaltsjahr 2017«)[155], um den Verteidigungsminister, den Gesundheitsminister, den Heimatschutzminister und den Landwirtschaftsminister zu verpflichten, eine nationale Bioabwehrstrategie und einen dazugehörigen Implementierungsplan zu entwickeln. Die nationale Bioabwehrstrategie sollte eine Verteidigung gegen eine »natürliche Epidemie« und/oder eine »biologische Epidemie« beinhalten.

Der neu gewählte Präsident Trump machte da munter weiter: Im September 2018 veröffentlichte er die Nationale Bioabwehrstrategie 2018. Im Mai 2019 folgte die »Global Health Security Strategy« (»Globale Gesundheitsschutzstrategie«)[156] und im selben Jahr der »Pandemic and All-Hazards Preparedness and Advancement of Innovation Act of 2019«[157]. Dieser Erlass erwähnt ausdrücklich »Informationstechnologie-Aktivitäten« zum Beispiel hinsichtlich der Anzahl der Fälle und Todesfälle aufgrund einer Epidemie oder Pandemie. Er fordert verbesserte Koordination bei Ausbrüchen von »zoonotischen Krankheiten« und dass »Bedrohungen der Gesundheitssicherheit, die aus dem Ausland kommen, in die nationalen Bereitschafts- und Reaktionskapazitäten im Bereich der öffentlichen Gesundheit einfließen«.

Der Erlass enthält auch die Nationale Gesundheitssicherheitsstrategie 2019–2022, die sich mit »strategischer und operativer Planung« und »Übung« für globale Pandemien befasst. Wörtlich heißt es: »Angesichts der Tatsache, dass viele der Krankheitsbedrohungen, mit denen wir konfrontiert sind, globaler Natur sind, werden wir weiterhin mit der internationalen Gemeinschaft in allen Sektoren zusammenarbeiten, um die globale Gesundheitssicherheit durch Informationsaustausch, strategische und operative Planung, Schulungen und Übungen sowie den Aufbau von Kapazitäten zu stärken.«[158]

Interessant ist, dass in diesem Erlass die Rolle und Machtfülle des Gesundheitsstaatssekretärs, der für die Reaktion auf Pandemien zuständig ist (ASPR), erheblich ausgebaut wird. Trump hatte Robert Kadlec auf diesen Posten gesetzt. Kadlec, ehemaliger Oberst der Air Force, war Mitglied von Präsident Bushs Team für Bioabwehr und nationale Sicherheit. Er diente auch als stellvertretender Direktor des Senate Select Committee on Intelligence, dem Geheimdienstausschuss des US-Senats. Auf diesen Posten war er 2015 von Senator Richard Burr berufen worden, und er behielt ihn inne bis zum Ende der Amtszeit von Präsident Obama.

Dies ist erwähnenswert, weil Senator Burr sowohl das Pandemiegesetz von 2006 mit dem demokratischen Senator Ted Kennedy als auch das Pandemiegesetz von 2013 mit dem demokratischen Senator Bob Casey verfasst hat. Ebenso war Burr zusammen mit Senator Casey und anderen federführend beim Pandemieerlass von 2019. Seitdem hat nicht nur der ASPR umfassende Machtbefugnisse, sondern das US-Gesundheitsministerium darf »Übungen […] ohne Vorankündigung« in Koordination mit dem Verteidigungs- und Heimatschutzministerium durchführen.[159]

Dass Covid-19 eine »Übung« sei, sagte übrigens der damalige US-Außenminister Mike Pompeo am 20. März 2020 vor der Presse: »We're in a live exercise here to get this right« – »Wir befinden uns hier inmitten einer Live-Übung, um das klarzustellen.« Donald Trump flüsterte ihm darauf von der Seite zu: »You should have told me!« – »Das hättest du mir sagen müssen!«[160]

Aber nicht nur die Regierung der USA, auch die WHO, die EU-Kommission, die Regierungen der EU-Länder und weitere Akteure haben bereits lange vor dem Coronaausbruch Impfszenarien vorbereitet. Die EU aktualisierte in Kooperation mit der WHO bereits Monate vor der Jahreswende 2019/2020 – also bevor von Covid-19 und einer Pandemie die Rede war! – die sogenannte Roadmap für einen einheitlichen EU-Impfpass bis zum Jahr 2022 und schlug die »Impfung für alle« vor.

Dieser »Fahrplan für Impfungen« – ein 10-seitiges Dokument – solle zu einem »gemeinsamen Impfpass/Reisepass für EU-Bürger bis 2022« führen. Der Fahrplan wurde noch mehrfach überarbeitet und dann auf einer Tagung im Dezember 2019 von sämtlichen Teilnehmern abgesegnet, darunter 22 EU-Mitgliedstaaten, Norwegen und Serbien, das Europäische Zentrum für die Prävention und die Kontrolle von Krankheiten (ECDC), die WHO und die Europäische Kommission.

Daneben traf man sich am 12. September 2019 in Brüssel zu einem »globalen Impfgipfel«, der gemeinsam von der Europäischen Kommission und der WHO ausgerichtet wurde.[161] Zu den 400 hochrangigen Teilnehmern aus aller Welt zählten unter anderen Nanette Cocero, Präsidentin der Impfstoffgruppe von Pfizer Biopharmaceuticals; Seth Berkley, Leiter der Gavi-Impfstoffallianz; Joe Carell, Geschäftsführer für globale Politik bei der Bill & Melinda Gates Foundation, sowie Jason Hirsch, Manager für öffentliche Ordnung bei Facebook.

Unter der Überschrift »Zehn Aktionen in Richtung Impfung für alle – Jeder sollte von der Kraft der Impfung profitieren können« beklagt das Gipfelmanifest dies: »Trotz der Verfügbarkeit von sicheren und wirksamen Impfstoffen schaden mangelnder Zugang, Impfstoffknappheit, Fehlinformationen, Selbstgefälligkeit gegenüber Krankheitsrisiken, schwindendes Vertrauen der Öffentlichkeit in den Wert von Impfstoffen und Fehlinvestitionen den Impfraten weltweit.«[162]

Wie gesagt: All diese Aktivitäten fanden statt, als es weder Covid-19 noch eine Pandemie gab.

Wie der Lockdown eingefädelt wurde

Auch der Lockdown wurde, schon lange bevor das seltsame Virus auftauchte, geplant: Im Februar 2019 fand in München unter Ausschluss der Öffentlichkeit – interessanterweise im Rahmen der Münchner Sicherheitskonferenz – eine Pandemieübung mit hochrangigen Vertretern der Gates-Stiftung, der Gavi-Impfallianz, des Weltwirtschaftsforums und einem hohen Ministerialbeamten aus Jens Spahns Gesundheitsministerium statt. Ein Jahr später empfahl eben dieser Beamte dem Bundesinnenministerium, Lockdown-Maßnahmen vorzubereiten.

Das hat der Buchautor und Journalist Paul Schreyer recherchiert und auf seiner Webseite »Multipolar« veröffentlicht.[163] Schreyer – von den Mainstreammedien längst als Verschwörungstheoretiker geadelt – hat aufgedeckt, dass die von der Bundesregierung verhängten Ausgangssperren und die Stilllegungen großer Teile des wirtschaftlichen Lebens (»Lockdown« und »Shutdown«) bereits am 14. Februar 2019, einen Tag vor Beginn der Sicherheitskonferenz, in München diskutiert wurden – und zwar geheim und hinter verschlossenen Türen.

Blicken wir zum Beginn der Covid-19-Krise: Italien übernimmt – angesichts von fünf Coronatoten – am 23. Februar 2020 das chinesische Modell und riegelt ganze Städte ab. Am nächsten Tag eilt Jens Spahn zur Krisensitzung ins Innenministerium. Er wird begleitet von genau dem Beamten, der schon bei der geheimen Übung ein Jahr zuvor dabei war: Heiko Rottmann-Großner. Er leitet die Unterabteilung 61 »Gesundheitssicherheit« und zählt zum Kreis um Kanzlerin Merkel. Rottmann-Großner gibt nun zum Besten, was er in München gelernt hat: Man müsse die Vorkehrungen dafür treffen, dass es zu Ausgangssperren von unbestimmter Dauer komme. Man müsse auch, wie es später in einem Vermerk über das Gespräch heißen wird, »die

Wirtschaft lahmlegen sowie die Bevölkerung auffordern, sich Lebensmittelvorräte und Arzneimittelvorräte anzulegen«.

Die Staatssekretäre des Innenministeriums sind überrascht: Im umfangreichen Nationalen Pandemieplan der Bundesrepublik Deutschland von 2017 ist von solch weitgreifenden Maßnahmen keine Rede. Woher also bezog Rottmann-Großner seine radikalen Empfehlungen?

Dass Rottmann-Großner seine Ideen ein Jahr zuvor in München erhalten hatte, liegt auf der Hand, wenn wir uns die Teilnehmer der Münchner Planübung von 2019 ansehen:

Da ist einmal der Präsident der Abteilung für »Globale Entwicklung« bei der Gates-Stiftung, Chris Elias. Er ist unter anderem für »Impfstoffauslieferung« zuständig. Er war wenige Monate später Mitspieler bei »Event 201« – das war die Übung im Herbst 2019, die die später folgende Covid-19-Plandemie vorwegnahm. Ebenfalls dabei war Tim Evans. Er ist Mitgründer der Impfallianz Gavi, war früher Mitarbeiter der Rockefeller Foundation, leitender Angestellter der WHO sowie bei der Weltbank Direktor für Gesundheit, Ernährung und »Population Global Practice«. Der nächste Hochkaräter heißt Jeremy Farrar. Er ist Direktor der mehr als 30 Milliarden Dollar schweren britischen Stiftung zur globalen Gesundheitsförderung »Wellcome Trust«. Farrar und Elias sind zudem – gemeinsam mit Christian Drosten – seit 2017 (!) Mitglieder eines Gremiums, das die Bundesregierung in Fragen »internationaler Gesundheitspolitik« berät. Das Weltwirtschaftsforum war vertreten durch den Direktor für »Global Industries and Strategic Intelligence«, Jeremy Jurgens.

Veranstaltet wurde das Treffen von der privaten Lobbygruppe »Nuclear Threat Initiative« (NTI) unter Leitung des ehemaligen US-Senators Sam Nunn, der von 1987 bis 1995 den mächtigen Verteidigungsausschuss des Senats leitete, und von Beth Cameron, der Direktorin der Abteilung für »Globale Gesundheitssicherheit« im Nationalen Sicherheitsrat der Biden-Regierung.

Was die Teilnehmer der Übung in München konkret miteinander besprachen, ist nicht bekannt. Aber es ist offensichtlich, dass Rottmann-Großner seit Februar 2019 eine persönliche Verbindung zu Personen wie Chris Elias, Tim Evans, Jeremy Farrar oder Beth Cameron unterhält – gewissermaßen der globale Führungszirkel der »Pandemic Preparedness«.

Zu einer kleinen Riege von Beobachtern, die nicht aktiv, aber als Zuschauer an dem Planspiel teilnahmen, gehörte übrigens auch RKI-Präsident Lothar Wieler. Schreyer erwähnt in seinem Enthüllungsartikel ein interessantes Detail: »Der RKI-Präsident und der ein Jahr jüngere BND-Präsident Bruno Kahl kennen sich seit Studienzeiten und rudern bis heute gemeinsam auf dem Wannsee, Achter mit Steuermann.« Im Juni 2019, nur wenige Monate nach dem Planspiel in München, wurde Wieler zum Co-Vorsitzenden der »Working Group on Influenza Preparedness and Response« der WHO berufen. Im September 2020 hob man ihn zusätzlich an die Spitze des »International Health Regulation Review Committee«, das einen »Internationalen Pandemievertrag« ausarbeiten soll.

3 Monate nach der Übung in München, im Mai 2019, lud die CDU/CSU-Bundestagsfraktion zu einer Konferenz zu »Globaler Gesundheit« und »grenzüberschreitenden Gesundheitsgefahren« ein, an der neben Farrar und Drosten auch Merkel und Spahn sowie WHO-Chef Tedros teilnahmen.

Im Folgejahr 2020 fand vom 14. bis 16. Februar ein weiteres Planspiel in München statt, wiederum im Rahmen der Münchner Sicherheitskonferenz. Ob Wieler oder andere deutsche Behördenvertreter als Beobachter zugegen waren, ist nicht bekannt.[164]

Die hier aufgeführten Beispiele zeigen, dass die Covid-19-Pandemie seit Jahren vorbereitet worden war. Damit liegt der Verdacht nahe, dass das Virus und die Impfung dagegen ein Mittel sein könnten, um die Erdbevölkerung zu dezimieren. Die drastischen Maßnahmen wie Lockdown, Kontaktverbot und das Tragen von Masken erhärten diesen Verdacht.

Die uns aufgezwungenen Masken müssen wir in diesem Zusammenhang betrachten, denn sie sind keinesfalls nur eine lästige Begleiterscheinung der Plandemie gewesen, sondern könnten sogar als Maßnahme interpretiert werden, um unser Immunsystem und damit unsere Gesundheit massiv zu schwächen.

Zunächst einmal zur Begriffsklärung: Locker sitzende Mund-Nasen-Schutzmasken sollen verhindern, dass Personen ihr Umfeld mit ausgeatmeten Tröpfchen kontaminieren. Die Träger selbst sind damit nur unzureichend gegen Aerosole (feinste, in die Luft getragene Tröpfchen) geschützt. Der Vorteil: Da Mund-Nasen-Schutzmasken nicht fest anliegen, fällt das Atmen leichter.

Dicht anliegende Filtering-Face-Piece-(FFP-)Masken schützen den Träger hingegen zuverlässig vor Viren. Diese Atemschutzmasken filtern auch kleinste Partikel und Aerosole aus der Luft. FFP-Masken gibt es in den drei Schutzstufen FFP1, FFP2 und FFP3.

Die laut *Wikipedia* »biomedizinische Leitforschungseinrichtung der deutschen Bundesregierung«[165] hat mehr als 10 000 Einträge unter dem Suchbegriff FFP-Masken auf ihrer Webseite.[166]

Das Robert-Koch-Institut (RKI) betont, dass diese Masken von geschultem und qualifiziertem Personal im medizinischen Bereich getragen werden sollten:

> *»Beim bestimmungsgemäßen Einsatz von FFP2-Masken muss eine arbeitsmedizinische Vorsorgeuntersuchung im Voraus angeboten werden, um durch den erhöhten Atemwiderstand entstehende Risiken für den individuellen Anwender medizinisch zu bewerten.«*[167]

Im Text des RKI heißt es weiter:

> *»Der Schutzeffekt der FFP2-Maske ist nur dann umfassend gewährleistet, wenn sie durchgehend und dicht sitzend (passend zur Gesichtsphysiognomie und abschließend auf der Haut, Nachweis durch FIT-Test) getragen wird.«*

Wer aber führt den vom RKI geforderten FIT-Test, also den »Dichtsitztest« ,bei den Masken durch, die die bayerischen Bürger kaufen und tragen sollen? Ohne diesen Test, schreibt das RKI

> *»ist ein Eigenschutz über den Effekt eines korrekt getragenen Mund-Nasen-Schutzes hinaus nicht zwangsläufig gegeben«.*

Auch die Bundesanstalt für Arbeitsschutz und Arbeitsmedizin und die Covid-19-Task-Force des Ausschusses für biologische Arbeitsstoffe – beide dem Bundesministerium für Arbeit und Soziales unterstellt – empfehlen FFP2-Masken nicht zur privaten Nutzung.

Im Gegenteil: Sie weisen darauf hin, dass gemäß den Vorgaben des Arbeitsschutzes die durchgehende Tragedauer von FFP2-Masken bei gesunden Menschen begrenzt sei, um die Belastung des Arbeitnehmers durch den erhöhten Atemwiderstand zu minimieren. Empfohlen werden 75 Minuten Tragedauer mit folgender 30-minütiger Pause.

Zurück zum RKI. Es kommt auf seiner Webseite zu einem springenden Punkt:

> *»Bedingt durch den zweckbestimmten, zielgerichteten Einsatz sind keine Untersuchungen zu den gesundheitlichen, ggf. auch langfristigen Auswirkungen der Anwendung von FFP2-Masken außerhalb des Gesundheitswesens zum Beispiel bei vulnerablen Personengruppen oder Kindern verfügbar.«*

Aber es wird noch drastischer. Das RKI schreibt weiter:

> *»Beim Gesundheitspersonal sind Nebenwirkungen wie zum Beispiel Atembeschwerden oder Gesichtsdermatitis infolge des abschließenden Dichtsitzes beschrieben. Beim Einsatz bei Personen mit zum Beispiel eingeschränkter Lungenfunktion oder älteren Personen sind gesundheitliche Auswirkungen nicht auszuschließen.«*

Die Schlussfolgerung des RKI ist eine eindeutige Absage an das während der Plandemie verhängte Maskendiktat:

> »*Die Anwendung durch Laien, insbesondere durch Personen, die einer vulnerablen Personengruppe angehören (zum Beispiel Immunsupprimierte) sollte grundsätzlich nur nach sorgfältiger Abwägung von potenziellem Nutzen und unerwünschten Wirkungen erfolgen. Sie sollte möglichst ärztlich begleitet werden, um über die Handhabung und Risiken aufzuklären, einen korrekten Dichtsitz zu gewährleisten, die für den Träger vertretbare Tragedauer unter Berücksichtigung der Herstellerangaben individuell festzulegen und gesundheitliche Risiken/Folgen zu minimieren.*«

Die Maßnahmen gegen die angebliche Pandemie wie Maskentragen und Lockdowns haben die Menschen sicherlich kränker statt gesünder gemacht. Aber sie haben nicht zu einem Massensterben geführt. Diese Aufgabe könnten die Impfstoffe übernehmen. Doch welche Hinweise gibt es darauf?

Impfstoffentwickler als Eugeniker

Befürworten die Entwickler der Impfstoffe eine gewollt herbeigeführte Dezimierung der derzeitigen Weltbevölkerung?

Die Webseite *Unlimited Hangout* ist dafür bekannt, gut informierte Autoren zu haben. Die beiden *Hangout*-Journalisten Jeremy Loffredo und Whitney Webb haben in einem langen Artikel das Netzwerk von Oxford-AstraZeneca mit dem Jenner Institute, dem Galton Institute (das ist die frühere British Eugenics Society) und dem Wellcome Trust aufgedeckt.[168] Sie haben damit bewiesen, dass einer der weltweit führenden Impfstoffhersteller enge Verbindungen zu Kreisen hat, die sich schon seit Jahren mit Themen wie Erschaffung eines neuen Menschen und Bevölkerungsreduktion befassen.

AstraZeneca und die Universität Oxford gaben am 30. April 2020 eine »bahnbrechende Vereinbarung« über die Entwicklung eines Covid-19-Impfstoffs bekannt. Mittlerweile sind die Injektionsdosen längst ausgeliefert, und der Impfstoff wird vor allem in den Entwicklungsländern beworben, da er billiger ist und weniger komplizierte Lagerungsanforderungen hat als der seiner Hauptkonkurrenten Pfizer und Moderna.

Andrew Baum, der globale Leiter des Gesundheitswesens der Citigroup, lobt Oxford-AstraZeneca als »wirklich einzigen Impfstoff, der SARS-CoV-2, das Virus, das Covid-19 verursacht, bei den vielen Millionen Menschen in den Entwicklungsländern unterdrücken oder sogar ausrotten kann«. Die Mainstreammedien stimmten in den Lobpreis ein: Oxford-AstraZeneca sei »gut für die Menschen und schlecht für die Profite«, denn das Unternehmen wolle den Impfstoff auf der ganzen Welt auf einer Non-Profit-Basis ausliefern.[169]

Bei so viel Selbstlosigkeit eines profitorientierten Unternehmens sollte jedoch immer Vorsicht geboten sein, und es gilt, weiter nachzuforschen. Jeremy Loffredo und Whitney Webb haben genau das getan.

Die beiden Journalisten fanden heraus, dass Adrian Hill und Sarah Gilbert, die beiden Entwickler des Impfstoffs mit einem geschätzten Firmenanteil von 10 Prozent, direkte Verbindung zum Wellcome Trust und, im Fall von Adrian Hill, zum Galton Institute haben.

Der Wellcome Trust ist eine wissenschaftliche Wohltätigkeitsorganisation mit Sitz in London, die 1936 mit Mitteln des Pharmamagnaten Henry Wellcome gegründet wurde. Aus Wellcomes Pharmaunternehmen ging später der Branchenriese GlaxoSmithKline hervor. Heute verfügt der Wellcome Trust über ein Stiftungsvermögen von 25,9 Milliarden Dollar und engagiert sich für angeblich philanthropische Zwecke, einschließlich der Finanzierung klinischer Studien und Forschung.[170]

Das Galton Institute, benannt nach dem »Vater der Eugenik«, Francis Galton, ist die umbenannte British Eugenics Society, eine Gruppe, die seit über einem Jahrhundert berüchtigt ist für ihre Bemühungen zur »Verbesserung des Rassenbestandes« durch Dezimierung derjenigen Bevölkerungsgruppen, die als »minderwertig« gelten.

Sehen wir uns Adrian Hill genauer an: Er ist nicht nur mit dem Galton-Institut verbunden, er ist auch Direktor des Jenner Instituts der Universität Oxford, das er selbst im Jahr 2005 gegründet hatte. Diese Einrichtung widmet sich ausschließlich der Entwicklung von Impfstoffen und konzentriert sich derzeit auf die Rolle, die die Genetik in afrikanischen Populationen in Bezug auf die Anfälligkeit für bestimmte Infektionskrankheiten spielt.[171]

Die Forschung und Entwicklung von Impfstoffen und Verhütungsmethoden wird vom Wellcome Trust und dem Jenner Institute vorangetrieben – zusammen mit der Bill & Melinda Gates Foundation, einer Stiftung, die sich unter anderem für Bevölkerungs- und Reproduktionskontrolle in Afrika und Südasien einsetzt, indem sie etwa die weite Verbreitung von injizierbaren, langwirksamen, reversiblen Verhütungsmitteln (LARCs) priorisiert.[172] Nach eigenen Angaben hat die Gates-Stiftung mehr als 200 Millionen Dollar für die Impfstoffentwicklung an die Oxford Vaccine Group überwiesen, die somit auch Hill und Gilbert zugutekamen.

In Anbetracht des Ausmaßes, in dem die Akteure und Institutionen hinter dem Oxford-AstraZeneca-Impfstoff (einschließlich des Hauptentwicklers) mit Institutionen verbunden sind, die sich öffentlich zu »Rassenhygiene« und Bevölkerungsreduktion bekennen, müssen einem Bedenken kommen. Wenn man dann noch zusätzlich weiß, dass der Oxford-AstraZeneca-Impfstoff von Wissenschaftlern und Medien gleichermaßen als der Covid-19-Impfstoff für die Armen und den globalen Süden dargestellt wird, dann sollten alle Alarmglocken klingeln. Warten wir ab, wie sich die Sterberate in den Ländern, in denen AstraZeneca verimpft wurde, entwickelt.

Impfen – ohne dass wir es merken

Aber es kommt noch schlimmer: Impfstoffe können sich selbstständig und unkontrolliert ausbreiten. Vor diesem »Shedding« warnen die Johns-Hopkins-Universität und eine Impfstudie von Pfizer/Biontech.[173]

Infiziert sich eine Person mit einem Atemwegsvirus, beispielsweise SARS-CoV-2, binden sich die Viruspartikel an die verschiedenen Arten von viralen Rezeptoren, die die Atemwege auskleiden. Befinden sich die Viren an den Schleimhäuten, dann können infizierte Personen Viruspartikel durch Sprechen, Ausatmen, Essen oder andere alltägliche Aktivitäten ausscheiden. Dieser Prozess wird auch shedding genannt, zu Deutsch etwa »abwerfen«.

Das ist nicht neu. Aber kann es sein, dass sich auf diese Weise auch Impfstoffe und im Fall von Covid-19 gentechnisch veränderte, künstliche RNA-Schnipsel an die viralen Rezeptoren der Atemwege anheften?

Sowohl die Johns-Hopkins-Universität (JHU) als auch Pfizer haben auf diese »ansteckenden Impfungen« hingewiesen.[174] Bereits 2018 veröffentlichte das Zentrum für Krankheitskontrolle und Prävention (Centers for Disease Control and Prevention, CDC) einen Bericht mit dem Titel »Technologien zur Bewältigung globaler katastrophaler biologischer Risiken«. Darin geht es um die Chancen und »Herausforderungen« sich selbst ausbreitender Impfungen. In dem Report heißt es:

»Sich selbst ausbreitende Impfstoffe, auch bekannt als übertragbare oder sich selbst vermehrende Impfstoffe, sind gentechnisch verändert [und] so konstruiert, dass sie sich wie übertragbare Krankheiten durch Populationen bewegen, aber anstatt eine Krankheit zu verursachen, verleihen sie Schutz. Die Vision ist, dass eine kleine Anzahl von Personen in der Zielbevölkerung geimpft werden könnte und der Impfstamm dann in der Bevölkerung zirkulieren würde, ähnlich wie ein pathogenes Virus. Im Falle einer schwerwiegenden Bedrohung der öffentlichen Gesundheit könnten sich selbst ausbreitende Impfstoffe dazu verwendet werden, die menschliche Bevölkerung auf breiter Basis zu impfen.«[175]

Dass die Verbreitung der Impfstoffe auf Ungeimpfte nur zu deren Schutz diene, zweifelt jedoch das Zentrum für Öffentliche Gesundheit der Johns-Hopkins-Universität selbst an: Zum einen fehle die »informierte Zustimmung« der »Geimpften«, wie sie unter Punkt 1 des Nürnberger Kodex gefordert wird. Zum anderen könnten Menschen mit potenziell lebensbedrohlichen Kontraindikationen nicht verhindern, dass sie »geimpft« werden – und eventuell an der Impfung sterben. Die Autoren geben zudem zu bedenken, dass Mutationen des zuvor gentechnisch veränderten Impfstoffs nicht ausgeschlossen werden könnten.

Biontech und Pfizer warnen in ihrem jüngsten Studienprotokoll der Coronaimpfstoffstudie, dass die Coronaschutzimpfung bei Personen, die in engem Kontakt mit (kürzlich) geimpften Personen stehen, unerwünschte Wirkungen hervorrufen könnte. Übertragungen fänden hauptsächlich statt durch »Einatmen oder Hautkontakt«. Besonders gefährdet seien demnach Leistungserbringer im Gesundheitswesen und Familienangehörige von Geimpften.[176]

Es wird vermutet, dass die Bestandteile der mRNA-Impfstoffe über die Schleimhäute weitergegeben werden: Lipidnanopartikel können Schleimhäute sehr gut überwinden, vor allem weil sie lipophil sind. Die Nanopartikel schützten die mRNA möglicherweise lange genug, sodass sie bei »innigem Körperkontakt« übertragen werden könnten.

Bereits 2014 haben Forscher der Johns-Hopkins-Universität belegt, dass Lipidnanopartikel – einschließlich darin eingeschlossener RNA-Bestandteile (in diesem Fall siRNA) – vaginal sehr gut aufgenommen werden. Dies wäre eventuell eine Erklärung dafür, warum Frauen häufiger über Symptome im Bereich der Fortpflanzungsorgane berichten.[177]

Die Europäische Arzneimittelagentur (EMA) sorgt sich in diesem Zusammenhang um Impfnebenwirkungen bei Neugeborenen und untersucht »Situationen, in denen zum Beispiel eine stillende Frau den Impfstoff erhalten hat und über Reaktionen berichtet, die bei ihrem Baby aufgetreten sind«.

Freilich lässt sich nicht beweisen, ob die Covid-19-Impfstoffe – absichtlich oder unabsichtlich – als sich selbst ausbreitende Impfungen entworfen wurden. Wir wissen lediglich, dass gentechnisch veränderte Wirkstoffe zum Einsatz kommen und sie damit laut Johns-Hopkins-Universität die erste Bedingung sich selbst ausbreitender Impfungen erfüllen.

Wir haben auch keine Studien darüber vorliegen, ob und welche gesundheitlichen Wirkungen Geimpfte auf andere Menschen in ihrer Umgebung ausüben. Zwar lassen persönliche Berichte – auch von qualifiziertem, medizinischem Personal – eine schädigende Wirkung vermuten, aber es gibt, wie gesagt, keine Untersuchungen und Studien dazu.

Anfang 2023 kam noch ein neuer Verdacht hinzu: Verwendet Big Pharma Lebensmittel, um Gentherapie-Impfstoffe in die Menschen zu »impfen«?

Fakt ist, dass Schweinefleischproduzenten in den USA seit 2018 anpassbare mRNA-basierte »Impfstoffe« in ihren Herden verwenden, ohne die Öffentlichkeit darüber zu informieren.[178] Bei der Aufzucht von Rinderherden sind ähnliche Pläne zu entdecken: Der Lobbyist der US-National Cattlemen's Beef Association, Shannon Cooper, hat vor Kurzem öffentlich erklärt, er habe seine Herde mit »Impfungen, die diese mRNA enthalten«, »doppelt geimpft«. Seiner Meinung nach handelte es sich bei dem verabreichten mRNA-»Impfstoff« um einen Impfstoff gegen die bovine Atemwegserkrankung.[179]

Eben dieser Einsatz von mRNA-»Impfstoffen« bei Nutztieren löst bei Kritikern Schauder aus. Denn diese Vakzine sind per Definition alle ungetestet. Merck erklärt auf seiner Website, es handle sich bei seinem »maßgeschneiderten Schweineimpfstoff« Sequivity nicht um einen Impfstoff, sondern vielmehr um eine »Plattform, die die endlose Anpassung von mRNA-Impfstoffen« ermöglicht. Diese »maßgeschneiderten« mRNA-Impfstoffe, die damit hergestellt werden, sind allerdings völlig ungetestet.[180]

Die Iowa State University begann am 1. Oktober 2021 mit der Erprobung eines mRNA-»Impfstoffs« gegen das Bovine Respiratorische Syncytialvirus. Das Enddatum für das Projekt ist der 30. September 2026.

Für den Nachweis des Konzepts sollen laut Studienantrag Mäuse verwendet werden. Rinder würden dann im 2. Jahr der Studie eingesetzt. Wird der Zeitplan tatsächlich eingehalten, bedeutet dies, dass die Versuche mit Rindern Ende 2023 und/oder 2024 durchgeführt werden.[181]

Nachdem die Gesundheitsbehörden behaupten, dass die Coronaimpfungen sicher seien, ist es kein Wunder, dass sie auch darauf bestehen, dass der Verzehr von mRNA-behandeltem Fleisch als unbedenklich einzustufen ist. Und wie schon bei der Impfpropaganda für die Weltmassenimpfung ab 2020 assistiert die Wissenschaft auch hier der Pharmaindustrie. In diesem Fall ist es Dr. Kevin Folta, ein Gartenbauprofessor an der University of Florida – ein nicht ganz unbeschriebenes Blatt. Denn Folta war langjähriger Befürworter von gentechnisch veränderten Organismen (GVO), Propagandist für Glyphosat und hatte finanzielle Verbindungen zu Monsanto. Heute setzt er sich für mRNA-Spritzen in der Viehzucht ein. Wie die Zeitung *Cowboy State Daily* berichtet:

»Die Gesetzgeber in Arizona, Idaho und Missouri haben Gesetze über die Verwendung von mRNA-Impfstoffen in Lebensmitteln eingebracht. Die Gesetzesvorlage aus Arizona schränkt lediglich die Kennzeichnung solcher Lebensmittel als biologisch ein. Die Gesetzesvorlage aus Idaho verlangt, dass auffällig gekennzeichnet sein muss, wenn Impfstoffe in Lebensmitteln enthalten sind. Der Gesetzentwurf aus Missouri schreibt eine auffällige Kennzeichnung als Gentherapieprodukt vor.«

Dr. Kevin Folta erklärte gegenüber *Cowboy State Daily*, die vorgeschlagene Kennzeichnung »Gentherapie« sei ungenau. Denn es gebe gar keine Integration der mRNA-Stoffe in die DNA. Daher könnten die Impfstoffe nicht in die Lebensmittel gelangen, die die Menschen essen. Folta in dem Artikel wörtlich: »Die mRNA ist ein extrem instabiles Molekül. Deshalb funktioniert es. Es ist sehr kurzlebig. Wenn also ein Tier geschlachtet wird oder eine Pflanze stirbt, ist die mRNA das Erste, was verschwindet.«[182]

Da sind andere Experten aber ganz anderer Ansicht: Die synthetische mRNA wurde nämlich so konzipiert, dass sie einen schnellen Abbau verhindert. Laut Aussage des amerikanischen Kardiologen Dr. Peter McCullough haben chinesische Forscher gezeigt, dass es tatsächlich möglich ist, Lebensmittel in einen Impfstoff zu verwandeln. Weitere Forschungen über mRNA und Resistenz gegen mRNA in unseren Lebensmitteln laufen.[183] McCullough weist darauf hin, inzwischen sei bekannt, dass mRNA über den Magen-Darm-Trakt aufgenommen werden kann. Einem chinesischen Unternehmen sei es nämlich vor kurzer Zeit gelungen, Mäuse mit mRNA-haltiger Kuhmilch zu impfen. Folglich ist mRNA viel stabiler, als wir denken, und benötigt keine Lipidnanopartikel, so der Internist.[184]

Neue Superviren werden gezüchtet

Wir werden also in Zukunft genau darauf achten müssen, was alles in unserer Nahrung steckt. Aber allein die Tatsache, dass mit Hochdruck an der Verbreitung von mRNA-Zugaben geforscht wird, macht stutzig. Denn wozu der ganze Aufwand? Die Viehzucht lief bisher auch ohne mRNA hervorragend. Steckt also etwas anderes hinter der so deutlich vorangetriebenen Genforschung?

Genau die gleiche Frage müssen wir stellen, wenn wir uns ansehen, wie enorm die Forschung an Viren ausgebaut wird. Bill Gates warnte im Jahr 2015 vor einer tödlichen Pandemie – 5 Jahre später wurde sie inszeniert. Im Januar 2022 prophezeite der milliardenschwere Menschenfreund, die nächste Pandemie werde noch schlimmer als Covid-19.[185] Zur gleichen Zeit überwies Gates 132 Millionen Dollar für »Pandemieprävention« an das Imperial College in London, wo Forscher den ursprünglichen Wuhan-Stamm von SARS-CoV-2 mit den beiden Varianten Omikron und Delta gekreuzt und damit einen tödlichen neuen Covid-Stamm entwickelt haben.

Das College hat noch nicht bekannt gegeben, wie wirksam der von ihnen geschaffene Stamm ist, und hat bestritten, dass es sich bei der Arbeit um »Gain of Function«-Forschung handelt, einen »Funktionsgewinn«-Prozess also, von dem inzwischen allgemein angenommen wird, dass er für den ursprünglichen Stamm in Wuhan verantwortlich war.

Aber nicht nur in London wird fieberhaft an einer tödlichen Biowaffe gearbeitet: Mindestens vier Labore auf zwei Kontinenten haben inzwischen nicht natürliche, im Labor erzeugte Viren konstruiert. Sie erreichen einen höheren Schweregrad als Omikron und erhöhen die Übertragung oder Pathogenität beim Menschen.

Richard Ebright: »Dies sollte ein Weckruf sein.«[186]

Es macht einen fassungslos, dass es offenbar niemanden kümmert, dass US-Präsident Barack Obama während seiner Amtszeit die »Gain-of-Function«-Forschung – zumindest auf US-amerikanischem Boden – verboten hatte. Wohingegen sein Parteigenosse und der jetzige Amtsinhaber Joe Biden offenbar nichts dabei findet, dass die Welt neuen Pandemien, die durch im Labor erzeugte Erreger verursacht werden, ausgesetzt sein soll. Wo bleibt der Aufschrei in den USA und in der Welt gegen diese gefährliche Forschung, die zur Entwicklung noch gefährlicherer potenzieller Pandemieerreger führt?

Der oben genannte Molekularbiologie Ebright warnt weiter, dass die jetzige Entwicklung von enormer Tragweite sei, »insbesondere im

Hinblick auf das Risiko, eine neue Pandemiewelle auszulösen, wenn die im Labor erzeugten Viren versehentlich oder absichtlich freigesetzt werden«.[187]

Dass diese Gefahr besteht, zeigt SARS-CoV-2, das ja offenbar aus dem Labor in Wuhan entwichen war. Heimo Claasen hat in einem Beitrag für die Webseite *Mulitpolar* mit zahlreichen Quellen bewiesen, dass das Virus im Labor geschaffen wurde.[188] Wobei wohl nie geklärt werden kann, ob dieses Leck mit Absicht herbeigeführt wurde oder ein Versehen war. Betrachten wir indes, wie das Virus in der Folgezeit instrumentalisiert wurde, um den Great Reset zu beschleunigen, dann dürften wir mit der Vermutung richtigliegen, dass das Virus gewollt freigesetzt wurde.

»Wenn die Welt neue Pandemiewellen und Pandemien vermeiden will, die durch im Labor erzeugte potenzielle Pandemieerreger verursacht werden, dann ist es dringend notwendig, sinnlose Forschung mit hohem Risiko und geringem Nutzen, die potenzielle Pandemieerreger erzeugt, einzuschränken und eine wirksame nationale Aufsicht mit Gesetzeskraft über diese Forschung einzuführen«, fordert Ebright und fügt hinzu:

»Es gibt keine Rechtfertigung dafür, potenzielle Pandemieviren absichtlich übertragbarer zu machen. Die Folgen eines Unfalls könnten zu schrecklich sein, und solche manipulierten Viren werden nicht für Impfstoffe benötigt.«[189]

Auf ähnliche Weise hat auch die Boston University einen neuen Stamm mit einer 80-prozentigen Sterberate geschaffen. Professor Shmuel Shapira, ehemaliger Direktor des israelischen Regierungsinstituts für biologische Forschung, bezeichnete diese Forschung als »Spiel mit dem Feuer«.[190]

Bestätigung für die alarmierten und warnenden Wissenschaftler wie Ebright und Shapiro liefert ein Zwischenbericht des US-Senatsausschusses für Gesundheit, Bildung, Arbeit und Renten. Dieser Untersuchungsbericht kam nämlich zu folgendem Schluss:

»Während frühere Infektionsausbrüche beim Menschen, die auf den Kontakt mit Tieren zurückzuführen waren, für die Hypothese sprechen, dass ein natürlicher zoonotischer Spillover für den Ursprung von SARS-CoV-2 verantwortlich ist, war das Auftreten von SARS-CoV-2, das zur Covid-19-Pandemie führte, höchstwahrscheinlich das Ergebnis eines forschungsbedingten Zwischenfalls.«[191]

336 Pentagon-Labore weltweit

Aber die US-Pharmaindustrie forscht nicht nur in Chinas Wuhan an dem in den USA verbotenem »Funktionsgewinn«. Tödliche Viren werden in vielen von den USA bezahlten Laboren in der Welt entwickelt – vor allem in der Ukraine: Die US-Biowaffenlabore haben dort an hochgefährlichen Krankheitserregern geforscht und auch daran, wie diese mit Zugvögeln verbreitet werden könnten.[192]

Dass das Pentagon in anderen Ländern Hunderte Biolabore betreibt, in die es keine unabhängigen Kontrolleure lässt, ist seit Jahren bekannt – laut chinesischen Angaben sind es 336 Einrichtungen dieser Art weltweit. Etwa drei Dutzend dieser Labore befinden sich auf dem Boden der Ukraine – damit ist die Ukraine gewissermaßen Weltmeister in der Biowaffenforschung. Das weiß sogar die WHO und hat die Ukraine aufgefordert, diese »hochgefährlichen Krankheitserreger« zu vernichten.[193]

Bei Einsicht in öffentlich zugängliche Dokumente findet man die Bestätigung dafür, dass sowohl die gleichen Forscher als auch die gleichen amerikanischen NGOs, die in Wuhan an Coronaviren von Fledermäusen experimentiert hatten, diese Forschungen auch in der Ukraine und in Georgien durchgeführt haben. Diese Arbeiten wurden auch dort, wie bereits in Wuhan, von US-Auftraggebern bezahlt.[194]

Selbst die stellvertretende US-Außenministerin Victoria Nuland gestand ein, dass »die Ukraine über biologische Forschungseinrichtungen verfügt« und die USA besorgt sind, dass »diese Forschungsmaterialien« in die Hände der Russen fallen könnten.[195]

Welche »Forschungsmaterialien« wurden in diesen Biolaboren untersucht, und warum sind die US-Offiziellen so besorgt, dass sie in russische Hände fallen könnten?

Das russische Verteidigungsministerium hat Dokumente vorgelegt, die in den US-Biowaffenlaboren in der Ukraine im Rahmen der Ende Februar 2022 begonnenen Militäroperation beschlagnahmt werden konnten. Sie belegen, dass dort an der Herstellung von Komponenten für biologische Waffen gearbeitet wurde. So fanden die russischen Truppen zum Beispiel die Vereinbarung über die Finanzierung eines ganzen Netzes von Biolaboren in Kiew, Odessa, Lwiw und Charkiw durch das Pentagon. Die Kosten für das Projekt belaufen sich auf 32 Millionen Dollar. Das Dokument ist von beiden Parteien unterzeichnet und abgestempelt.[196]

Im Mittelpunkt stehen dabei gefährliche Bakterien und Viren – etwa die Erreger des hämorrhagischen Kongo-Krim-Fiebers. Letztgenannte Krankheit wurde erstmals vor 80 Jahren auf der Krim festgestellt.

»Aus unserer Sicht rührt das Interesse der US-Militärbiologen daher, dass diese Erreger sowohl in der Ukraine als auch in Russland natürliche Herde haben und ihr Einsatz als natürliche Krankheitsausbrüche getarnt werden kann. Deshalb wurde dieses Projekt mit zusätzlichen Mitteln ausgestattet und die Frist verlängert«, sagt Igor Kirillov, Leiter der ABC-Schutztruppen der russischen Streitkräfte.[197]

In den Laboren wurden sogar Krankheiten untersucht, die von Fledermäusen auf den Menschen übertragen werden können. So gab es ein eigenständiges Projekt namens »Influenzaübertragung durch die Luft«. Für dieses wurden die Wanderrouten von Flussenten untersucht. Nach Angaben des Verteidigungsministeriums haben diese gefiederten Virenschleudern bereits wirtschaftliche Schäden in Russland verursacht.

»Allein im Jahr 2021 betrug der Schaden durch die hochpathogene Vogelgrippe mehr als 1,7 Milliarden Rubel, und es wurden 6 Millionen Stück Geflügel vernichtet. Die Dokumente bestätigen die Beteiligung des Instituts in Charkiw an der Sammlung von Stämmen von Vogelgrippeviren, die ein hohes epidemisches Potenzial haben und in der Lage sind, die Grenze zwischen verschiedenen Spezies zu überwinden. Die Aktivitäten des besagten Instituts sollten Gegenstand einer internationalen Untersuchung sein«, sagt Kirillov.

»Auffällig ist die Tatsache, dass 2018 die Zahl der Tuberkulosefälle, die durch neue multiresistente Stämme verursacht werden, bei in den Volksrepubliken Lugansk und Donezk lebenden Bürgern stark gestiegen ist. Die Daten wurden von Experten der russischen Verbraucherschutzbehörde bestätigt. Während eines Massenausbruchs in der Nähe des Dorfes Peski wurden mehr als siebzig Fälle der Krankheit festgestellt, die schnell zum Tod führten. Das könnte auf eine absichtliche Kontamination oder ein versehentliches Austreten eines Erregers aus einem der Biolabore in der Ukraine hindeuten«, so Igor Kirillov.[198]

Die Finanzierung der Tätigkeiten in den ukrainischen Biolaboren erfolgte durch die Defense Threat Reduction Agency (DTRA) des Pentagons. Nach Angaben des US-Bundesvertragsregisters hat die DTRA bis zum 30. Juli 2020 insgesamt 80 Millionen Dollar für die biologische Forschung in der Ukraine bereitgestellt. Die Verantwortung für das Programm bekam das US-Unternehmen Black & Veatch Special Projects Corp.. Nur seine Mitarbeiter, die am biologischen Forschungsprogramm des US-Militärs beteiligt waren, erhielten uneingeschränkten Zugang zu allen Biolaboren in der Ukraine. Unter dem Vorwand, in diesen Laboren werde mit besonders gefährlichen Krankheitserregern gearbeitet, wurde unabhängigen Experten der Zugang zu diesen verweigert.[199]

Aber auch deutsche Wissenschaftler waren involviert. Experten des Friedrich-Loeffler-Instituts in Greifswald – es ist auch das Bundesforschungsinstitut für Tiergesundheit – führten zusammen mit ukrainischen Kollegen biologische Forschungen zu besonders gefährlichen Krankheitserregern bei Vögeln durch (2019–2020). Laut der Projektbeschreibung bestand das Hauptziel dieser Unternehmung in der Sequenzierung der Genome von Orthomyxoviren (Erreger der Vogelgrippe) sowie in der Entdeckung neuer Viren bei Vögeln.[200]

Die Forschung wurde ab 2020 durch die DTRA weitergeführt. Ziel des Projekts war es, herauszufinden, welches Potenzial besonders gefährliche Krankheitserreger haben, die über Zugvögel übertragen werden können, wie zum Beispiel die hochpathogene H5N1-Grippe, deren Tödlichkeit für den Menschen 50 Prozent erreichen kann, sowie die Newcastle-Krankheit. Zwischen dem Smithsonian Institute und dem US-Verteidigungsministerium war die Nutzung von Zugvögeln hinsichtlich einer Übertragung von Krankheitserregern in der Vergangenheit ein wichtiger Punkt in ihrem Forschungsprogramm.

Igor Kirillov enthüllt noch mehr: »Von Mitarbeitern ukrainischer Biolaboratorien haben wir Unterlagen über die Notvernichtung hochgefährlicher Erreger von Pest, Milzbrand, Cholera und anderen tödlichen Krankheiten am 24. Februar dieses Jahres [2022] bekommen. Das bestätigen die Dokumente. Wir beziehen uns insbesondere auf die Richtlinie des ukrainischen Gesundheitsministeriums über die rasche Beseitigung von Beständen gefährlicher Krankheitserreger, die an alle Biolaboratorien geschickt wurde.« Dem Umstand, dass nicht alles Material vor dem Einmarsch der russischen Truppen »notvernichtet« werden konnte, verdanken wir eben jene brisanten Unterlagen, die jetzt von Spezialisten der russischen ABC-Schutztruppen analysiert werden. Kirillov weiß heute so viel: »Es kann schon jetzt festgestellt werden, dass die ukrainischen Biolabore in unmittelbarer Nähe unseres Hoheitsgebiets zur Entwicklung von Komponenten biologischer Waffen genutzt wurden.«[201]

Die nutzlose UN-Biowaffenkonvention

All diese Aktivitäten geschehen, obwohl sich die USA zusammen mit 182 Staaten dieser Erde verpflichtet haben, keine biologischen Waffen zu entwickeln oder herzustellen. Und so tun sie es halt nicht offiziell, sondern über private Firmen. Die werden allerdings vom Pentagon finanziert.

Die UN-Biowaffenkonvention, mit vollem Titel »Konvention über das Verbot der Entwicklung, Herstellung und Lagerung bakteriologischer (biologischer) Waffen und Toxinwaffen sowie über die Vernichtung solcher Waffen«, trat am 26. März 1975 in Kraft. Dieser völkerrechtliche Vertrag verpflichtet die Vertragsparteien, unter keinen Umständen Waffen auf der Basis von Mikroorganismen sowie anderen biologischen Substanzen oder Toxinen zu entwickeln, herzustellen, zu lagern oder anderweitig anzuschaffen. Dasselbe gilt für Waffen und Waffensysteme, deren Zweck darin besteht, derartige Stoffe im Rahmen eines bewaffneten Konfliktes einzusetzen. Die Vertragsstaaten sind zudem verpflichtet, sämtliche in ihrem Besitz befindlichen Bestände zu zerstören oder einer friedlichen Nutzung zuzuführen, und solche Waffen nicht an andere Staaten weiterzugeben.[202]

So weit die Theorie eines verbindlichen völkerrechtlichen Vertrags. Die Praxis, also die Realität, sieht anders aus: Dilyana Gaytandzhieva und andere Ermittler haben dokumentiert, dass die USA in Einrichtungen privater Unternehmen außerhalb der USA – viele davon in Osteuropa, Afrika und Südasien – tödliche Viren, Bakterien und andere Toxine produzieren, was eindeutig gegen die UN-Konvention verstößt. Die Unternehmen würden – so der Vorwurf – vom US-Militär finanziert.[203]

Schützenhilfe für diesen Verstoß gegen das Völkerrecht leistete ein umstrittener neokonservativer Thinktank, das inzwischen aufgelöste »Projekt für das neue amerikanische Jahrhundert (PNAC)«. Das

PNAC forderte in einem Strategiepapier im September des Jahres 2000 offen den Einsatz einer rassenspezifischen gentechnisch veränderten Biowaffe als »politisch nützliches Werkzeug«. Dieses vermutlich umstrittenste Dokument des Thinktanks mit dem Titel »Rebuilding America's Defenses« (»Wiederaufbau der amerikanischen Verteidigung«) enthält einige Passagen, in denen der Nutzen von Biowaffen offen diskutiert wird. Darunter befinden sich folgende Sätze:

»[…] Kämpfe werden wahrscheinlich in neuen Dimensionen stattfinden: im Weltraum, im Cyberspace und vielleicht in der Welt der Mikroben. […] Fortgeschrittene Formen der biologischen Kriegführung, die auf bestimmte Genotypen zielen können, können die biologische Kriegführung vom Terrorbereich in ein politisch nützliches Werkzeug verwandeln«.[204]

Zahlreiche PNAC-Mitglieder spielten in der Regierung von George W. Bush eine herausragende Rolle und hatten in der Regierung von Trump erneut politische Bedeutung erlangt.

10 Jahre nach der Veröffentlichung von »Rebuilding America's Defenses« brachte die US Air Force ein Dokument mit dem Titel »Biotechnology: Genetically Engineered Pathogens« (»Biotechnologie: Gentechnisch veränderte Krankheitserreger«) heraus. In ihm heißt es: Eine aus akademischen Wissenschaftlern bestehende Gruppe habe im Auftrag der US-Regierung sechs Klassen gentechnisch veränderter Krankheitserreger gefunden, die eine ernsthafte Bedrohung für die Gesellschaft darstellen könnten. Dazu gehören, ohne darauf beschränkt zu sein, binäre biologische Waffen, Designergene, Gentherapie als Waffe, Stealth-Viren, Host-Swap-Krankheiten und Designerkrankheiten.[205]

Und hier kommt wieder die ominöse »Defence Advanced Research Project Agency« (DARPA) ins Spiel: DARPA ist der Hauptförderer der umstrittenen »Gen-Drive«-Technologie, die die Genetik ganzer Populationen dauerhaft verändert und gleichzeitig andere für das Aussterben vorsieht. Mindestens zwei der DARPA-Studien, die diese umstrittene Technologie verwendeten, wurden klassifiziert und konzentrierten sich laut der amerikanischen Ausgabe von *Russia Today* auf die potenzielle militärische Anwendung der »Gen-Drive«-Technologie und deren Einsatz in der Landwirtschaft.

Die Enthüllung erfolgte, nachdem eine Organisation namens »ETC Group« im Rahmen eines Antrags nach dem Freedom of Information Act über 1000 E-Mails über das Interesse des Militärs an der Technologie erhalten hatte. Die im kanadischen Ottawa registrierte internationale Organisation hat sich dem »Erhalt und der nachhaltigen Förderung der kulturellen und ökologischen Vielfalt und der Menschenrechte« verschrieben. Der vollständige rechtliche Name lautet »Action Group on Erosion, Technology and Concentration«.[206]

Einer der Direktoren der ETC-Gruppe, Jim Thomas, hegt die Befürchtung, dass die »Gen-Drive«-Technologie als biologische Waffe eingesetzt werden und katastrophale Auswirkungen auf Frieden, Ernährungssicherheit und Umwelt haben könnte. Dass die Entwicklung von »Gen-Drive« hauptsächlich vom US-Militär finanziert und strukturiert werde, werfe alarmierende Fragen in Bezug auf dieses gesamte Gebiet auf, so Thomas.

Inzwischen wird das US-Militär vom russischen Militär beschuldigt, DNA im Rahmen eines verdeckten Biowaffenprogramms von den Russen zu »ernten«. Der schon zuvor erwähnte Chef der russischen Einheit für Strahlenschutz, chemischen Schutz und biologischen Schutz, Generalmajor Igor Kirillov, der diese Behauptungen aufstellte, behauptete zudem, die USA entwickelten solche Waffen in unmittelbarer Nähe der russischen und chinesischen Grenze.[207]

China hat ebenfalls das US-Militär beschuldigt, DNA von chinesischen Bürgern »geerntet« zu haben, und führt als Beispiel die genetischen Experimente von Harvard-Forschern im Rahmen eines von der US-Regierung finanzierten Projekts an 200 000 chinesischen Landwirten an.[208]

Bleiben wir in China. Peter Daszak von der EcoHealth Alliance – eine der vielen nicht staatlichen Organisationen, die Bill Gates fördert – leitete offenbar Millionen von Dollar an das Wuhan Institute of Virology, das Experimente zum Funktionsgewinn durchführte, weiter. Daszak prahlte damit, dass seine chinesischen Kollegen (die er finanzierte) »Killer«-Coronaviren erzeugten:

»Wir fanden Coronaviren in Fledermäusen, eine ganze Reihe von ihnen, einige von ihnen sahen SARS sehr ähnlich. Also haben wir das Spike-Protein sequenziert: das Protein, das sich an Zellen bindet.

Dann haben wir … Nun, ich habe diese Arbeit nicht gemacht, aber meine Kollegen in China. Sie erzeugen Pseudopartikel, setzen die Spike-Proteine dieser Viren ein und beobachten, ob sie sich an menschliche Zellen binden. Mit jedem Schritt nähern Sie sich diesem Virus, der bei Menschen wirklich pathogen werden könnte […] Am Ende haben Sie eine kleine Anzahl von Viren, die wirklich wie Killer aussehen.«[209]

Was Daszak hier beschreibt, ist eine globale Geldwäscheoperation und eine offensichtliche kriminelle Verschwörung, um US-Gesetze zu umgehen, die die Erforschung von Funktionsgewinnen verbieten, indem US-Gelder in das kommunistische China geleitet werden. Eine Bestätigung hierfür lieferte eine veröffentlichte E-Mail von einem Forscher aus Wuhan an den damaligen US-Gesundheitsbeauftragten Anthony Fauci.[210]

Wird die Vogelgrippe zur neuen Pandemie?

Gerade weil so engagiert an neuen tödlichen Viren gearbeitet wird, sollten wir sofort aufhorchen, wenn wir erfahren, dass Wissenschaftler einen Hybrid des Vogelgrippevirus mit Pandemiepotenzial für den Menschen entwickelt haben. Wir müssen nämlich befürchten, dass wie bei Covid ein Virus absichtlich oder fahrlässig aus einem Labor entweicht. Und wir müssen auch davon ausgehen, dass ein Impfstoff gegen die Vogelgrippe auftaucht, der entweder unwirksam, gefährlich oder beides sein wird.

Seit dem Winter 2022/2023 befällt die H5N1 (Vogelgrippe) Säugetiere in einem bisher nicht gekannten Ausmaß, darunter Stinktiere, Bären, Robben, Füchse, Nerze und sogar Delfine. Und die Infektion breitet sich immer weiter aus, wie *ABC News* am 9. Februar 2023 berichtete. Die Virologin Nichola Hill von der University of Massachusetts Boston erklärte gegenüber dem Sender: »Die Größe, Reichweite und Anzahl der von diesem Ausbruch betroffenen Arten ist beispiellos [...] So sollte sich die Vogelgrippe eigentlich nicht verhalten.«[211]

Die Gegenmaßnahmen bestehen – wie bei Covid-19 – in der Entwicklung von Impfstoffen und einer Praxis, die nicht nur grausam, sondern auch unnötig ist: die Keulung aller Hühner, sobald auch nur ein einziger Fall entdeckt wird. Diese Vorgehensweise garantiert im Grunde, dass nie eine natürliche Immunität entwickelt wird. Eine weitaus vernünftigere Strategie wäre es, die Hühner, die an der Infektion sterben, zu vernichten, aber diejenigen, die sie überleben, nicht zu töten.

Der in Nordamerika zu Berühmtheit gelangte Landwirt Joel Salatin äußerte sich dazu Mitte März 2023:

»Die Politik der Massenvernichtung ohne Rücksicht auf die Immunität, ohne auch nur zu erforschen, warum einige Vögel gut gedeihen, während alle anderen sterben, ist wahnsinnig. Die grundlegendsten Prinzipien der Tierhaltung und -zucht verlangen, dass Landwirte auf ein gesundes Immunsystem hin selektieren. Wir Landwirte haben das seit Jahrtausenden getan [...]

Die Politik der verbrannten Erde ist die einzige Option, auch wenn sie nicht zu funktionieren scheint. Tatsächlich kommen die Zyklen schneller, und es scheinen mehr Vögel betroffen zu sein. Jemand sollte die Effektivität infrage stellen.«[212]

Wie Salatin feststellte, ist es unter den Landwirten weithin anerkannt, dass das Problem in beengten Unterkünften und zu vielen

Hühnerfarmen liegt, die sich geografisch zu dicht beieinander befinden. »Das USDA [Landwirtschaftsministerium der Vereinigten Staaten] und die Industrie wollen verzweifelt Wildvögeln, Hinterhofherden und schmutzigen Schuhen die Schuld geben, anstatt in den Spiegel zu schauen und zu erkennen, dass dies die Art der Natur ist, ›es reicht!‹ zu schreien«, schreibt Salatin.[213]

Der Landwirt rät: »Retten Sie Vögel, die die Infektion überleben, und nehmen Sie diese für die Züchtung. Wenn ein Bestand an HPAI erkrankt, lassen Sie das Ganze seinen Lauf nehmen. Das Virus wird diejenigen töten, die es töten wird, aber nach ein paar Tagen werden die Überlebenden feststehen. Behalten Sie diese, und nehmen Sie sie in ein Zuchtprogramm auf. Auf diese Weise werden zukünftige Generationen eine natürliche Immunität erwerben.«[214]

Was Wissenschaftler jedoch am meisten beunruhigt, ist die durchaus berechtigte Vorstellung, dass das Virus mutiert (oder mutiert wird) und dann den Menschen befällt.[215] Warum sollten wir überhaupt mit dieser tödlichen Variante rechnen?

Die Antwort: Weil diese Viren mit pandemischem Potenzial für den Menschen gezüchtet werden, quasi als Waffe. Ein Teil dieser Forschung wird übrigens in vom Pentagon finanzierten Biolabors in der Ukraine durchgeführt.

In einem Interview vom 30. März 2022 wies Dr. Robert Redfield, der ehemalige Direktor der U.S. Centers for Disease Control and Prevention (CDC), deutlich auf diese Möglichkeit hin:

»Ich glaube, die große Pandemie liegt noch in der Zukunft, und das wird eine Vogelgrippepandemie für den Menschen sein. Sie wird eine hohe Sterblichkeitsrate von 10–50 Prozent haben. Das wird Ärger geben.«[216]

Finanziert wird diese Gain-of-Function-Forschung zu H5N1 übrigens von Bill Gates und Dr. Anthony Fauci, dem früheren Direktor des National Institute of Allergy and Infectious Diseases (NIAID), obwohl dies seit 2014 in den USA offiziell verboten ist. Ein Wissenschaftler, dessen Arbeit zu H5N1 sowohl von Fauci als auch von Gates finanziert wurde, ist Dr. Yoshihiro Kawaoka.

Kawaoka mischte das Vogelgrippevirus in einem Experiment mit dem spanischen Grippevirus, was zu einem hochgradig tödlichen Atemwegsvirus führte, das auch auf den Menschen übertragbar ist. Kawaoka experimentierte zudem mit Mischungen aus dem H5N1- und dem H1N1-Virus (Schweinegrippe) aus dem Jahr 2009 und schuf dabei ein über die Luft übertragbares Hybridvirus, das in der Lage ist, sich dem menschlichen Immunsystem zu entziehen, sodass der Mensch im Grunde wehrlos dagegen ist.

Der amerikanische Arzt und Autor Joseph Mercola kommt zu dem Schluss: »Die Vogelgrippe wurde auf verschiedene Weise manipuliert, sodass sie sowohl über die Luft übertragen werden kann (was ursprünglich nicht der Fall war), als auch eine artenübergreifende Infektion ermöglicht.«[217]

Fauci finanzierte auch die Arbeit des niederländischen Virologen Ron Fouchier, dessen Team eine über die Luft übertragbare Version der Vogelgrippe durch eine Kombination aus Gentechnik und Serieninfektion von Frettchen erzeugte.

Kommen wir zurück zu den aktuellen Entwicklungen. Tatsächlich scheint neben den Säugetieren nun auch der Mensch betroffen zu sein. [218]

Im Jahr 2022 verzeichnete die Influenzaabteilung der U.S. Centers for Disease Control and Prevention in sieben Ländern mehr als fünfzig Fälle von Vogelgrippe beim Menschen, und obwohl diese extrem selten sind, rechnen die CDC mit weiteren Infektionen:

»Bislang haben die HPAI (hochpathogene aviäre Influenza)-Viren, die derzeit bei Vögeln und Geflügel zirkulieren und auf Säugetiere übergegangen sind, sowie die Viren, die Infektionen beim Menschen verursacht haben, nicht die Fähigkeit, sich leicht an Rezeptoren zu binden, die in den oberen Atemwegen des Menschen vorherrschen. Daher ist das derzeitige Risiko für die Öffentlichkeit durch HPAI-A(H5N1)-Viren weiterhin gering.

Da sich Influenzaviren jedoch schnell weiterentwickeln können und HPAI-A(H5N1)-Viren bei Wildvögeln und Geflügelausbrüchen global weitverbreitet sind, ist mit weiteren sporadischen Infektionen beim Menschen zu rechnen.

Die fortgesetzte umfassende Überwachung dieser Viren bei Wildvögeln, Geflügel, Säugetieren und Menschen weltweit sowie häufige Neubewertungen sind von entscheidender Bedeutung, um das Risiko für die öffentliche Gesundheit zu bestimmen, ebenso wie laufende Vorsorgemaßnahmen.«[219]

Auch Shayan Sharif, Professor und stellvertretender Dekan am Ontario Veterinary College, warnt, dass das Virus »an Dynamik gewinnt« und immer mehr zu einer Bedrohung für den Menschen wird:

»Verschiedene Teile des Puzzles kommen zusammen, damit dieses Virus auf den Menschen übertragbar wird«, sagte er gegenüber Global News. »Dieses Virus hat das Potenzial, sich zu einem Pandemievirus zu entwickeln, und wenn das der Fall ist, müssen wir absolut bereit sein, denn die Sterblichkeitsrate dieses Virus könnte weitaus höher sein als die von Covid-19.«[220]

Sollte sich die Vogelgrippe beim Menschen zu einer Epidemie oder gar einer Pandemie entwickeln, gibt es viele Gründe, die für den Verdacht sprechen, dass es sich um ein waffenfähiges Virus handelt, und die angebotene »Lösung« wird die gleiche sein wie bei Covid-19: »Lasst euch impfen.«

In den Vereinigten Staaten von Amerika und anderen Ländern werden bereits H5N1-Impfstoffe »für den Fall der Fälle« gelagert. Zudem sind auf H5N1 abgestimmte mRNA-Impfstoffe in Planung. Wir können davon ausgehen, dass auch sie nicht ausreichend getestet werden, weil es sich dann ja – wie bei Corona – um einen angeblich die Menschheit bedrohenden Notfall handelt.

Die Nachrichtenagentur *Reuters* berichtet: »Einige der weltweit führenden Hersteller von Grippeimpfstoffen sagen, dass sie innerhalb von Monaten Hunderte von Millionen von Vogelgrippeimpfstoffen für Menschen herstellen könnten, falls ein neuer Stamm der Vogelgrippe jemals die Artengrenze überspringt.

Im Falle einer Pandemie würden die Impfstoffhersteller die Produktion von saisonalen Grippeimpfstoffen verschieben und stattdessen bei Bedarf auf den neuen Ausbruch zugeschnittene Impfungen herstellen.

Viele der potenziellen Pandemieimpfstoffe sind von den Aufsichtsbehörden bereits zugelassen, und zwar auf der Grundlage von Daten aus Humanstudien, die zeigen, dass die Impfstoffe sicher sind und eine Immunreaktion auslösen – ein Verfahren, das bereits bei saisonalen Grippeimpfstoffen angewandt wird.

Das bedeutet, dass möglicherweise keine weiteren Versuche am Menschen erforderlich sind, selbst wenn die Impfstoffe so angepasst werden müssen, dass sie besser zu dem Stamm passen, der auf den Menschen überspringt. Daten darüber, wie gut die Impfstoffe tatsächlich vor einer Infektion schützen, würden in Echtzeit gesammelt.«[221] Sprich: Diese Impfstoffe würden einfach an den Geimpften in aller Welt getestet.

Es steht also zu befürchten, dass die sogenannte Vogelgrippe zu einer erneuten Impfhysterie führt. Sollte es sich bei dem neuen Virenstamm um eine Biowaffe handeln, wie einige Wissenschaftler warnen – siehe oben –, dann läge möglicherweise wirklich eine Gefährdung des Menschen nahe.

Mysteriöse Nanopartikel

Ein weiterer Verdacht ist, dass im sogenannten »Impfstoff« von Pfizer & Co bestimmte Nanopartikel eingebaut sind. Technisch ist das heute kein Problem. Gerade die Nanotechnologie hat in den letzten Jahren enorme Entwicklungssprünge gemacht. Zur Erklärung: Nanopartikel sind kleiner als 100 Nanometer. Das ist so winzig, dass man sie unter einem normalen Mikroskop nicht einmal erkennen kann.

Ein Bericht der Abteilungen für Biologie und Umwelttechnik der Cornell University, Ithaka, NY, zeigt, dass die Entwicklung von Robotern in Nanogröße, die durch Schallwellen ferngesteuert werden, schon wesentlich weiter ist als bisher angenommen.[222]

Die Universität will »die derzeitige Technologie für die gezielte Verabreichung von Medikamenten und die ferngesteuerte Mikrochirurgie« verbessern und meldet nun in ihrer neuen wissenschaftlichen Studie bedeutende Fortschritte:

»Wir drucken mikrorobotische Schwimmer in der Größe von Tierzellen mit einem Nanoscribe in 3D. Die Mikroschwimmer werden durch die Mikroströmungen angetrieben, die durch die oszillierenden Luftblasen in den Mikroroboterschwimmern erzeugt werden.

Bisher mussten die Mikroschwimmer, die durch akustische Strömungen angetrieben werden, durch ein Magnetfeld oder einen zusätzlichen Ultraschallwandler gesteuert werden.« Jetzt ist es den Forschern offenbar gelungen, Mikroschwimmer zu entwickeln, die ausschließlich mit einem Ultraschallwandler angetrieben und gelenkt werden können. Die Schwimmer ähneln den biologischen Schwimmern, die für die Ausführung robuster biologischer Funktionen wichtig sind. Die Studie schwärmt: »Der mikrorobotische Schwimmer hat das Potenzial, die derzeitige Technologie für die gezielte Verabreichung von Medikamenten und die ferngesteuerte Mikrochirurgie zu verbessern.«[223] Für die Verabreichung von Medikamenten soll eine Gruppe von mikrorobotischen Schwimmern eingesetzt werden, »und wenn einer während der Reise ausfällt, ist das kein Problem. So überlebt die Natur. In gewisser Weise ist es ein robusteres System. Kleiner ist nicht gleichbedeutend mit schwächer. Eine Gruppe von ihnen ist unbesiegbar.«[224]

Die nächste Herausforderung besteht laut den Forschern darin, die Roboter biokompatibel zu machen, damit sie Blutzellen navigieren können, die ungefähr die gleiche Größe haben. Zudem sollen sie aus biologisch abbaubarem Material hergestellt werden, sodass viele Roboter gleichzeitig eingesetzt werden können.

Die jetzt veröffentlichte Studie der Cornell University ist ein Beweis dafür, dass Nanoroboter sehr real sind und über Frequenzen gesteuert werden können. Sie ermöglichen also externe Manipulationen in unserem Körper. Trotz dieses rasanten technologischen Fortschritts existieren keine Regeln, wie man die Entwicklung lebensrettender neuer Technologien ermöglichen kann, gleichzeitig aber die Menschheit vor externen Manipulationen gegen unseren Willen oder zu negativen Zwecken schützt.

Handelt es sich bei den unter dem Labormikroskop entdeckten seltsamen winzigen Gebilden, die sich offenbar in den sogenannten Gen-»Impfstoffen« befinden – meist stab- oder ringförmig angeordnete Minipartikel, die kleiner sind als ein menschliches Haar –, um die Nanoroboter, die hier beschrieben sind? Sie könnten jedenfalls von dem nun vorhandenen 5G-Netz gesteuert werden.

Da die Cornell University eine öffentliche Einrichtung ist, müssen wir davon ausgehen, dass die geheimen Forschungen – etwa die der vom Pentagon bezahlten Wissenschaftler der ominösen »Defence Advanced Research Project Agency« (DARPA) – bereits viel weiter sind.

Die Nanoroboter sind aber auch ein Beleg für eine Entwicklung, die von Bill Gates, Klaus Schwab und anderen Globalakteuren in Gang gebracht wurde: den Transhumanismus.

Die Erschaffung des neuen Menschen

Bevor ich gleich wieder auf das Thema Entvölkerung zurückkomme, möchte ich die in WEF-Kreisen diskutierte Ideologie des Transhumanismus etwas näher beleuchten. Was ist eigentlich damit gemeint?

Zunächst einmal ist der Transhumanismus eine philosophische Denkrichtung, die die Grenzen menschlicher Möglichkeiten, sei es intellektuell, physisch oder psychisch, durch den Einsatz technologischer Verfahren erweitern will. Der »neue« Transhumanismus hingegen fordert eine Art von Technik-Mensch-Synthese, also die Fusion künstlicher Intelligenz mit biologischen Elementen zum Zwecke der weiteren menschheitlichen Entwicklung.

Der Begriff *trans* kommt aus dem Lateinischen und meint »jenseits« oder »darüber hinaus«, *humanus* dagegen heißt »menschlich« – und genau darum geht es bei diesem Denkansatz: Der Mensch soll über sich hinauswachsen, die Grenzen der Biologie einreißen und sich mit allen verfügbaren Mitteln optimieren. Mensch und Computer sollen miteinander verschmelzen.

Der Start des Google-Projekts »Besiegt den Tod«, die Intensivierung der BRAIN-Initiative und die Gründung der »Transhumanistischen Partei« durch den Bestsellerautor Zoltan Istvan in den USA waren 2014 Schritte auf dem Weg zu einer »transhumanistischen« Gesellschaft.

Transhumanisten sehen sich in der Tradition des Humanismus und der Aufklärung. Der transhumanistische Mensch hat nach ihrer Auffassung die moralische Pflicht, sein Erbgut so zu verändern, dass künftige Generationen über einen leistungsfähigeren, weniger krankheitsanfälligen Körper verfügen. Wozu die natürliche Evolution Jahrtausende braucht, das wollen Transhumanisten innerhalb der kommenden Jahrzehnte schaffen, nämlich einen neuen Menschen kreieren.

Daher fördern Transhumanisten die Wissenschaften, die den Menschen angeblich klüger, gesünder, glücklicher und stärker machen: Genomik, Neurowissenschaft, Robotik, Nanotechnologie und künstliche Intelligenz (KI). Führende Wissenschaftler erwarten, dass die künstliche Intelligenz bis 2045 zur Entwicklung einer sogenannten Singularität führen wird, also zu einem sich selbst bewussten intelligenten Wesen. In 20 bis 30 Jahren soll das menschliche Bewusstsein auf einen Computer hochgeladen werden können (»Mind Uploading«). Der Geist würde als Software weiterleben, befreit von jeglichem biologischen Verfall.

Daneben gibt es Forschungen, die in Richtung der »Hybridisierung« von Mensch und Technologie mittels »Brain-Computer-Interfaces« (BCI's) und »Brain-Machine-Interfaces« (BMI's) gehen, die beide Direktverschaltungen des Gehirns mit Computern und Maschinen darstellen.

Maßgeblichen Anteil an dieser Entwicklung hat die »Singularity University« unweit des NASA-Geländes Moffet Federal Airfield nahe Palo Alto in Kalifornien. Das Institut, das 2008 von Google-Ingenieurschef Ray Kurzweil mitbegründet wurde, widmet sich der Vorbereitung auf das Erwachen der Technik zu Selbstbewusstsein und zu einem »Dasein als Einzelne« (singularity). Führende Universitätszentren wie das »Future of Humanity Institute« der Universität Oxford erhalten Fördermittel von Finanziers und Großsponsoren aus den USA und Europa, darunter von der globalen Technologie-Wirtschaftsavantgarde in Silikon Valley. Und sie alle treten aktiv für eine Cyborgisierung des Menschen ein.

Direkte Gehirn-Computer- und Gehirn-Maschine-Schnittstellen sind in Medizin, Wissenschaft und Militär bereits Standard. Die Steuerung von Maschinen durch Gedanken (etwa von Rollstühlen) gerät zur Routinerealität.

Gemäß dem Transhumanismus soll Gott von der Technik abgelöst werden und das »Human Enhancement«, also die Verbesserung des Menschen, eine ganz neue Phase körperbezogener Spiritualität auslösen. Der Gesundheitsbereich wird in dieser Entwicklung – neben dem Mobilitätsbereich – eine Vorreiterrolle spielen. Ist die Medizin dank Corona deswegen schon einmal in eine zentrale gesellschaftliche Position gehoben worden? Beide Bereiche, Gesundheit und Mobilität, könnten sich unter dem Eindruck der »menschlichen Optimierung« rasch verändern: vom herkömmlichen »Heilen des kranken Körpers«

hin zur »Optimierung des gesunden Körpers«, und von einem im eigenen Körper gefangenen menschlichen Bewusstsein hin zu einer geistigen Existenz innerhalb der KI.

Vorbereitet wird der Transhumanismus schon seit Jahren durch eine umfassende Automatisierung. Nach Schätzung internationaler Organisationen wie der OECD und der Vereinten Nationen wird diese bereits in den kommenden 10 Jahren mindestens ein Drittel aller bisher von Menschen betriebenen Industrie- und Dienstleistungsarbeitsplätze durch eine Kombination von Maschinen mit künstlicher Intelligenz ersetzen.

Die Ankündigung der größten Autobauer der Welt, VW und Toyota, massiv in diese Richtung gehen zu wollen, ist nur ein erster Schritt in einem bevorstehenden Umbruch.

Als Folge dieses Umbruchs wird die gesellschaftliche Umverteilung von Produktionserträgen an die Öffentlichkeit neu konzipiert werden müssen, wie es der »technoprogressive« Strang der »transhumanistischen Bewegung«, darunter James J. Hughes (Institute for Ethics and Emerging Technologies), Nick Bostrom (Oxford Future of Humanity Institute [FHI]) oder Zoltan Istvan (Transhumanist Party) für angloamerikanische Verhältnisse fordern. Zu dieser Umverteilung gehört auch ein bedingungsloses Grundeinkommen, allgemein zugängliche öffentliche Gratisbildung, universale kostenfreie Gesundheitsversorgung und kostenloser allgemeiner Zugang zu Technologie und Bildung als grundlegendes Menschen- und Bürgerrecht.

Finanziert werden soll das Ganze mit den Produktivitätsleistungen von Automatisierung und künstlicher Intelligenz, die nach Expertenerwartungen in ihrer Kombination deutlich billiger als Menschen produzieren und somit größere Überschüsse hervorbringen werden.

Die Menschheit sollte – wie von führenden Transhumanisten beim »Weltzukunftskongress 2045« programmatisch eingefordert – alle Hoffnungen auf Technologie setzen, um die hehren Ziele der UN-

Agenda 2030 zu erreichen, nämlich Hunger und Unterentwicklung, illiberale Gesellschaftsformen, Kriege und Unruhen zu beenden sowie Gleichheit und Frieden herzustellen.

Interessant ist, dass sich die Denkweise der Transhumanisten nicht nur mit der UN-Agenda deckt, sondern auch mit Schwabs Vierter Industrieller Revolution, der Technik-Mensch-Synthese, und darüber hinaus auch in Einklang steht mit der sogenannten Woke-Bewegung, die praktisch alles bisher Erreichte in Sachen Kultur, Religion und Menschheitsgeschichte vom Tisch fegt. Das Ziel ist, eine neue Weltzivilisation hervorzubringen, die natürlich weitaus besser sein soll als die bisherige.

Diese »Superintelligenz«, die durch die Kombination von künstlicher Intelligenz mit biologischen Elementen im Entstehen ist, wird bisher von niemandem mit einem »Kontrollmechanismus« versehen, der verhindert, dass sie sich schon allein aus Selbsterhaltungsgründen gegen den Menschen wendet.

»Das größte Verbrechen gegen die Menschlichkeit«

Zurück zur Demozidagenda: Naomi Wolf fasste unsere Fragestellung, ob die Impfstoffe als Mittel zur Entvölkerung eingesetzt werden, wunderbar zusammen.

Die 1962 in San Francisco geborene Wolf ist eine der herausragenden linken Aktivistinnen und Feministinnen in den USA und – bis zum Zeitpunkt der Coronaepidemie – eine Unterstützerin der Demokratischen Partei. Sie vollzog im Zuge der Maßnahmen gegen Covid-19 eine 180-Grad-Drehung und ist heute eine Aktivistin gegen die Covid-19-Impfstoffe. Wer ihr zuvor als verhasster Feind galt, ist heute ihr Verbündeter: Steve Bannon, der ehemalige Berater von Ex-US-Präsident Donald Trump. Mit ihm zusammen stellte sie ein Team von

3500 wissenschaftlichen und medizinischen Experten zusammen, das Zehntausende von Dokumenten analysierte.

Die Akten stammten von Pfizer. Der Pharmariese hatte sie der US-Food und Drug- Administration (FDA) zur Bewertung der Sicherheit und Wirksamkeit ihrer Covid-19-Injektionsmittel vorlegen müssen. Erzwungen durch den Freedom of Information Act, der Behörden per Gesetz zur Freigabe von Informationen verpflichtet, gelangten die Dokumente auch an Naomi Wolf und Steve Bannon.

Im März 2023 legte Wolf die Analyse ihres Rechercheteams in einer Rede dar, deren wichtigste Punkte wir uns nun ansehen.

Wolf hielt die Rede im konservativen Hillsdale College. Gleich zu Beginn gestand sie, dass die Ereignisse der letzten 3 Jahre ihre frühere Weltanschauung »wahrhaftig« hatten »implodieren« lassen.

In der Zusammenfassung »einiger der Dinge, die ans Licht kamen«, hob sie die folgenden 11 Punkte hervor:

1. Pfizer wusste einen Monat nach der Markteinführung, also im November 2020, dass die Impfstoffe nicht funktionierten. Wolf: »Die Werbung ist in den sozialen Medien, die Werbung ist im Fernsehen, und einen Monat nach der Markteinführung wird in internen Dokumenten von Pfizer festgestellt, dass die Impfstoffe des Unternehmens versagen und unwirksam sind. Und sie zeigen, dass die dritthäufigste Nebenwirkung des Pfizer-Impfstoffs [...] Covid ist!«[225]
2. Kurz nach der Markteinführung der Covid-19-Injektionen stellte Pfizer 2400 Vollzeitmitarbeiter ein, um die Beschwerden der Geschädigten zu bearbeiten.
   Naomi Wolf: »Sie wussten, dass dies notwendig war, um sich auf die Flut von unerwünschten Ereignissen vorzubereiten, von denen sie wussten, dass sie in naher Zukunft eintreten würden.«[226]
3. Pfizer und die FDA hielten 4 Monate lang Informationen darüber zurück, dass die Impfungen bei Jugendlichen Herz-

schäden verursachen. Wolf: »Und was bekamen die jungen Erwachsenen in Amerika in diesen 4 Monaten? Sie wurden ständig mit Propaganda in den sozialen Medien, im Fernsehen und in den Nachrichtenagenturen bombardiert, die mit Geldern aus dem CARES-Gesetz und von der Bill and Melinda Gates Foundation gekauft wurde.«[227]

4. Pfizer wusste, dass die gefährlichen Lipidnanopartikel der Spritze nicht an der Injektionsstelle verbleiben, sondern sich schnell im ganzen Körper verteilen. Und es gibt keinen Beweis dafür, dass sie den Körper jemals verlassen.
   »Diese Stoffe ›verteilen sich‹ – das ist die Sprache von Pfizer – innerhalb von 48 Stunden im ganzen Körper!«, sagte Wolf. »Sie gelangen ins Gehirn (einige von Ihnen haben Veränderungen in der Persönlichkeit von Angehörigen festgestellt, die diese Injektionen erhalten haben). Sie verteilen sich in der Leber, in den Nebennieren und in der Milz. Und wenn Sie eine Frau sind, reichern sie sich in Ihren Eierstöcken an«, beklagte sie.[228]
5. Die Nebenwirkungen sind weitaus schwerwiegender, als Behörden und Ärzte den Patienten sagten. Wolf erläutert: »Während die Centers for Disease Control (CDC) in der Regel von Müdigkeit, Schüttelfrost und vielleicht Schwellungen an der Injektionsstelle sprechen, steht das nicht in den Pfizer-Dokumenten. Vielmehr treten Schlaganfälle in industriellem Ausmaß auf sowie Blutungen, Blutgerinnsel, Lungengerinnsel, Beingerinnsel, neurologische Störungen, demenzartige Störungen und mehr.«[229]
   »Ich sage das nicht leichtfertig, aber das ist Massenmord«, prangerte sie an.
6. Bevor es legal war, wurden mehr als 1000 Kinder gespritzt, und die Dokumente von Pfizer weisen auf eine hohe Rate an schweren Schädigungen hin. Wolf: »Wir wissen nicht, ob sie überlebt haben.«

7. Pfizer-Dokumente enthüllen ein »Mengele-artiges Experiment […] dahin gehend, wie man die menschliche Fortpflanzung stört und beeinträchtigt«. Verfügbare Aufzeichnungen von Studienteilnehmern, die Kinder gezeugt haben, zeigen, dass 80 Prozent ihre Babys verloren haben. Wolf bezeichnet diese Entdeckung als »das Kernstück dessen, was wir in den Pfizer-Dokumenten gefunden haben«.
8. Pfizer wusste, dass eine Gefahr für die Fruchtbarkeit besteht. Lipidnanopartikel schädigen die Plazenta während der Schwangerschaft und führen zu Frühgeburten. Bei Neugeborenen von geimpften Müttern wurden in großem Umfang Chromosomenanomalien festgestellt.
9. Pfizer-Ärzte legen dar, dass Lipidnanopartikel auch in die Muttermilch gelangen und Säuglinge verkrüppeln, verletzen und manchmal sogar töten können. Wolf: »Gestillte Säuglinge erlitten in den Pfizer-Studiendokumenten Krampfanfälle, und ein Baby starb in der Notaufnahme, nachdem es von einer geimpften Mutter gestillt worden war, an Multiorganversagen. Vier der stillenden Mütter produzierten eine blaugrüne Muttermilch.«[230]

   Wolf erklärte weiter, dass sogar die National Institutes of Health (NIH) eine separate Studie durchgeführt haben, die ergab, dass »Babys, die von geimpften Müttern gestillt wurden, nicht gediehen und nicht an Gewicht zunahmen. Sie waren aufgeregt, unruhig und schlaflos.«

   Wolf glaubt, dass diese Dynamik einen Hinweis darauf gibt, warum »der Anteil der stillenden Mütter in den letzten 2 Jahren von 34 Prozent aller Mütter auf 16 Prozent gesunken ist«, was darauf hindeutet, »dass etwas nicht stimmt.«

   »Nicht nur, dass die Babys der nächsten Generation nicht diese ursprüngliche Erfahrung von totaler Liebe, totaler Pflege und totaler Sicherheit machen können, die so wichtig ist, sondern es gibt etwas, das dazu führt, dass Mütter nicht in der Lage sind, diese Babys zu stillen. Und ich glaube, wir haben hier einen Hinweis auf die Kontamination der Muttermilch geimpfter Mütter«, so Wolf.

»Ich möchte auch anmerken, dass Bill Gates die im Labor gezüchtete Muttermilch genau zu dem Zeitpunkt auf den Markt gebracht hat, als Frauen unter diesen Schäden litten, die ihre eigene Fähigkeit, ihre Kinder zu ernähren, beeinträchtigten«, so die feministische Autorin.[231]

10. »Nazi-Medizin als Krieg gegen die Fortpflanzungsfähigkeit von Frauen«:
    Wolfs Team »fand heraus, dass von den unerwünschten Ereignissen zu 72 Prozent Frauen betroffen waren«. Und so bezeichnet sie die Pfizer-Aufzeichnungen als »Nazi-Medizin«, weil sie so detailliert über die Hunderttausenden von unerwünschten Angriffen auf die Fortpflanzungsorgane von Frauen berichten. Zum Beispiel finden sich in den Unterlagen »20 verschiedene wissenschaftliche Namen für die Zerstörung der Menstruationszyklen von Frauen«, sagte Wolf. Deswegen gingen in ganz Westeuropa, in Nordamerika, Singapur und Australien die Zahl der Lebendgeburten zurück und die Zahl von Totgeburten steige.
    Dieses Phänomen ist »nicht universell«, teilte Wolf mit. »Dieser Rückgang, dieser Mord an der nächsten Generation, ist nicht global. Er konzentriert sich auf Westeuropa und Nordamerika.«
11. Lipidnanopartikel (LNP) schädigen die Anlagen der Männlichkeit in den Hoden von Jungen in utero, wenn sie der werdenden Mutter injiziert wurden. Wolf: »Sie schädigen die Sertoli- und Leydig-Zellen, die […] für den männlichen Hormonhaushalt verantwortlich sind, der Eigenschaften wie eine tiefe Stimme, Körperbehaarung, breite Schultern und all die anderen Dinge hervorbringt, die wir mit normaler Männlichkeit verbinden.

> Und das wird jetzt beeinträchtigt. Wir wissen also nicht, ob diese kleinen Jungen von geimpften Müttern in der Lage sein werden, zu sexuell funktionierenden Männern heranzuwachsen«, warnte sie.[232]

Zum Schluss ihrer Rede vom März 2023 stellte Naomi Wolf dann die zentrale Frage: »Warum diese Konzentration auf die Fortpflanzung? Warum hat Pfizer die Auswirkungen ihrer Injektionslösung auf die »Sexualzellen der Geschlechtsorgane der Ratten untersucht und dokumentiert? Es ist doch ein Atemwegsvirus! Diese Leute sind also Monster, und man kommt nicht umhin zu schlussfolgern, dass sie sich ganz bewusst darauf konzentrieren, die menschliche Fortpflanzung zu behindern.«

Wolf erinnerte noch einmal daran, dass die überwiegende Mehrheit der etwa 42 000 in den Pfizer-Dokumenten aufgezeichneten unerwünschten Nebenwirkungen in den westlichen Ländern auftrat. »Das Ganze zielt auf Nordamerika und Westeuropa ab«, betont sie und fährt fort: »Ich glaube, wir haben es hier mit einem Massenmord, einem Krieg, einem Kriegsverbrechen und Verbrechen gegen die Menschlichkeit zu tun.«[233]

Ebenso denkt Karen Kingston. Sie ist eine Biotechanalystin und ehemalige Pfizer-Mitarbeiterin. In einem einstündigen Interview im April 2023[234] machte sie erschütternde Aussagen, die ich hier zusammengefasst wiedergeben möchte.

Für Kingston ist die mRNA-Technologie im Zusammenhang mit der Coronaimpfung eine Biowaffe. Sie habe bisher Millionen von Menschen geschädigt oder ermordet. Kingston sagt: »Leider wird es noch schlimmer werden. Das Schlimmste steht uns noch bevor.« Big Pharma und die Regierung ließen zu, dass die mRNA-Technologie (dieselbe tödliche Biowaffe wie bei den Covid-19-Injektionen) auch in die Lebensmittelversorgung eingeführt wird. Dies geschehe, um

Menschen in Transmenschen zu verwandeln, was als »gesteuerte Evolution« bezeichnet wird. Kingston erklärt: »Gezielte Evolution erzwingt die Verschmelzung der menschlichen Evolution mit der DNA von Reptilien, Insekten und künstlicher Intelligenz. Das ist die biodigitale Fusion. Das ist es, und nichts anderes, und es gibt Multi-Billionen-Dollar-Industrien rund um dieses Thema [...] Es gibt eine ganze Biodatenabteilung in der DARPA des US-Militärs. Dabei geht es um die Verschmelzung des Biologisch-Digitalen mit dem Menschen.«

Die Covid-19-Biowaffe »ist nicht zum Wohle der Menschheit. Sie wird zu unserer Auslöschung führen. Ich weiß einfach nicht, warum die Leute das nicht begreifen«.

Weil mRNA eine Biowaffe sei, sei es illegal, sie in die Nahrung einzubringen. Kingston: »Jeder Staat hat Gesetze, die besagen, dass Biowaffen die Lebensmittelversorgung nicht kontaminieren dürfen. Ich denke, das Wichtigste ist, dass wir diese mRNA-Injektionen beschlagnahmen. Sobald wir die Spritzen beschlagnahmen und die rechtlichen Voraussetzungen dafür schaffen, um den amerikanischen Bürgern und den Bürgern der ganzen Welt zu zeigen, welche Technologie in den Spritzen steckt, können wir damit beginnen, sie auf der ganzen Welt zu verbieten. Nicht nur für den ›Impfstoff‹-Markt, sondern auch, um zu zeigen, was in unsere Lebensmittel kommt und warum das alles aufhören muss.«

Kingston sagte voraus, dass 200 Millionen Amerikaner bis 2030 durch mRNA-Impfinjektionen geschädigt oder ermordet sein werden.

Die Fragestellung im Rahmen unserer Untersuchung lautet daher: Zielen die Covid-19-»Impfstoffe« absichtlich darauf ab, eine große Zahl von Menschen, insbesondere im Westen, »anzugreifen« und zu »töten«[235] – wie Wolf an anderer Stelle formulierte? Natürlich sprechen alle in diesem Kapitel angeführten Indizien für die Antwort Ja. Den letztendlichen Beweis werden wir jedoch erst in naher Zukunft erhalten: Sinken die Geburtenraten in den westlichen Ländern massiv bei einem gleichzeitigen starken Anstieg der Übersterblichkeit, dann dürfte Naomi Wolf mit ihrer Anklage richtigliegen.

Auf jeden Fall aber müssen wir festhalten, dass die hier in diesem Kapitel erwähnten Gain-of-Funktion-Forschungen in den zum Teil geheimen Biolaboren ein Hinweis auf finstere Absichten sind. Denn warum züchtet man überhaupt Viren heran, die tausendmal tödlicher sind als diejenigen, die in der Natur vorkommen? Die Wissenschaft behauptet, um Impfstoffe gegen künftige Pandemien entwickeln zu können. Aber wieso sollte man Impfstoffe kreieren wollen gegen etwas, das es gar nicht gibt, sondern das erst vom Menschen erschaffen werden muss?

Die gesamte Forschung in diesen weltweit eingerichteten Laboren unter der Schirmherrschaft des Pentagons dient der Entwicklung immer tödlicherer Viren und damit von Biowaffen, die große Teile der Menschheit vernichten könnten. Von allen Indizien, die für eine Demozidverschwörung sprechen, ist dieses das für mich überzeugendste.

3 – Die Vernichtung unserer Nahrungsquellen

Die im letzten Kapitel beschriebenen weltweit sinkenden Geburtenraten und Übersterblichkeiten werden nicht nur durch die Genimpfstoffe ausgelöst: Auch unsere Lebensmittel, unsere Luft und unser Wasser enthalten – laut neuesten Untersuchungen – »fruchtbarkeitshemmende« Stoffe. Ob dahinter seitens der chemischen und der Agrarindustrie nur die Absicht steckt, hohe Profite zu machen, oder ob dies dem langfristigen Ziel dient, die Gesundheit der Menschen zu schädigen, um so der wiederum mit den beiden obigen Kandidaten vernetzten Pharmaindustrie die Kassen zu füllen, wird sich wohl nie nachweisen lassen. Umso weniger werden wir beweisen können, dass die Vergiftung unserer Umwelt als Mittel zur Bevölkerungsreduktion eingesetzt wird. Aber wir können sehen, wie sie unsere Gesundheit schädigt und die Zahl der Geburten senkt. Ist die chemische Vergiftung also eine Methode für einen schleichenden Demozid?

In der Wissenschaftszeitschrift *Integrative Medicine* heißt es beispielsweise: Die Forschung sei sich darüber im Klaren, dass Metalle und Chemikalien in der Luft, im Wasser, in der Nahrung sowie in Gesundheits- und Schönheitsmitteln die Fruchtbarkeit in vielerlei Hinsicht beeinträchtigen. Diese Giftstoffe hätten zur Folge, dass die Spermienzahl und -funktion bei Männern unaufhaltsam abnehme, während bei Frauen der Menstruationszyklus, die Einnistung und die Lebensfähigkeit des Fötus gestört werden.[236]

Ausgerechnet die häufigste Substanz, die Lebensmitteln zugesetzt wird, der Geschmacksverstärker Mononatriumglutamat (MNG), gilt als der gefährlichste Giftstoff für Fruchtbarkeit. Nach einem Artikel im *International Journal of Pharmacology* spielt MNG eine entscheidende Rolle bei der Störung der Spermatogenese, die zu männlicher

Unfruchtbarkeit führt.[237] Trotzdem stufen die Lebensmittel- und Arzneimittelbehörden der USA und der Europäischen Union Mononatriumglutamat als sicher ein. Die Verwendung von MNG stelle kein Gesundheitsrisiko dar.

Das Konservierungsmittel Natriumbenzoat, angegeben als E211, ist eine weitere Substanz, die häufig in Lebensmitteln verwendet wird und die in toxikologischen Studien als fruchtbarkeitsschädigend eingestuft wurde. E211 wird tatsächlich erfolgreich als Bestandteil eines Spermizids verwendet.[238] Dieses häufig verwendete Konservierungsmittel ist also Teil eines Spermien abtötenden Mittels, das bei der Geburtenkontrolle eingesetzt wird.

Eine Studie an Ratten wies auf, dass Natriumbenzoat die Anzahl und Beweglichkeit der Spermien deutlich verringert. Es dezimierte zudem die Menge der für die Spermienproduktion wichtigen Hormone. Eine weitere Studie zeigte, dass die Verfütterung von Natriumbenzoat an trächtige Mäuse fötale Fehlentwicklungen wie Blutungen, Missbildungen von Gliedmaßen, Schädeldefekte, Wirbelsäulendeformationen und Neuralrohrdefekte zur Folge hatte. Trotz der nachweislich schädlichen Auswirkungen auf die Fruchtbarkeit wird Natriumbenzoat unseren Lebensmitteln weiter zugesetzt, weil es deren Haltbarkeit verlängert, indem es das Wachstum von Bakterien, Hefe und Schimmel hemmt.[239]

Ein weiterer chemischer Schädling ist das Unkrautvernichtungsmittel Glyphosat, das für das Sinken des Testosteronspiegels der männlichen Bevölkerung verantwortlich gemacht wird.[240] In einem Artikel in *Science and Society,* der sich auf Forschungsergebnisse aus dem Jahr 2010 bezieht, wird argumentiert, dass ein »steiler Rückgang der menschlichen männlichen Spermienzahl in Verbindung mit einem Anstieg von Keimzellenkrebs in den Hoden, angeborenen Fehlbildungen des männlichen Fortpflanzungstrakts und einem Rückgang des Serumtestosteronspiegels auf eine zunehmende Exposition gegenüber Glyphosatherbiziden während der letzten Jahrzehnte hinweist«[241].

Im Jahr 2018 wurde festgestellt, dass Monsanto, der Hersteller des Herbizids »Roundup« (der zum Bayer-Konzern gehört), es versäumt hatte, angemessen vor den potenziellen Krebsgefahren seiner Produkte zu warnen. In einem Artikel von *Natural Health* wird berichtet, viele Impfstoffe seien mit Glyphosat kontaminiert.[242]

Auch unser Trinkwasser ist nicht frei von Zusätzen. Einige Wissenschaftler glauben, dass eine Fluoridierung des Trinkwassers Unfruchtbarkeit verursacht. Dazu verweisen sie auf mehrere Studien. In einer Untersuchung im Jahr 2005 fanden die Forscher heraus, dass eine hohe Fluoridkonzentration im Trinkwasser die Bildung von Spermien und von Steroiden bei männlichen Albinoratten beeinträchtigt. Eine Studie aus dem Jahr 2006 über Rattensperma ergab, dass schon relativ geringe Mengen an Natriumfluorid die Beweglichkeit der Spermien verringern können. Eine weitere Untersuchung zeigte Schäden an Eierstöcken und Gebärmutter von Ratten nach der Einnahme von Fluorid.

In einem anderen Bericht wurde ein Zusammenhang zwischen Frauen, die beruflich mit Fluoridverbindungen in Kontakt kommen, und einem höheren Risiko von Spontanaborten festgestellt.[243]

Gift im Essen

Die Beeinträchtigung unserer Gesundheit durch Schadstoffe betrifft freilich nicht nur Schwangere. Jeder von uns nimmt heute Antibiotika, Dioxin, Schwermetalle und Pestizide über die Nahrung auf. Sie sind in unseren Lebensmitteln zu finden. Rückstände von Antibiotika kommen insbesondere in Produkten aus Massentierhaltung vor. Dazu zählt Fleisch von Schweinen, Hühnern und Rindern.[244] Denn viele Züchter verabreichen ihren Tieren Arzneimittel, die bakterielle Erreger hemmen oder töten, um zu verhindern, dass sich diese Krankheitserreger verbreiten.

Das Problem ist, dass Landwirte diese Antibiotika regelmäßig verfüttern und Bakterien somit resistent werden. Und genau das geschieht auch beim Menschen. Besonders tragisch ist das, wenn ein Patient auf Antibiotika angewiesen ist, weil er/sie chronisch krank ist oder ein schwaches Immunsystem hat. Schlagen Antibiotika bei diesen Menschen nicht mehr an, können gesundheitliche Probleme im Zuge von bakteriellen Infektionen nur schlecht behandelt werden.

Ein weiteres Gift, das wir zu uns nehmen, ist Dioxin. Es ist vor allem in tierischen Produkten mit einem hohen Fettgehalt enthalten, da es sich insbesondere im Fettgewebe ablagert. Zu Produkten, in denen Dioxin stecken kann, gehören Milchprodukte, Fleisch, Fisch und Eier. Dabei tragen Fleisch und Fisch laut Stiftung Warentest mehr zur Gesamtbelastung mit Dioxin bei als Eier.[245] Dioxin gelangt durch das Verbrennen von Müll oder industrielle Prozesse wie die Metallgewinnung in die Luft und in den Boden. Nutztiere nehmen diesen Stoff dann auf. Dabei ist der Schadstoff sehr langlebig und baut sich nur langsam ab. Langlebig ist er sowohl im Organismus als auch in der Natur, und er ist schon in geringer Konzentration sehr giftig. Dioxin kann auch in Fetten stecken, die dem Tierfutter beigemischt werden.

In Tierversuchen wurden als gesundheitliche Folgen unter anderem Gewichtsverlust, Leberschäden und Stoffwechselerkrankungen festgestellt. Es gibt verschiedene Dioxinverbindungen, wovon 2, 3, 7, 8-Tetrachlordibenzodioxin besonders schädlich ist. Von der WHO wird diese Substanz als krebserregend eingestuft.[246] Zudem kann die Spermienqualität laut der Europäischen Behörde für Lebensmittelsicherheit durch Dioxin negativ beeinflusst werden.[247]

Belastende Schwermetalle tauchen hauptsächlich in Fisch und Meeresfrüchten auf.[248] Dazu zählen Blei, Cadmium und Quecksilber. Fische oder Muscheln nehmen sie über das Meerwasser auf, in dem die giftigen Stoffe durch Industrie- und Autoabgase landen. Besonders in öligem Fisch (der bekanntlich eine gute Quelle für gesunde Omega-3-Fette ist) lagern sich Schwermetalle wie Quecksilber gut ein. Einem FDA-Bericht zufolge gehören dazu Schwertfisch, Königsmakrele, Thunfisch, Granatbarsch und Zackenbarsch. Je nach Dosierung können Schwermetalle Kopfschmerzen verursachen oder Nerven und Organe schädigen.

Schwermetalle können auch in Obst und Gemüse vorkommen.[249] Das ist häufig beim Obstanbau an viel befahrenen Straßen oder bleibelasteten Standorten der Fall. Es kann sogar zu Belastungen mit Schwermetallen kommen, wenn Obst auf den Bürgersteigen feilgeboten wird.

Andere Schadstoffe gelangen in Obst und Gemüse durch das Düngen. Denn dieses geschieht überall auf der Welt vorrangig durch chemisch-synthetische Pestizide, um die Erträge zu steigern. Diese Pestizide oder Düngemittel können jedoch auch in unserer Nahrung landen, indem sie sich dort ablagern. Pestizide können vor allem in importiertem Obst und Gemüse, aber auch in Kaffee nachgewiesen werden.[250] Je nach Pestizid bleiben sie dabei unterschiedlich lange im Organismus.

Welche Auswirkungen die unseren Lebensmitteln und unserem Wasser zugesetzten Chemikalien auf die Fruchtbarkeit, auf unsere Gesundheit und damit auf unser Leben haben, ist noch längst nicht hinreichend erforscht. Dafür gibt es keine Fördergelder oder Sponsoren. Wer bezahlt schon eine Untersuchung, deren Ergebnisse ihm finanziell schaden könnten?

Aufgrund der Indizien – abnehmende Fruchtbarkeit bei Frauen und Männern sowie das Auftauchen früher unbekannter Zivilisationskrankheiten – müssen wir davon ausgehen, dass den Böden, auf denen unsere Nahrung wächst, und den Lebensmitteln chemische Zusatzstoffe beigegeben werden, die uns schaden.

Ist dieses Problem schon schlimm genug, so kommt seit dem Beginn des Great Reset im Jahr 2020 neues Ungemach hinzu: Unsere Nahrungsmittel werden künstlich verknappt.

Die globale Nahrungsmittelkrise

Nach Angaben des Welternährungsprogramms der Vereinten Nationen (WFP) stehen im Jahr 2023 mehr als 73 Millionen Menschen in 78 Ländern vor einer Hungersnot.[251]

Der Grund: Mithilfe der vorgetäuschten »Klimakrise« wurde dem Stickstoff der Krieg erklärt. Stickstoff ist einer der Hauptbestandteile von Dünger und ein wesentlicher Nährstoff für das Pflanzenwachstum, soll aber laut Klimakrisentheorie maßgeblich zur globalen Erwärmung beitragen.

Der »Integrierte Nährstoffaktionsplan« der EU hat sich zum Ziel gesetzt, die Stickstoffdüngung um 20 Prozent zu reduzieren.[252] Die Vereinten Nationen wollen alle Stickstoff-»Abfälle« bis 2030 um 50 Prozent senken.[253]

In Teilen der Welt hat der Krieg gegen den Stickstoff bereits massive Auswirkungen gezeigt. In Sri Lanka beispielsweise hatte die drastische Verringerung des Einsatzes von Stickstoffdünger zur Folge, dass die Lebensmittelpreise um 80 Prozent stiegen.[254] Daraufhin kam es zu massiven Engpässen, die dazu führten, dass Tausende von verzweifelten Menschen den Präsidentenpalast belagerten und der Präsident das Land verlassen musste.[255]

Zu den Adressaten des Plans zur Verringerung des Düngemitteleinsatzes gehören auch die Landwirte. Die niederländische Regierung plant, bis zu 3000 Bauernhöfe aufzukaufen, um die Stickstoffemissionen zu reduzieren und den Viehbestand um 50 Prozent zu verringern.[256] Da die Niederlande der größte Lebensmittelexporteur in Europa sind, wird diese Maßnahme nicht nur sie betreffen, sondern massive Auswirkungen auf die Lebensmittelversorgung ganz Europas haben.

Schon kommt es weltweit zu Lebensmittelprotesten, so in London, Mexiko, Indien, Senegal, Mauretanien und anderen Teilen Afrikas, auf den Philippinen, in Indonesien und im Jemen. Am stärksten betroffen von dieser Krise wird wahrscheinlich der afrikanische Kontinent sein, auf dem viele der weltweit ärmsten Nationen leben.

Joachim Rukwied, der Präsident des Deutschen Bauernverbandes (DBV) vermutet: »Sollte es zu Ausfällen [an Düngemitteln] kommen, wären ab 2023 deutlich geringere Ernten vorprogrammiert.«[257] Noch weit drastischer fällt die Prognose von Matthias Berninger aus, der früher Staatssekretär im Bundeslandwirtschaftsministerium war und heute den Bereich Öffentlichkeit und Nachhaltigkeit der Bayer AG leitet. Er sagte in einem Interview Anfang Mai 2023: »Wir steuern auf die größte Hungersnot der Menschheitsgeschichte zu.«[258]

Doch auch durch Kriege gerät die Nahrungsversorgung bekanntlich ins Stocken. Der Bonner Ökonom Matin Qaim schätzt, dass der Ukrainekrieg 100 Millionen Menschen in den Hunger treiben wird.[259] Ins gleiche Horn stößt auch David Beasley, der US-amerikanische Exekutivdirektor des Welternährungsprogramms der Vereinten Nationen. In einem Interview sagte er, dass der Waffengang in Osteuropa »unvorstellbare Auswirkungen« haben werde. Die um sich greifende Nahrungsmittelknappheit werde neue Migrationsströme auslösen, die »die syrische Flüchtlingskrise wie ein Picknick im Park aussehen lassen« könne.[260]

Hinzu kommt, dass die Nachfrage nach Biokraftstoffen durch die künstliche Verknappung anderer Energieträger – dazu später mehr – ständig steigt. Biokraftstoffe, die aus Nahrungspflanzen wie Mais, Zuckerrohr und Palmöl hergestellt werden, verzeichneten daher in den letzten Jahren einen bisher nie da gewesenen Boom. Denn wenn Rohöl teuer ist, können auch diese alternativen Energiequellen zu einem höheren Preis verkauft werden. Im Jahr 2021 wurde ein Viertel der US-Maisernte zu Ethanol verarbeitet, das als Kraftstoff für Fahrzeuge verwendet wird. Die USA sind für die Lieferung von mehr als 60 Prozent der weltweiten Maisausfuhren zuständig. Nach Angaben der Weltbank gerät dadurch die Nahrungsmittelversorgung der Länder unter Druck.

Aber nun sollen ja neue Nahrungsmittelquellen erschlossen werden: Ob gefriergetrocknet oder in Pulverform: Heuschrecken, Grillen, Ameisen, Käfer, Würmer, Bienen, Wespen, Raupen, Engerlinge und Schnecken sollen unseren Speiseplan erweitern. Amazon bewirbt und verkauft mittlerweile Grillen in vielen Formen für den menschlichen Verzehr.

Laut dem Portal *agrodiario.com* hat ein spanisches Expertenteam bereits Bedenken geäußert, was den Verzehr von Insekten betrifft:

> *»Die Wissenschaftler kamen zu dem Schluss, dass er Risiken für die Gesundheit bergen könne und dass weitere Untersuchungen erforderlich seien, bevor die Aufnahme von Insekten in die Nahrungskette zur Norm werde.*
>
> *Außerdem sollte, so die Forscher aus Spanien, der Verzehr von ›krypto-toxischen‹ Insekten (einige Käferarten) vermieden werden, da diese Steroidhormone wie Testosteron enthalten. Ein dauerhafter Verzehr dieser Insekten könne zu Risiken wie Wachstumsstörungen, Hypofertilität, Vermännlichung bei Frauen, Ödemen, Gelbsucht und Leberkrebs führen. Eine Gefahr ›unbekannten Ausmaßes‹ für die Gesundheit seien vor allem aber Allergien.«*[261]

Weltweite Hungersnot durch den Krieg in der Ukraine?

Aber zurück zur künstlich herbeigeführten globalen Nahrungsmittelkrise: Wie oben schon angesprochen, ist ein Mittel, um einen Mangel zu erzeugen, der Krieg. Hier haben der Krieg in der Ukraine und die westlichen Sanktionen gegen Russland ganze Arbeit geleistet. Denn Russland und die Ukraine gehören zu den wichtigsten Getreideproduzenten weltweit. Auch bei der Düngemittelproduktion, die für die Agrarwirtschaft von höchster Bedeutung ist, liegen Russland und sein

Unionspartner Weißrussland global weit vorn. Beide – Nahrungs- und Düngemittel – werden jetzt knapp. Moskau hat weitgehende Exportbeschränkungen für Getreide verhängt, um die Ernährung der eigenen Bevölkerung trotz der sanktionsbedingten ausfallenden Nahrungsmittelimporte zu sichern. Durch die russische Militäraktion ist der Getreideexport der Ukraine fast zum Erliegen gekommen. Selbst Düngemittel liefert Russland nicht mehr ins Ausland, da Transport und Bezahlung aufgrund der Sanktionen nicht wie gehabt abgewickelt werden können.

Global gesehen haben die westlichen Sanktionen gegen Russland katastrophale Folgen. Die Entwicklungsorganisation Oxfam warnt bereits vor einer Hungerkrise in Teilen des globalen Südens.[262] Allein in den Ländern Ostafrikas, die rund 90 Prozent ihres Weizens aus Russland und der Ukraine importieren, könnten bis zu 28 Millionen Menschen von einer Hungersnot betroffen sein, warnt Oxfam. Konkret stünden Gebiete in Äthiopien, Kenia, Somalia sowie im Südsudan vor einer »Katastrophe«, konstatiert ein Oxfam-Sprecher. Der rasante Anstieg der Grundnahrungsmittel-, Energie- und Rohstoffpreise untergrabe die Möglichkeiten der »hoch verschuldeten afrikanischen Regierungen«, den Hunger in der Region zu bekämpfen, heißt es.[263]

Auch in den arabischen Ländern droht eine Nahrungsmittelkrise, die sehr schnell zu weiterer politischer Instabilität führen kann. Nahrungsmittelengpässe treten dabei laut aktuellen Berichten auch in kriegsverwüsteten oder krisengeschüttelten Ländern wie dem Jemen oder dem Libanon auf, die auf ukrainisches Getreide angewiesen sind. Auch in Ägypten, Marokko, Tunesien, dem Irak und Jordanien ist die politische und soziale Lage angespannt; bei weiter steigenden Getreidepreisen drohen dort Hungerrevolten.

Bundesentwicklungsministerin Svenja Schulze warnt ausdrücklich vor Hungersnöten im globalen Süden, die zu »Brotaufständen« führen könnten wie »vor 11 Jahren im arabischen Raum«. Dies könne eine »neue Welle der Instabilität« nach sich ziehen.[264]

Überdies ist nicht klar, wie Anbau und Ernte in der überaus fruchtbaren Kriegsregion (der Kornkammer Europas) weiterhin bewerkstelligt werden sollen, falls der Krieg nicht bald beendet wird. Damit würde die drohende Hungerkrise in weiten Teilen des globalen Südens zu einem längerfristigen Problem – dies umso mehr, als die aktuellen Hilfsmaßnahmen für die Ukraine dazu führen, dass die Spenden für Hungergebiete im globalen Süden rasch schrumpfen. Die Nothilfe für die Ukraine könne auf Kosten afrikanischer Länder gehen, heißt es in Berichten, die etwa Mittelkürzungen von rund 70 Prozent für die Sahelzone vermelden.

Bei Hunger sollten wir jedoch nicht nur an Getreide denken. Die Sanktionen, die der Westen als Mittel der Kriegführung einsetzt, haben auch zum Verbot für den Import von weißrussischen Kaliumsalzen sowie zum Verbot des Transportes dieser Kaliumsalze durch die EU geführt.

Nachdem die EU Ende Mai 2021 das Import- und Transitverbot für weißrussische Düngemittel verhängte, führte dies zu einer Verknappung von Kalium auf dem Weltmarkt und zu höheren Weltmarktpreisen für Lebensmittel.

Ist die daraus resultierende globale Nahrungsmittelverknappung gewollt?

Dazu muss man wissen, dass die überwiegende Mehrheit der betroffenen Länder nicht über eigene Kaliumreserven verfügt. Kaliversorgungsengpässe werden in den empfindlichsten Regionen der Welt zu einer Reduzierung oder sogar Einstellung der Kaliumanwendung führen, warnen Experten. Tatsächlich untergräbt also die künstliche Schaffung eines schweren Kaliumdefizits die internationale Ernährungssicherheit. Sie schadet damit Milliarden von Menschen auf der ganzen Welt. Die IFA (International Fertilizer Industry Association) prognostiziert, dass die Kaliumknappheit auf dem Weltmarkt bis 2050 anhalten wird.[265]

Der Zusammenhang zwischen der regelmäßigen Versorgung mit Düngemitteln und der globalen Ernährungssicherheit ist offensichtlich. Nach Angaben der Food and Agriculture Organisation (FAO) der Vereinten Nationen haben 25,9 Prozent der Weltbevölkerung – fast 2 Milliarden Menschen – Probleme beim Zugang zu Nahrungsmitteln. Und diese Zahl wächst: Jedes Jahr steigt die Zahl der hungernden Menschen auf der Erde um 10 Millionen.[266]

Die EU stört das nicht. Sie deckte, nachdem sie den Import weißrussischer Kaliumsalze verboten hatte, ihren Bedarf bei anderen Anbietern auf dem Weltmarkt. Die Folge: In anderen Regionen der Welt wurden die Düngemittel knapp, zumal, wie oben schon erwähnt, die EU auch den Transit weißrussischer Kaliumsalze durch die EU verbot.

Es müsste eigentlich auch den transatlantischen Bürokraten in Brüssel klar sein, dass der Ausfall eines Fünftels der weltweiten Kalidüngerproduktion zwangsläufig zu einer weltweiten Verknappung und Verteuerung von Düngemitteln und in der Folge auch von Lebensmitteln führen wird. Nahmen diese EU-Entscheider bewusst in Kauf, dass in den ärmsten Ländern der Welt dann noch mehr Menschen verhungern? Oder ist dies – wie es einige Blogger vermuten – sogar beabsichtigt, um die Entvölkerung der Erde voranzutreiben?

Dieser Verdacht schleicht sich zumindest ein, wenn man sieht, dass die EU sogar die Bitte des UN-Generalsekretärs zurückgewiesen hat, ihre Sanktionsblockade russischer und belarussischer Düngemittelexporte aufzuheben, um eine Hungersnot im globalen Süden abzuwenden. Da der Düngemitteleinsatz in Afrika südlich der Sahara bereits um ein Viertel gesunken ist, müssen wir im Jahr 2023 mit einer deutlich geringeren Ernte sowie empfindlich steigendem Hunger rechnen.

Zwar haben die EU-Staaten offiziell Lieferungen, die der Sicherung der Nahrungsmittelversorgung dienen, von ihren Sanktionen ausgenommen. Doch das klingt viel besser, als es ist. Denn die Sanktionen gegen die russische Finanz- und Transportbranche stehen zahlreichen Ausfuhren im Weg. Hinzu kommt – wie üblich –, dass das undurchsichtige Sanktionsregime bei westlichen Firmen Unsicherheiten hervorruft, was zur Folge hat, dass sie das Risiko scheuen, russische Düngemittelexporte etwa mittels Versicherungen oder Hafendienstleistungen zu unterstützen – auch dann, wenn das mit den Ausnahmeregelungen der EU formal möglich wäre. Zudem hat die Ukraine im Juni 2023 die Pipeline, die aus der russischen Stadt Toljatti nach Odessa führt und riesige Mengen Ammoniak transportieren kann, in die Luft gejagt. Ammoniak ist ein zentraler Grundstoff für die Düngemittelproduktion.

Aufgrund des stark wachsenden internationalen Drucks sprach man in Brüssel darüber, die Belarus-Sanktionen mit Ausnahmen für zwei belarussische Düngemittelkonzerne zu versehen. Eine große Mehrheit der EU-Staaten sprach sich sogar für die Genehmigung der Ausnahmen aus.

Aber Polen und die baltischen Staaten blieben stur in ihrem Furor gegen Russland: Man werde sich »keinesfalls« auf Erleichterungen einlassen, sagte ein Vertreter dieser Scharfmacher. Ein solcher Schritt diene nur dazu, »die UNO zu beschwichtigen«. Und Estlands Ministerpräsidentin Kaja Kallas behauptete: »Wenn wir die Sanktionen abschwächen, übernehmen wir das russische Narrativ.« Die EU genehmigte also bei den Belarus-Sanktionen keine Ausnahmen.

Kann es wirklich Absicht sein, dass durch diese starre Haltung einiger EU-Länder möglicherweise Millionen Menschen den Hungertod sterben?

Wie wir oben bereits gesehen haben, sind die Staaten Afrikas südlich der Sahara besonders stark betroffen. Für zahlreiche Landwirte dort ist der Düngemittelpreis jetzt unbezahlbar. Das heißt: Es wird weniger oder gar nicht mehr gedüngt – mit der Folge, dass die Nahrungsmittelproduktion schrumpft. Laut den Statistiken der Welternährungsorganisation FAO (Food and Agriculture Organization) ist die Getreideproduktion auf dem afrikanischen Kontinent im Jahr 2022 gesunken, während die Getreideimporte nicht gesteigert werden konnten, zugleich jedoch aufgrund des Preisanstiegs teurer wurden.[267] Dies wiederum treibt die Schulden dieser Länder in die Höhe. Dem World Food Programme (WFP) der Vereinten Nationen zufolge verzeichnet Afrika bereits heute mit rund 21 Prozent den höchsten Anteil Unterernährter an der Gesamtbevölkerung.[268] Die wohlhabenden Staaten der EU tragen also ihren Wirtschaftskrieg gegen Russland auf dem Rücken der Ärmsten der Armen aus.

Der Netto-Null-Kult

Sehen wir uns einmal an, wie die absichtlich herbeigeführte Verknappung der Nahrungsmittel begründet wird. Die sogenannte »Klimakrise« zwinge die Menschen dazu, CO_2 einzusparen, so heißt es. Diese Meinung vertreten mächtige Gruppen wie zum Beispiel der britische »Ausschuss für Klimawandel«[269] und das International Panel on Climate Change (IPCC).[270] Die Mainstreammedien assistieren, und die Bürger applaudieren – ohne zu wissen, dass wir uns unser eigenes Grab schaufeln. Denn CO_2 ist für alles Leben unerlässlich. Wenn der CO_2-Gehalt der Luft drastisch gesenkt wird, wird das pflanzliche Leben, das CO_2 für die Photosynthese benötigt, reduziert und damit die gesamte Nahrungskette in Mitleidenschaft gezogen. Der neueste Hype des Netto-Null-Ausstoßes könnte laut Forschern dazu führen, dass die Hälfte der Welt an Hunger leidet.[271]

Netto-Null bedeutet, dass alle durch Menschen verursachten Treibhausgasemissionen durch Reduktionsmaßnahmen wieder aus der Atmosphäre entfernt werden müssen und die Klimabilanz der Erde somit unterm Strich netto null beträgt.

Es geht hierbei also nicht nur um das CO_2. Das Kyoto-Protokoll von 1997 nennt folgende schädliche Treibhausgase: Kohlendioxid (CO_2), Methan (CH_4) und Lachgas (N_2O) sowie die fluorierten Treibhausgase (F-Gase): wasserstoffhaltige Fluorkohlenwasserstoffe (HFKW), perfluorierte Kohlenwasserstoffe (FKW) und Schwefelhexafluorid (SF_6). Seit 2015 wird Stickstofftrifluorid (NF_3) zusätzlich mit einbezogen.

John Kerry, ehemaliger US-Außenminister und jetziger Klimasonderbeauftragter der Regierung Biden, fordert die Landwirte praktisch dazu auf, auf den Anbau von Nahrungsmitteln zu verzichten. So sprach er während einer Konferenz zur grünen Agenda in Washington, D. C., folgende Mahnung aus:[272] »Wir können das Netto-Null-Ziel nicht erreichen, wenn die Landwirtschaft nicht als Teil der Lösung im Vordergrund steht«, und er warnte die Teilnehmer, dass zukünftiges Leben nur möglich sei, wenn die Landwirte den Anbau von Nahrungsmitteln einstellen. Denn die »Emissionen« der Landwirtschaft seien das Problem.

»Die Eindämmung von Methan ist der schnellste Weg, die Erwärmung kurzfristig zu reduzieren«, fuhr Kerry fort, während er die Viehzüchter ins Visier nahm. »Lebensmittel und Landwirtschaft können zu einer methanarmen Zukunft beitragen, indem sie die Produktivität und Widerstandsfähigkeit der Landwirte verbessern. Wir begrüßen es, dass sich die Landwirtschaftsminister an der Umsetzung der Globalen Methanverpflichtung beteiligen.«

So zeigt ein Mitte Juni 2023 veröffentlichtes internes Papier des irischen Landwirtschaftsministeriums, man plane zum Wohle des Klimas in den kommenden 3 Jahren etwa 200 000 Kühe zu töten. Zuvor hatte die Umweltbehörde EPA mitgeteilt, Irland werde seine Klimaziele voraussichtlich deutlich verfehlen. Eines dieser Ziele besagt, dass allein die Emissionen des Agrarsektors bis 2030 um 4–20 Prozent sinken sollten.

Das bedeutet: »Ungefähr 65 000 Milchkühe pro Jahr müssten 2023, 2024 und 2025 aus dem Markt genommen, also gekeult werden, schrieb der *Independent.* Die bis jetzt geplanten Maßnahmen reichten nicht aus, um die Klimaziele zu erreichen. Um die Lücke zu schließen, müssten nach Ansicht des irischen Landwirtschaftsministeriums in den kommenden Jahren »10 Prozent des Viehbestands durch weitere Aktivitäten ersetzt« werden. Das wären 740 000 Tiere.[273]

Genau davon sprach auch Multimilliardär Kerry, als er forderte, die Weltbevölkerung müsse ihren Fleischkonsum einschränken. »Die Lebensmittelsysteme selbst tragen in erheblichem Maße zu den Emissionen bei«, so Kerry. Und so forderte er die Staats- und Regierungschefs der Welt auf, die landwirtschaftlichen Aktivitäten ihrer Bürger massiv einzuschränken. Er argumentierte, dass dies unerlässlich sei, um den Planeten in Zukunft kühler zu halten. Die USA und Europa sollten bis zum Jahr 2050 das »Netto-Null-Emissionen«-Ziel erreichen. Dass dahinter vor allem der Umbau der Landwirtschaft in globalem Maßstab steckt, erwähnte Kerry nicht.

Wie Colin Todhunter in dem aufschlussreichen Beitrag »Von Netto-Null bis Glyphosat: Agritechs grüngewaschener Griff nach der Macht«[274] analysiert, sind wir momentan Zeuge dessen, dass globale Konzerne nach und nach die Kontrolle über die landwirtschaftliche Produktion weltweit gewinnen. Nach Todhunter gehe es bei der gesamten Netto-Null-Ideologie genau darum.

»Wenn wir tatsächlich Netto-Null erreichen, werden mindestens 50 Prozent der Bevölkerung an Hunger und Krankheiten sterben«, warnte der Greenpeace-Mitbegründer Patrick Moore in einem Interview Anfang Juni 2023.[275] »Daran gibt es keinen Zweifel.« Schon heute sei mehr als die Hälfte der Bevölkerung auf stickstoffhaltige Düngemittel angewiesen, erklärte er. »Es gibt Leute, die ein Düngemittelverbot durchsetzen wollen«, so Moore, der auch darauf hinwies, dass in Sri Lanka und den Niederlanden bereits Schritte in diese Richtung unternommen werden.

»Es ist ein verkappter Todeswunsch«, betonte er. Dies alles geschehe unter dem Deckmantel der »Rettung der Erde«. Moore: »Die Erde muss nicht gerettet werden.«

Der inszenierte Mangel

Durch den Krieg in der Ukraine kam es zu einer künstlich herbeigeführten Energieverknappung, die auch die Lebensmittelproduktion beeinträchtigte. Denn Landwirte, die ihre Erzeugnisse in Gewächshäusern anbauen, können es sich wegen der hohen Brennstoffkosten nicht leisten, diese zu klimatisieren. Die Regierungen bieten den Bauern Pauschalzahlungen an, damit sie ihr Geschäft und ihr Land aufgeben,[276] sodass es nicht mehr für Agrarzwecke genutzt werden kann – wodurch die für die Lebensmittelproduktion zur Verfügung stehende Fläche weiter verringert wird.

Ganz am Rande bemerkt: Während in Europa Ackerböden aufgegeben werden, hat Bill Gates so viel Ackerland gekauft, dass er heute der größte Großgrundbesitzer der USA ist.[277] Ich komme etwas später darauf zurück.

Und noch ein interessanter Hinweis: Während die Massenmedien – aufgescheucht durch das Weltwirtschaftsforum – versuchen, uns den Verzehr von Fleisch auszureden, hat Gates in synthetisches Fleisch investiert.[278] Als es ab Februar 2022 in den USA zu Engpässen bei Babynahrung kam,[279] investierte Gates in künstlich hergestellte Muttermilch. Es hat den Anschein, als hätten die Eliten beschlossen, die Nahrungsmittelversorgung zu monopolisieren und damit zu kontrollieren.

Doch nun zur künstlichen Energieverknappung: Der Anstieg der Energiepreise im Jahr 2022 war auf die von Europa selbst auferlegten Sanktionen gegen die russische Energiewirtschaft zurückzuführen. Die EU hatte die bisherigen günstigen Gaslieferungen aus Russland gestoppt.

Dadurch kam es – wie wir gesehen haben – zu einem Mangel an Düngemitteln, was wiederum zu einer Hungersnot in den Ländern Afrikas und Asiens führen wird. Aber die ausbleibende Gaslieferung aus Russland hat nicht nur die Menschen des globalen Südens in

Gefahr, sondern auch uns Europäer in Not gebracht: Die Heizkosten stiegen so sehr, dass sie für viele unbezahlbar wurden – eine Bevölkerungsreduktion durch Erfrierungstote?

Zum Glück war der Winter 2022/2023 ausgesprochen mild. Er galt als der »zweitwärmste Winter in Europa seit Beginn der Aufzeichnungen«, sodass die Nachfrage nach Erdgas viel geringer war, als es sonst der Fall gewesen wäre.

Dennoch war es kalt, und die Menschen mussten ihre Häuser beheizen. Laut dem Magazin *The Economist* konnten sich dies wegen der hohen Gaspreise viele Europäer nicht leisten. Das Ergebnis: 68 000 zusätzliche Todesfälle auf dem Kontinent.[280]

Doch wie kam das Wirtschaftsblatt auf die Zahl von 68 000 Toten? Zwischen November 2022 und Februar 2023 wurden 149 000 überzählige Todesfälle in Europa registriert. Etwa 60 000 wurden offiziell als Covid-19-Todesfälle erfasst, sodass diese von der Gesamtzahl abgezogen wurden.

Anschließend wurde untersucht, ob die Energiepreise mit der Rate der überzähligen Todesfälle, die nicht auf Covid-19 zurückzuführen sind, in den europäischen Ländern korrelierten, und es wurde festgestellt, dass dies der Fall ist.

Es besteht also ein starker positiver Zusammenhang zwischen den Energiepreisen und den überzähligen Todesfällen pro 100 000 Einwohner, die nicht aus dem »Covid-19-Bestand« stammen. Man beachte, dass Großbritannien zu den Ländern mit den höchsten Energiepreisen und den höchsten nicht Covid-19-bedingten Todesfällen gehört.

Der *Economist* führte ein Modell durch, bei dem verschiedene Faktoren berücksichtigt wurden, und stellte fest, dass ein Preisanstieg von etwa 0,10 Euro pro Kilowattstunde mit einem Anstieg der wöchentlichen Sterblichkeit in einem Land um etwa 2,2 Prozent verbunden war. Das bedeutet, dass es in Europa 68 000 Todesfälle weniger gegeben hätte, wenn die Energiepreise nicht gestiegen wären.

Der Kampf ums Trinkwasser

Zur künstlich erzeugten Energie- und Nahrungsmittelverknappung kommt der immer größer werdende Mangel an Trinkwasser. Dabei trifft es längst nicht mehr nur die trockenen Regionen Afrikas, Asiens und Südamerikas: Entlang des Mittelmeers verdorren die Landschaften, es kommt zu Wüstenbildungen.

Auf der Erde gibt es etwa 1400 Millionen Kubikkilometer Wasser. 97 Prozent davon sind Salzwasser, nur 3 Prozent Süßwasser. Die Polkappen sowie die Gletscher der Erde speichern 77 Prozent dieses Reservoirs an trinkbarem Wasser, und 22 Prozent lagern als Grundwasser unter der Erdoberfläche. Die Menge des sichtbaren Oberflächenwassers in Bächen, Flüssen und Seen beträgt hingegen nur 0,33 Prozent des Gesamtsüßwasserbestands.

Diese Zahlen verdeutlichen, dass das Trinkwasser auf der Erde zu unseren größten Schätzen gehört – und dass es ein knappes Gut ist. Zu knapp. In den Vereinigten Staaten zum Beispiel sinkt der Grundwasserspiegel jedes Jahr um etwa 46 Zentimeter, in manchen Gebieten sogar um bis zu 3 Meter pro Jahr ab.

Die Ende März 2023 abgehaltene »UN 2023 Water Conference« in New York sollte hier angeblich zum Wohle der Menschheit eingreifen. Auf der eigens dafür eingerichteten Webseite der Vereinten Nationen (UN) lesen wir: »Wasser ist ein entscheidender Faktor für die Ziele der nachhaltigen Entwicklung, für die Gesundheit und den Wohlstand der Menschen und des Planeten. Aber unsere Fortschritte bei den wasserbezogenen Zielen und Vorgaben bleiben alarmierend hinter den Erwartungen zurück und gefährden die gesamte Agenda für nachhaltige Entwicklung.«[281]

Wasser – das ist damit klar – ist integraler Bestandteil der »Nachhaltigkeitsziele der UN« und damit des Großen Neustarts. Kein Wunder also, dass am Ende der Konferenz eine »Water Action Agenda« verabschiedet wurde.

In der heißt es:

> *»Wir brauchen klare Verpflichtungen, Zusagen und Maßnahmen für alle unsere Sektoren, Branchen und Interessen, die Nationen, Interessengruppen und Fachleute zu Maßnahmen vereinen, die dazu beitragen, die Wassermaßnahmen in der Agenda 2030 für nachhaltige Entwicklung zu verwirklichen, Maßnahmen, die in den kommenden Jahren skaliert und repliziert werden können. Die bestehenden und künftigen Herausforderungen im Wasserbereich erfordern innovative und transformative Ideen und einen Ansatz jenseits des business as usual.«*[282]

Die Water Action Agenda wird von der UN als »Gamechanger« (»Spielveränderer«) betrachtet. Im Konzept wird erklärt, was ein Gamechanger ist, nämlich

> *»eine Methode, ein Ansatz, eine Kooperationsstrategie, eine Aktivität zum Kapazitätsaufbau oder eine Vereinbarung, die unsere Denkweise, unser Geschäftsgebaren, unsere Planung und Umsetzung von Maßnahmen oder unsere Regierungsführung auf lokaler, regionaler und globaler Ebene verändern wird.*
>
> *Ein Gamechanger ist ein Katalysator, der die Widerstandsfähigkeit gegenüber Wasser-, Klima-, Nahrungsmittel- und Energiekrisen sowie gegenüber wirtschaftlichen, ökologischen, sozialen und politischen Veränderungen erhöht. Letztlich geht es darum, die Zusammenarbeit zu verbessern, um die Vorteile über alle Akteure, Sektoren und Größenordnungen hinweg zu nutzen und als Mittel für eine nachhaltige Entwicklung zu dienen.«*[283]

Man gewinnt den Eindruck: Aus Sicht der Eliten muss jedwede Ressource kontrolliert und begrenzt werden. Und sie muss - nach deren Logik - administriert, im Verbrauch zugewiesen und notfalls über Steuern zu ihren Gunsten monetarisiert werden.

Kriege ums Wasser werden bereits geplant. Zum Beispiel im Nahen Osten. Dort hängen zu viele Menschen am selben Tropf: den großen Strömen Euphrat und Tigris und vor allem dem Nil. Es wird also in naher Zukunft zu Verteilungskriegen ums Wasser kommen. Schon heute bilden sich militärische Allianzen.

Da ist zum einen der Konflikt um die Zwillingsflüsse Euphrat und Tigris, über deren Nutzung Syrien, der Irak und die Türkei streiten. Und zum anderen das Pulverfass im Nordosten Afrikas, wo sich schon Militärallianzen bilden, um die Rechte um das Nilwasser zu erzwingen.

Eine Dürre und die Kurzsichtigkeit der Politiker hatten 2011 im Euphrat-Tal in Ostsyrien Massenproteste provoziert, die wenig später – von den USA, Großbritannien, Frankreich, der Türkei und einigen Golfmonarchien unterstützt – in einen gesamtnationalen Aufstand mündeten. Der darauf folgende Bürgerkrieg verwandelte die Wasserinfrastruktur des Landes in Ruinen.

Im benachbarten Irak haben die Jahre des Krieges und der Zerstörung seit dem Einmarsch der USA in das Land katastrophale Folgen für Bagdads Wasserwirtschaft.

Lediglich der Türkei ist es gelungen, sich innerhalb dieses nahöstlichen Länderdreiecks die Macht über diese Wasserressourcen zu sichern: 22 Staudämme und 19 Wasserkraftwerke sollen im Zuge des sogenannten Südostanatolien-Projekts (GAP) an den Flüssen Euphrat und Tigris gebaut werden. Das Problem dabei ist, dass diese Staudämme rund die Hälfte der Wassermassen zurückhalten werden, die gegenwärtig noch in die Nachbarländer Syrien und Irak fließen. Allein die gewaltige Wasserverdunstung der Stauseen reduziert das Flusswasser, aus dem sie sich speisen, erheblich. Zudem tragen die Flüsse weniger fruchtbares Schwemmland mit sich. Und außerdem sieht sich die türkische Führung berechtigt, mehr Wasser aus den beiden Strömen zu entnehmen als die Nachbarländer, weil die türkischen Böden fruchtbarer seien.

Natürlich ist derzeit zwischen Syrien, Irak und der Türkei ein Krieg ums Wasser ziemlich unwahrscheinlich. Sobald die beiden Bürgerkriegsländer ihre innere Ordnung jedoch wiederhergestellt haben, werden sie sich möglicherweise auf eine Allianz gegen die Türkei einigen, um dem Nachbarn das Monopol auf das Wasser von Euphrat und Tigris streitig zu machen.

Die Dringlichkeit des Problems zeigt sich besonders in den letzten Jahren, wo eine mörderische Dürreperiode die Landwirte im Irak fast um ihre Existenz brachte. Der geringe Wasserstand von Tigris und Euphrat brachte den Anbau von Reis, Getreide, Baumwolle, Sonnenblumen und Bohnen zum Erliegen. Viehhaltung war wegen Wassermangels kaum mehr möglich. Viele Tiere verdursteten, und nur Viehhalter, die auf bewässerte Gebiete ausweichen konnten, hatten die Möglichkeit, wirtschaftlich zu überleben. Es sind bereits neue Migrationsbewegungen zu beobachten. Denn ohne ausreichende Trinkwasserversorgung und eine gesicherte Landwirtschaft ist ein Leben in dieser Region kaum noch möglich. Laut Aussage des irakischen Landwirtschaftsministeriums ist im Vergleich zu 2017 die Hälfte der Anbauflächen des Landes wegen der anhaltenden Dürre nicht mehr nutzbar.

Aber auch Dämme im Iran und Syrien senken die Wassermengen, sodass nun bei Basra, dem einstigen »Venedig des Ostens«, aufgrund des fehlenden Wasserstands zunehmend Salzwasser eindringt. Schon jetzt gibt es deswegen in der Provinz Basra fast kein landwirtschaftlich nutzbares Land mehr.

In einer anderen Region sieht es noch dramatischer aus: am Horn von Afrika. Die Staaten dieser Region hängen alle am Tropf des Nils, des mit fast 7000 Kilometern längsten Flusses der Erde. Ägypten beansprucht das Gewässer seit Jahrtausenden für sich. Bedingt durch das rasche Anwachsen der Bevölkerung in Äthiopien und dem Sudan hat sich aber der Wasserbedarf der beiden Länder in den vergangenen 10 Jahren nahezu verdoppelt. Hinzu kommen die lang anhaltenden

Dürreperioden der letzten Jahre. Die äthiopische Regierung begann daher mit dem Bau des »Grand-Renaissance«-Damms am Blauen Nil. Damit spitzte sich die angespannte Lage weiter zu.

Ägypten schickte Truppen nach Sawa, einem Militärstützpunkt seines Verbündeten Eritrea an der Grenze zum Sudan. Dieser südliche Nachbar Ägyptens ist wiederum mit der Türkei verbündet. Die beiden verfeindeten Parteien Ägypten/Eritrea und Äthiopien/Sudan suchen nun weitere Verbündete. Die USA, Israel, Saudi-Arabien und die Vereinigten Emirate stehen hinter Ägypten. Äthiopien und der Sudan werden von Katar und der Türkei unterstützt. Entscheidend wird wieder einmal sein, welche Koalition von Russland und China begünstigt wird.

Wie die obigen Beispiele zeigen, wird in Zukunft hart um das Trinkwasser gekämpft werden, und es ist absehbar, dass es zu einem Massensterben kommen wird, wenn einem Land und dessen Bevölkerung der Zugang zu dieser lebenswichtigen Ressource verweigert wird.

Ominöse Planspiele: Wenn Energie und Nahrung knapp werden

Was geschieht in Deutschland, wenn im Falle eines russischen Erdgas-Lieferstopps die Hälfte des Imports auf einen Schlag ausbleibt? Mit dieser Frage befasste sich die Krisenmanagementübung des Bundesamts für Bevölkerungsschutz und Katastrophenhilfe. Diese Übung mit dem Namen LÜKEX fand zuletzt im Jahr 2018 statt – also 4 Jahre vor dem kriegsbedingten Verzicht auf russisches Gas! Teilnehmer sind unter anderem diverse Bundes- und Landesbehörden sowie Bundesministerien.[284]

Im LÜKEX-Szenario fielen 30 Prozent der Erdgaslieferungen in Süddeutschland aus, und die deutschen Erdgasspeicher waren nur zu

32 Prozent gefüllt. Binnen weniger Tage kam es zu Lieferausfällen zunächst in der Industrie, dann auch auf dem Nahrungsmittelsektor – zum Beispiel in Großbäckereien, der Nutztierhaltung und in der Milchwirtschaft. Bald folgten großflächige Abschaltungen, unter denen nun auch private Haushalte, Krankenhäuser sowie Senioren- und Pflegeheime zu leiden hatten. In den Heimen kam es zu Engpässen bei der Versorgung mit Mahlzeiten. Aufgrund des kalten Winterwetters musste »der Aufbau von Notquartieren« in Angriff genommen werden. Selbst die Notaufnahmen der Krankenhäuser waren nur eingeschränkt arbeitsfähig. Der LÜKEX-Übungsbericht stellte fest, dass es schon bei einer Beeinträchtigung der Gasversorgung zu erheblichen Engpässen kommt. Was geschähe, wenn überhaupt kein Gas mehr geliefert werden könnte?

Ein internationales Planspiel, das die derzeitige Lieferketten- und Nahrungsmittelkrise vorwegnahm, wurde im November 2015 durchgespielt. Die Simulation trug den Namen »Food Chain Reaction: A Global Food Security Game« (etwa: »Die Lebensmittellieferkettenreaktion: Ein globales Planspiel zur Nahrungsmittelsicherheit«) und wurde 2 Tage lang in Washington, D. C., durchgeführt.[285]

Offiziell hieß es: »An der Simulation nahm eine internationale Gruppe von politischen Entscheidungsträgern, Wissenschaftlern und Wirtschaftsführern teil.« Auffallend ist, dass Vertreter aus allen Ländern, die die größten Mengen an Nahrungsmitteln produzieren (darunter Brasilien, China und die Ukraine), bei der Tagung zugegen waren sowie Mitarbeiter des Center for Naval Analyses, eines staatlich finanzierten Forschungs- und Entwicklungszentrums für die US-Marine und das Marine Corps. Dabei natürlich auch – Sie haben's erraten – Bill Gates. Dazu später mehr.

Das Planspiel ging von zwei großen Lebensmittelkrisen aus, die sich zwischen 2020 und 2030 abspielen und bei denen die Preise um fast 400 Prozent in die Höhe schnellen würden. Die Krisensimulation sagte auch extreme Wetterereignisse, die angeblich durch den

Klimawandel verursacht wurden, voraus. Diese Extremwetter würden den Anbau von Lebensmitteln erschweren und Hungersnöte auslösen. Dadurch käme es zu Flüchtlingsströmen aus Bangladesch, Tschad, Myanmar und Sudan. Das Szenario ging zudem von einem Sturz der Regierungen in Pakistan und der Ukraine aus.

Erstaunlich ist: Diese Vorhersagen treten gerade ein. Im Jahr 2022 wurde in Pakistan der Premierminister Imran Khan gestürzt, und eine neue, westlichere Regierung übernahm die Macht. Zum Krieg in der Ukraine werden wir später kommen.

Auch die Prognose der extremen Wettermuster bestätigt sich in den gegenwärtigen Ereignissen, welche die landwirtschaftliche Produktion auf dem ganzen Planeten durcheinanderbringen – von zunächst Dürre über Hochwasser in Kalifornien bis hin zu den Waldbränden, die Agrarflächen in der gesamten westlichen Hälfte der Vereinigten Staaten verwüsten. In Südeuropa ist es ebenfalls die Dürre, die der Landwirtschaft zusetzt. Die spanische Obstproduktion wird im Jahr 2023 voraussichtlich auf den niedrigsten Stand seit 40 Jahren sinken.

Auch das nächste Szenario der »Food-Chain-Reaction«-Simulation tritt gerade ein: Die weltweiten Lebensmittelvorräte werden knapp, teilweise auch künstlich verknappt. Wir erinnern uns an die albtraumhafte Vogelgrippepandemie, deretwegen bisher in Kanada und in den Vereinigten Staaten Millionen von Hühnern und Truthähnen vernichtet wurden.

Aber – auch das weiß die Simulation – die eigentliche Krise kommt erst noch. Nämlich dann, wenn zu wenig angebaut wird – wie derzeit kriegsbedingt in der Ukraine oder wetterbedingt in anderen Teilen der Welt (siehe oben). Wir müssen also damit rechnen, dass die Verknappung in den kommenden Jahren deutlich spürbar wird.

Das Planspiel von 2015 hat aber nicht nur präzise Vorhersagen getroffen – wie wir heute sehen können –, es hat sogar beim Datum richtiggelegen: Die Welt werde im Jahr 2022 einen »steilen Preisanstieg mit drohender globaler Nahrungsmittelknappheit« erleben, hieß es. Als Reaktion auf diese Nahrungsmittelknappheit werde die Europäische Union eine Kohlenstoffsteuer auf Fleischprodukte einführen, die erst 2025 wieder aufgehoben würde, sofern sich die Ernten wieder normalisieren. Sprich: Der Normalbürger wird sich kein Fleisch mehr leisten können.

Einer der Teilnehmer des Simulationsspiels, Bill Gates, schlug vor, natürliches Fleisch durch im Labor gezüchtetes Fleisch zu ersetzen. Wie bereits erwähnt, hat der Microsoft-Gründer viel Geld in diese Forschungen investiert und hält Anteile an Firmen, die synthetisches Fleisch herstellen. Auch dazu gleich mehr.

Das auffälligste Ergebnis des Planspiels war jedoch eine vorgeschlagene Vereinbarung zwischen den USA, der EU, Indien und China, die für die zwanzig größten Treibhausgas-Emittenten stehen, eine globale Kohlenstoffsteuer einzuführen und die CO_2-Emissionen bis zum Jahr 2030 zu begrenzen. Auch die Erhebung von Fleischsteuern wird als Lösungsmöglichkeit genannt.

Nehmen wir jetzt noch die »UN-Agenda 2030« hinzu – die ich ganz zu Beginn des Buchs vorgestellt hatte –, dann erkennen wir, wohin die Reise geht: zu einer angeblich »nachhaltigen« Landwirtschaft, die in Wirklichkeit eine Verlagerung hin zu genetisch veränderten Lebensmitteln, im Labor hergestelltem synthetischen Fleisch und Insekten als Nahrungsquelle bedeutet.

Und natürlich taucht in diesem Zusammenhang auch wieder unser Rasputin des Kapitalismus, Klaus Schwab, auf. Sein Weltwirtschaftsforum (WEF) hat sich mit dem EAT Forum verbündet. Diese Institution, die sich selbst als »Davos für Lebensmittel« beschreibt,[286] wurde 2016 in Schweden mit Unterstützung des britischen Wellcome Trust (gegründet mit Mitteln von GlaxoSmithKline) und dem Potsdamer Institut für Klimafolgenforschung aus der Taufe gehoben. Laut dem Journalisten F. William Engdahl arbeitet das EAT mit »Impossible Foods« zusammen, das von Google Ventures, Jeff Bezos (Amazon), Bill Gates und anderen finanziert wird.

Zurück zu Schwab: In seinem 2020 erschienenen Buch *COVID-19: The Great Reset* schreibt er auch über die geplante Lebensmittelzukunft. Biotechnologie und gentechnisch veränderte Lebensmittel sollten zu einer zentralen Säule für die Probleme der globalen Nahrungsmittelknappheit werden, fordert er. Originalton Schwab: »Globale Ernährungssicherheit wird nur erreicht werden, wenn die Vorschriften für gentechnisch veränderte Lebensmittel angepasst werden, um die Realität widerzuspiegeln, dass Gen-Editing eine präzise, effiziente und sichere Methode zur Verbesserung von Nutzpflanzen bietet.«

Prompt hat das EAT eine sogenannte »planetarische Gesundheitsdiät« entwickelt. Das WEF hat diese sofort als die »nachhaltige Ernährungslösung der Zukunft« gepriesen. Im Klartext bedeutet diese »nachhaltige« Ernährungslösung, den Fleisch- und Milchkonsum der Weltbevölkerung in einigen Fällen um bis zu 90 Prozent zu reduzieren und durch im Labor hergestellte Lebensmittel zu ersetzen.

Wie das erreicht werden soll? Auch dafür hat der WEF-Ableger EAT eine Antwort, die uns bekannt vorkommen dürfte: »harte politische Eingriffe, die Gesetze, fiskalische Maßnahmen, Subventionen und Strafen, die Umgestaltung des Handels und andere wirtschaftliche und strukturelle Maßnahmen umfassen.«[287]

Natürlich gibt es bereits eine Lobby-Organisation, die sich dem Abbau der landwirtschaftlichen Fleischbetriebe widmet. Sie ist in London beheimatet – mit Ablegern unter anderem in Deutschland – und heißt FAIRR (»Farm Animal Investment Risk and Return«, also »Risiken und Profite bei der Investition in landwirtschaftliche Nutztierhaltung«). Finanziert wird das Netzwerk von BlackRock, Vanguard, Rockefeller und anderen Global Players.[288]

Bill Gates' Traum von den genetisch perfekten Nutztieren

Ganz vorne bei diesen Plänen mit dabei ist Multimilliardär und Eugeniker Bill Gates, der sich wohl mit UKAid zusammengetan hat. Dieser Fonds unterstützt das Engagement des Vereinigten Königreichs bei der Armutsbekämpfung und der Kontrolle der Nahrungsmittelquellen für die Ärmsten der Welt. Gates spendete zweistellige Millionenbeträge an die Organisation – zweckgebunden, wie stets, um die gentechnische Veränderung von Nutztieren voranzutreiben.[289]

Wie wir wissen, besteht Gates Geschäftsmodell darin, Geld in »Projekte« zu investieren, die dann von Staaten mit dem Vielfachen seiner Unterstützungsleistung finanziert werden. Mit diesem Geld aus den Taschen der Steuerzahler werden dann Aufträge an Firmen bezahlt, die dem Gates-Imperium angehören. Für einen Einsatz von zum Beispiel 100 Millionen Dollar bekommt Gates mindestens das Zehnfache wieder zurück. Thomas Röper hat das in seinem Buch *Inside Corona* wunderbar aufgezeigt.

Im Januar 2018 besuchte Gates die Langhill Farm der University of Edinburgh, um die Global Academy of Agriculture and Food Security der Schule zu eröffnen. Das Video von Gates' Besuch zeigt ein auffälliges Schild. Auf diesem heißt es: »One Planet. One Health. One Chance.«[290]

»One Health« ist eine Ideologie, die der Präsident der EcoHealth Alliance, Peter Daszak, der Wirtschaftswissenschaftler Jeffrey Sachs und der pensionierte medizinische Chefberater des Weißen Hauses, Anthony Fauci, vertreten. In diesem Kontext sei auch an die 17 »Nachhaltigkeitsziele« der UN erinnert, die ich ganz am Anfang unserer Untersuchung aufgeführt habe.

Bei diesen wohlklingenden Zielen handelt sich um einen Plan, der von den Centers for Disease Control and Prevention (CDC) und dem World Economic Forum (WEF) entwickelt wurde, um den »Großen

Neustart« einzuleiten, indem sie die Verwaltung der Landwirtschaft, sowohl der Viehbestände als auch der Pflanzen, der wilden Landstriche und der Tiere, die dort leben, übernehmen.

Schon 2018 investierte Gates 51 Millionen US-Dollar in die Entwicklung von Impfstoffen für die Viehzucht und machte sie den ärmsten Kleinbauern in Afrika und Südasien über die Global Alliance for Livestock Veterinary Medicines (GALVmed), eine öffentlich-private Partnerschaft mit Sitz in Edinburgh, zugänglich.[291]

Wie die *New York Post* berichtete, will Gates außerdem die Gene von britischen Rindern mit der DNA afrikanischer Rassen mischen, um eine »Superkuh« zu schaffen, die noch mehr Milch gibt und überall gedeihen kann.[292]

Aber Gates investiert nicht nur in die Landwirtschaft in Subsahara-Afrika und in Südasien: Laut dem »Land Report 100«, einer jährlichen Übersicht über den Landbesitz in den Vereinigten Staaten, hat er 270 000 Hektar Grund in den USA erworben und ist damit der größte private Landbesitzer der Nation. Allerdings entspricht diese Zahl nur ein Prozent der Anbaufläche der USA.[293]

Im Januar 2020 kündigte die Gates-Stiftung die Gründung einer gemeinnützigen Einrichtung namens Gates Ag One an, die darauf abzielt, »die Bemühungen zu beschleunigen, Kleinbauern in Entwicklungsländern [...] Zugang zu den erschwinglichen Werkzeugen und Innovationen zu verschaffen, die sie benötigen, um die Produktivität ihrer Pflanzen nachhaltig zu verbessern und sich an die Auswirkungen des Klimawandels anzupassen.«[294]

Die Gates-Organisation arbeitet zusammen mit der Alliance for a Green Revolution in Africa (AGRA), die 2006 von der Stiftung des Unternehmers sowie der allseits bekannten Rockefeller Foundation gegründet wurde.[295]

Ein mögliches Ziel von Gates bei der Förderung der gentechnischen Veränderung von Nutztieren könnte es sein, diese zu dezimieren und die Menschen zu zwingen, in Zukunft im Labor gezüchtete anorganische Ersatznahrungsmittel zu essen, wodurch die Wahlfreiheit der Menschen im Wesentlichen beseitigt wird.

Durch die Finanzierung zahlreicher Teile der Mainstreammedien durch die Bill & Melinda Gates Foundation bleiben solche wichtigen Fakten meist unerwähnt und sind somit dem Großteil der Menschen vollkommen unbekannt.

Doch Gates hat – wie wir wissen – noch viel weitreichendere Pläne. 2015 gründete er die Dachorganisation Breakthrough Energy (BE). Sie soll Innovationen im Bereich der nachhaltigen Energie und anderer Technologien zur Reduzierung von Treibhausgasemissionen beschleunigen. Bis 2050 soll das völlig utopische Ziel des Netto-Null-Ausstoßes von CO_2 erreicht werden.[296] Zu den Gründungsmitgliedern gehörten so illustre Unternehmerinnen und Unternehmer wie Jeff Bezos, Marc Benioff, Michael Bloomberg, Richard Branson, Reid Hoffman, Jack Ma, George Soros, Tom Steyer, Meg Whitman, Mark Zuckerberg, Nat Simons und Mukesh Ambani.

2021 konnte Gates über 1 Milliarde US-Dollar mit/für BE beziehungsweise dessen sogenanntes Catalyst-Projekt einsammeln, um die lebensfeindliche Idee der »Netto-Null-Emissionen« Realität werden zu lassen. Mit Microsoft und BlackRock hatte Gates zwei ganz große Spieler beim Catalyst-Programm rekrutiert:

»Wir arbeiten mit Partnern aus dem öffentlichen und privaten Sektor zusammen, um eine Plattform für die schnelle Kommerzialisierung neuer Technologien bereitzustellen. Durch einen kreativen Mischfinanzierungsansatz wird Catalyst gezielt in Projekte für saubere Technologien investieren, um den Preis neuer sauberer Produkte deutlich zu senken, ihre Verfügbarkeit auf dem Markt zu erhöhen und zu demonstrieren, wie die Infrastruktur der Dekarbonisierung in großem Maßstab finanziert werden kann.«[297]

Catalyst soll sich dabei zuvorderst auf vier Schlüssellösungen für die »Dekarbonisierung« fokussieren: CO_2-Entfernung aus der Luft, grüner Wasserstoff, Langzeitbatteriespeicher und nachhaltiger Flugkraftstoff.

Natürlich konnte sich Gates – wie bei all seinen Projekten – auf die zuverlässige Quersubventionierung/-finanzierung seiner Vorhaben durch Regierungen und/oder Institutionen (wie die EU) verlassen. Eine Querfinanzierung, bei der er mit verhältnismäßig kleinem Geld in Vorleistung geht und die Staaten den Löwenanteil der Projektfinanzierung übernehmen. Sodann spülen die daraufhin »ausgearbeiteten Lösungen« ein Vielfaches seiner Investition in andere seiner Unternehmungen.

Mysteriöse Lieferengpässe, Großbrände und Dürren

Seltsame Ereignisse deuten auf einen geplanten Angriff auf die Lebensmittelversorgung hin. In den USA wurden seit 2021 fast 100 Einrichtungen der Lebensmittelproduktion beschädigt und/oder ihr Geflügel oder Vieh vernichtet.[298] Die Zerstörung von Lebensmittelverarbeitungsbetrieben ist nicht auf die USA beschränkt. Auch im Vereinigten Königreich sind Nahrungsmittelbetriebe in Flammen aufgegangen. Tatsächlich scheint es sich um ein globales Phänomen zu handeln.[299]

Hinzu kommt – wie ich im zweiten Kapitel bereits ausgeführt habe –, dass die britische und andere Regierungen wegen angeblicher Ausbrüche von Vogelgrippe die Schlachtung von bisher[300] 150 Millionen (!) Hühnern anordneten.[301] Angeblich gab es im Vereinigten Königreich seit Oktober 2022 174 derartige Ausbrüche.[302] Sie werden mit PCR-Tests diagnostiziert, von denen wir aus der Covid-19-Ära wissen, dass sie völlig unzuverlässig sind. Apropos Covid-19: Die von den Regierungen der Welt verhängten Abriegelungen hatten bekanntlich ebenfalls negative und völlig vorhersehbare Auswirkungen auf die Lebensmittelversorgungsketten.[303]

Dazu kamen in den letzten Jahren immer neue Hiobsbotschaften zum Thema: Lieferengpässe durch wochenlang stillgelegte Häfen wie

Shanghai und Los Angeles und ein äußert mysteriöses Phänomen in den USA (dazu weiter unten mehr). All diese Ereignisse lassen den Verdacht aufkommen, dass die Nahrungsmittelversorgung der Bevölkerung sabotiert werden soll.

Erst lag das Containerschiff *Ever Given* quer im Suezkanal und blockierte mehrere Wochen lang den Europa-Asien-Handel. Das war vermutlich ein Testlauf. Dann lagen Hunderte Containerschiffe vor Los Angeles auf Reede, und auch die fehlten natürlich im Welthandelsmarkt. Der Stau vor der amerikanischen Pazifikküste wurde ausgelöst durch die damals neue Bestimmung, dass Lkw nur noch in Kalifornien einfahren dürfen, wenn sie bestimmte Abgaswerte erfüllen. Die meisten der US-Trucks erfüllen diese strikten Grenzwerte nicht. Im Hafen von Long Beach/Los Angeles wurden also mithilfe von Umweltbestimmungen die Lieferketten unterbrochen.

In einem anderen riesigen Umschlagplatz auf der anderen Seite des Pazifiks geschah dies mithilfe von Gesundheitsbestimmungen. Auch in Shanghai lagen Hunderte Containerschiffe auf Reede und wurden nicht entladen. Die gleichzeitige Schließung der beiden für den Welthandel so wichtigen Häfen kann natürlich Zufall sein. Es könnte sich aber auch um einen gezielten Angriff auf die Lieferketten der westlichen Länder handeln.

Auf jeden Fall sind Lieferengpässe neben den gekappten Energiebezügen aus Russland ein weiterer Schritt hin zum Zusammenbruch der gesamten westlichen Industrieproduktion, den die Apologeten des Great Reset wieder und wieder als Heil verkünden.

Aber damit nicht genug: Soll durch eine überaus verdächtige Häufung seltsamer »Vorkommnisse« die Nahrung ebenfalls künstlich verknappt werden?

Es begann 2022. Damals gingen in den USA immer mehr Lebensmittelbetriebe in Flammen auf. Die Hintergründe waren unklar. Danach ging es weiter mit der mysteriösen Zerstörung von lebensmittelverarbeitenden Betrieben – zumeist Fleischfabriken (Schlachthöfe,

Schweine- und Geflügelfarmen), aber auch Silagen sowie Großbetriebe der Getreideproduktion. Die Ursache waren stets verheerende Brände – in den USA sowie in Kanada.

Die Schäden waren katastrophal: Bei einem Brand in Kalifornien zum Beispiel mussten 2700 Menschen im Umkreis der betroffenen Fabrik evakuiert werden. Ein Feuer in Georgia Anfang April 2022 wurde durch einen Flugzeugabsturz auf das Fabrikgelände ausgelöst. Mitte April stürzte ein Flugzeug in das Kartoffelwerk Gem State Processing im Osten von Idaho.

Einige Tage später zerstörte ein Brand den Hauptsitz von Azure Standard, einem der größten Bio-Lebensmittelverteiler des Landes. Als Nächstes beschädigte ein Feuer eine Verpackungsanlage für frische Zwiebeln in Südtexas schwer. In Oregon kam es in einem Verarbeitungsbetrieb für Kartoffelchips zu einer Kesselexplosion, bei der einige Arbeiter verletzt wurden. Die Fabrik musste daraufhin alle 244 Mitarbeiter entlassen.

Industrieunfälle kommen natürlich vor. Es ist jedoch bemerkenswert, dass sich diese vor allem in lebensmittelverarbeitenden Betrieben häufen – und das zu einer Zeit, in der US-Präsident Biden vor einer Lebensmittelknappheit warnt. Als Folge dieser Unfälle könnte es in vielen Bereichen zu Nahrungsmittelknappheit und Preissteigerungen kommen. Zusätzlich zu den ohnehin bereits gestörten Lieferketten (siehe oben).

Was zunächst weniger wie ein Unfall als vielmehr wie ein Naturereignis aussieht, ist eine Dürre, die besonders die landwirtschaftliche Produktion sowohl in den Vereinigten Staaten als auch in Europa bedroht.

Nach Angaben von CNN geht man aktuell davon aus, dass die Landwirte in Italien »bis zu 70 Prozent ihrer Ernte« verloren haben, weil die Dürre so extrem ist.[304] Viele Landwirte in Frankreich müssen ähnliche Verluste hinnehmen, weil es nur einen Bruchteil der üblichen Niederschläge gegeben hat. In dem Land, in dem eine intensive

Trockenheit den Landwirten zu schaffen macht und zu weitreichenden Einschränkungen der Süßwassernutzung geführt hat, fällt einfach zu wenig Regen, so Météo France.[305]

Große Ernteausfälle in Frankreich wären ein sehr ernsthaftes Problem, denn das Land ist der viertgrößte Weizenexporteur und gehört zu den fünf größten Maisexporteuren der Welt. Dürrebedingte Missernten könnten die Getreidelieferungen weiter unter Druck setzen, nachdem Russlands Militäraktion in der Ukraine auch in dieser Hinsicht weltweit für Erschütterungen gesorgt hat.

Auch in Deutschland ist die Lage äußerst dramatisch. Der Wasserstand des Rheins – über den 80 Prozent aller in Deutschland auf dem Wasserweg transportierten Güter von den industriellen Kerngebieten bis zu den niederländischen Häfen befördert werden – sinkt in den Sommermonaten auf Pegelstände, die ihn für Lastkähne nahezu unschiffbar machen. Das bedroht die lebenswichtige Versorgung mit Öl und Kohle, auf die das Land angewiesen ist, da ja aus Russland kein Gas mehr kommen darf.

Aber auch die USA haben im Westen und Süden des Landes immer wieder mit Dürren zu kämpfen. Nach Angaben des U.S. Drought Monitor ist etwa die Hälfte des Landes von Trockenheit betroffen:[306] Das liegt zum einen an der anhaltenden Megadürre im Südwesten und zum anderen an der in Texas.

Der Mangel an Regen ist für die riesige Agrarindustrie des Bundesstaates eine Katastrophe. In Texas gibt es 247 000 Farmen und Ranches, und fast alle von ihnen haben massive Probleme. Sie bewirtschaften 127 Millionen Hektar Land, hatten jedoch seit 2017 kaum mehr genügend Niederschlag. Fast 24 Millionen Texaner leben in Gebieten, die von Dürre betroffen sind. Am 1. August 2022 war weniger als 1 Prozent des Bundesstaates nicht von einer Dürre oder ungewöhnlicher Trockenheit betroffen. Viele Viehzüchter sehen sich daher gezwungen, ihre Herden mittels Panikverkäufen aufzulösen.

Den Staaten im Südwesten der USA geht es nicht besser: In Utah wird der Große Salzsee aufgrund der unerbittlichen Trockenheit immer kleiner. Zwischen Juli 2021 und 2022 ist der durchschnittliche tägliche Wasserstand des Sees um etwa einen halben Meter gesunken, ein historischer Tiefstand, und es wird erwartet, dass er noch weiter sinken wird.

Nun könnte man sagen, dass es in der Geschichte des Planeten immer wieder extreme Trockenperioden gegeben habe. Das stimmt, aber in der Neuzeit haben wir noch nie erlebt, dass die Vereinigten Staaten und Europa gleichzeitig und über einen so langen Zeitraum von einer so schweren Dürre betroffen waren.

Da erhebt sich die Frage: Wurde womöglich auch diese Dürre künstlich herbeigeführt? Das behaupten zumindest sogenannte Verschwörungstheoretiker, die sich mit dem Thema Geoengineering befassen.

Aber ist dies wirklich nur eine versponnene Verschwörungserzählung? Oder gibt es Hinweise, dass seit Jahrzehnten mit der Beeinflussung des Klimas experimentiert wird?

4 – Der mutwillig erzeugte Klimawandel

Das ist jetzt wirklich eine steile Theorie, mögen Sie denken, wenn Sie die Überschrift lesen. Der Klimawandel soll absichtlich herbeigeführt worden sein? Von wem denn? Und warum?

Lassen Sie mich kurz erzählen, warum es mir vor knapp 20 Jahren ebenso erging wie Ihnen. Ich war gerade als Redakteur zur Zeitschrift *raum&zeit* gewechselt – seit Jahrzehnten das führende Magazin für alternatives Denken im deutschsprachigen Raum. In der ersten Redaktionskonferenz, an der ich teilnahm, brachte ein Kollege das Thema »Chemtrails« aufs Tapet. Ich ließ mir kurz erklären, worum es dabei geht, und konnte mir ein Lachen kaum verkneifen. »Ihr glaubt wirklich, dass Flugzeuge den Himmel mit Chemikalien besprühen, um die Klimaerwärmung abzuschwächen?«, fragte ich. Unser Physiker in der Runde erwiderte daraufhin nur lapidar: »Daran kann's ja wohl keinen Zweifel geben.«

Heute, 20 Jahre später, habe ich diesen Text gefunden, der die Frage beantwortet, ob es jene das Klima verändernden Maßnahmen gibt:

> *»Wenn Menschen in den Himmel blicken und weiße Spuren sehen, die sich parallel und kreuz und quer durch den Himmel ziehen, wissen sie kaum, dass sie kein ›Kondensat‹ sehen, sondern Zeugen einer von Menschen verursachten ›Klimakrise‹ sind, die alle Menschen und Tiere auf dem Planeten Erde betrifft, die Luft atmen. Diese weißen Flugzeug-Sprühspuren sind das Ergebnis des wissenschaftlich nachweisbaren Versprühens von Aluminiumpartikeln und anderen giftigen Schwermetallen, Polymeren und Chemikalien. Diese giftigen atmosphärischen Aerosole werden verwendet, um die Wettermuster zu verändern, was in einigen Regionen zu Dürren und in anderen zu*

Überschwemmungen und Fluten führt. Der Krieg gegen das Wetter ist bereits so weit fortgeschritten, dass eine Zerstörung von Mensch und Tier nicht mehr ausgeschlossen werden kann. Es ist so ernst, und es ist zeitlich begrenzt.«

Diese warnenden Worte zu den sogenannten Chemtrails stammen von General Charles Jones, Brigadegeneral, U.S. Air Force.[307]

Sind Chemtrails real?

Seit Jahren wird die Luft absichtlich von Flugzeugen mit chemischen Materialien angereichert. Jeder von uns hat die immer längeren Kondensstreifen beobachtet, die von Flugzeugen hinterlassen werden und oft als Gitternetz am Himmel zu sehen sind. Laut dem ehemaligen Greenpeace-Aktivisten Peter Altnickel geht es dabei um »die strategische Zerstörung jeglicher Naturgrundlage«.[308]

In der Fachliteratur nennt man diese Eingriffe in das Klima der Erde Geoengineering. Darunter versteht man die absichtliche Manipulation der Umwelt, die nukleare, biologische, chemische, elektromagnetische und/oder andere physikalische Wirkstoffe einbezieht, um auf diese Weise Veränderungen der Erdatmosphäre und/oder der Oberfläche zu bewirken.

Das von den Vereinten Nationen bereits im Jahr 1976 beschlossene Verbot »militärischer Techniken zur Umweltmodifikation« zeigt, dass Geoengineering etwas ist, das schon damals nicht nur angedacht war, sondern auch aktiv betrieben wurde. Das UN-Verbot von 1976 ist ein völkerrechtlicher Vertrag, der die militärische und überhaupt aggressive Nutzung von Einflussmitteln zur Einwirkung auf die natürliche Umwelt untersagt: Es dürfen also weder Erdbeben künstlich ausgelöst noch das Polareis geschmolzen oder das Klima verändert werden. Diese sogenannte ENMOD-Konvention (englisch: »Convention on the Prohibition of Military or Any Other Hostile Use of Environmental Modification Techniques« (deutsch: »Umweltkriegsübereinkommen«) war als Resolution 31/72 am 10. Dezember 1976 verabschiedet worden. 47 Staaten unterzeichneten die Konvention, unter anderem die damalige Sowjetunion und die USA. Am 5. Oktober 1978 trat der Vertrag für die Unterzeichnerstaaten in Kraft.

Allerdings: Im UN-Text steht nicht, dass die *Forschung* an diesen Klimawaffen verboten ist. Ohne diese Vertragslücke hätten die meisten Staaten die geforderte ENMOD-Konvention wohl nicht unterschrieben. Wieso aber darf man etwas erforschen, das man dann gemäß UN-Beschluss nie anwenden darf? Doch nur, weil man es später als geheime Waffe einsetzen könnte. Anders ergibt dieses Schlupfloch in der ENMOD-Konvention überhaupt keinen Sinn.

Springen wir in die Gegenwart: Das am 24. März 2017 eingebrachte Gesetz »The Geoengineering Act of 2017 (H6011)« von Justin Price im US-Bundesstaat Rhode Island ist das erste amtliche Dokument, das in aller Deutlichkeit vor dieser Manipulation und ihren Folgen warnt:

»Geoengineering umfasst viele Technologien und Methoden mit gefährlichen Aktivitäten, die die menschliche Gesundheit und Sicherheit, die Umwelt und die Wirtschaft des Staates Rhode Island schädigen können. Es ist daher die Absicht der Generalversammlung von Rhode Island, alle Geoengineering-Aktivitäten zu regeln.«[309]

Der »Geoengineering Act of 2017« führt eine Liste aller Technologien auf, die man zur »absichtlichen Manipulation der Umwelt« einsetzen kann:

- Solar Radiation Management (SRM), volkstümlich: »Chemtrails«
- Schutz mittels Wolkenabdeckung und Wolkenaufhellung
- Weltraumsonnenschirme oder –sonnenschutzschilde
- Atmosphärische Sonnenschutzmittel, zum Beispiel reflektierende Partikel wie Schwefeldioxid und Aluminiumoxid

- Künstliche Ionosphäre, zum Beispiel Plasmawolken mit hoher Dichte
- Ozeandüngung mit Eisen oder Kalk
- Wiedervereisung oder Kühlung der Arktis durch künstliche Mittel
- Genetisch modifizierte CO_2-verzehrende Plastikbäume
- Atmosphärischer Einsatz von Hochfrequenz-/Mikrowellenstrahlung
- Flugzeug-Geoengineering-Aktivitäten

Zudem findet man in der Gesetzesvorlage eine Aufstellung möglicher Konsequenzen aufgrund des Geoengineerings. Es wird unter anderem gewarnt vor einer globalen Verdunkelung, weil diese die Absorption von Vitamin D bei Mensch und Tier reduziert. Man müsse außerdem mit einer Verschmutzung von Luft, Wasser und Boden rechnen, wenn chemische Stoffe aus den Chemtrails mit den lokalen Niederschlägen auf die Erde fallen und damit die Gesundheit bei Menschen, Tieren und Pflanzen und anderen lebenden Organismen gefährden.

Dennoch schossen und schießen sich die Mainstreammedien auf jeden ein, der von Chemtrails spricht, und machen ihn als Verschwörungstheoretiker lächerlich. Im Jahr 2022 allerdings hat US-Präsident Joe Biden die angebliche Verschwörungstheorie zur Realität gemacht. Er verkündete, die USA wollten nun mit diesen Methoden der angeblichen Klimaerwärmung ein Ende bereiten.

Auf 5 Jahre ist der Forschungsplan angelegt, den das »Büro für Wissenschafts- und Technologiepolitik des Weißen Hauses« ins Leben gerufen hat. Die Wissenschaft erhält darin den Auftrag, Methoden zu entwickeln, mit denen das Sonnenlicht in den Weltraum zurückreflektiert werden kann, um die Erde vor Überhitzung zu retten.

Die technische Bezeichnung des Projekts lautet »Solar Radiation Management«, was natürlich viel besser klingt als »Chemtrails«. Die Presseerklärung aus Washington nennt es das »neue Sonnenschutzprogramm des Weißen Hauses« und schwärmt, damit könne man die UV-Belastung auf der Erde regulieren. Die Temperaturen würden sinken, die Polkappen nicht mehr schmelzen, die Gefahr des steigenden Meeresspiegels wäre gebannt und Überschwemmungen könnten verhindert werden.

Und wie soll das erreicht werden? Durch Klimakontrolle. Immerhin ist sie – siehe oben – über Jahrzehnte getestet worden und besteht nach heutigem Kenntnisstand aus einem mehrstufigen Prozess:

In einem ersten Schritt werden in einer Höhe von 20 und 30 Kilometern Löcher in die Ozonschicht gestanzt, um mehr UVB-Strahlen zu erhalten und mehr Verdunstung und eine höhere Diffusion von Feuchtigkeit auszulösen. Dann werden dünne Schichten feiner Staubpartikel ab 5 Kilometer aufwärts versprüht – die sogenannten Chemtrails –, um eine künstliche Wolkenbildung herbeizuführen und die Feuchtigkeit Schritt für Schritt bis in etwa 12 Kilometer Höhe zu ziehen.

Schließlich werden die Feinstaubpartikel und die darauf basierenden künstlichen Wolken durch Einsatz hochfrequenter Radio- und Hyperschallwellen getrimmt, um eine optimale Verteilung und Lenkung der künstlich angehobenen Feuchtigkeit zu gewährleisten.

Dass Chemtrails nicht mehr als »Verschwörungstheorie« gebrandmarkt werden, liegt vermutlich daran, dass sich die weltweiten stratosphärischen Aerosolinjektionen nicht länger geheim halten und leugnen lassen. Laut dem staatlichen meteorologischen Dienst von Spanien der Agencia Estatal de Meteorología (AEMET) führen mehr als 50 Länder der Erde diese Sprühungen durch, und die World Meteorological Organization (WMO) wird in regelmäßigen Berichten über ihren Status informiert.[310]

Weniger Sonnenlicht, dafür mehr Gift

Dane Wigington von GeoEngineeringWatch schildert einen Tag in den Rocky Mountains, den sicherlich viele von uns nachvollziehen können:

> *»Was als völlig klarer Himmel begann, verwandelte sich in eine von Menschenhand geschaffene, großflächige Wolkendecke, die in der Luft hing, bis ich den Himmel nicht mehr sehen konnte.«*[311]

Offensichtlich wurden hier gezielt Giftstoffe versprüht, um das lebenswichtige Sonnenlicht zu blockieren, und so folgert Wigington:

> *»Aber es geht um viel mehr als nur um das Blockieren der Sonne, denn all diese Metalle und Chemikalien verteilen sich schließlich und fallen auf die Erde, wo sie jedes einzelne Lebewesen schädigen. Dies wirkt sich sehr nachteilig auf alle Pflanzen und Tiere aus, einschließlich der Menschen. In Anbetracht dessen, was nachweislich in diesen Nutzlasten enthalten ist, besteht die Gefahr der Zerstörung der Landwirtschaft, der Veränderung von Wettermustern, der Tötung von Insekten und Bestäubern, der Wettermanipulation, geoengineerter Wettersysteme und krebserregender Toxine, die aus Metallen und Chemikalien in Nanopartikeln bestehen, für die gesamte Natur, einschließlich Wasser, Boden, Insekten, Tiere, Vögel, Fische und Menschen.«*[312]

Der Aktivist kommt zu folgendem Schluss:

> *»Dies ist ein vorsätzlicher und geplanter Angriff auf die Menschheit und die Erde. Es handelt sich um eine waffenfähige Form des Krieges gegen alles Leben im Inland und auf der Erde. Diese Taktiken können als Kriegswaffen, zur Zerstörung von Nahrungsmitteln und*

landwirtschaftlichen Flächen und zur Entvölkerung durch Zerstörung des Körpersystems eingesetzt werden. […] Solares Geoengineering, hochenergetische Wellen und die Vergiftung des Himmels und der Erde mit Giftstoffen führen zu verstärkter Sturmaktivität, Dürren, Überschwemmungen, Tornados, Bränden, Erdbeben, Tsunamis, Wirbelstürmen und extremer vulkanischer Aktivität. Ferner wird die Gesundheit der Menschheit systematisch zerstört.«[313]

Selbst der US-Mainstream-Sender CNBC bezeichnete das Versprühen von Schwefeldioxid in die Atmosphäre als »schädlich für die Umwelt und die menschliche Gesundheit«.[314]

Macht nichts, beschwichtigt das Weiße Haus, denn »nach Meinung von Wissenschaftlern und Klimaschützern« lohne es sich, diese Gefahren einzugehen, da ja der angebliche Klimawandel die größere Gefahr für die Menschheit sei.

»Die Reflexion des Sonnenlichts hat das Potenzial, den Lebensunterhalt von Milliarden von Menschen zu sichern, und es ist ein Zeichen für die Führungsstärke des Weißen Hauses, dass es die Forschung vorantreibt, damit künftige Entscheidungen auf wissenschaftlicher Grundlage und nicht auf der Grundlage geopolitischer Winkelzüge getroffen werden können«, lobt Chris Sacca, Gründer des Climate-Tech-Investmentfonds Lowercarbon Capital, der von der Klimawandelpropaganda profitiert. Und Sacca fügt hinzu, dass er »keinerlei finanzielle Interessen jenseits der Philanthropie« habe.[315]

Laut David Keith, Professor an der Harvard University, gibt es die Idee, das Sonnenlicht zu blockieren, um die globale Erwärmung zu stoppen, schon seit mindestens 1965.[316] Dem damaligen Präsidenten Lyndon B. Johnson wurde ein Bericht mit dem Titel »Restoring the Quality of Our Environment« (»Wiederherstellung der Qualität unserer Umwelt«) vorgelegt, der vorschlug, Partikel über dem Ozean zu einem Preis von 100 US-Dollar pro Quadratmeile auszubringen. Auf der Grundlage des damaligen Dollarkurses hätte die Reduzierung der globalen Temperaturen auf diese Weise etwa 500 Millionen US-Dollar pro Jahr gekostet.

Seither sind unzählige Versuche unternommen worden, das Sonnenlicht künstlich zu dimmen.[317]

Die Milliardäre Bill Gates, George Soros und Facebook-Mitbegründer Dustin Moskovitz sind klare Befürworter des »Solar Geoengineering« und haben dies auch mehrfach öffentlich gesagt.

Nun soll die Forschung im Bereich des solaren Strahlungsmanagements (Solar Radiation Management, SRM, oft auch als solares Geoengineering bezeichnet), beschleunigt werden. Ende Februar 2022 veröffentlichten mehr als sechzig Forscher aus führenden Institutionen ein Schreiben, in dem sie eine gründlichere Untersuchung der Strategie sowie kleinere Feldversuche forderten. Auch die UN sitzt mit im Boot: Ein UN-Bericht legt nahe, dass es an der Zeit sei zu untersuchen, ob SRM wohl zur Bekämpfung der Klimakrise beitragen könnte. Und das Weiße Haus kündigte an, es werde einen 5-Jahres-Forschungsplan vorantreiben, um zu prüfen, wie die Menge des Sonnenlichts, die die Erde erreicht, verändert werden kann.

Ebenso wie bei der angeblichen Covid-Pandemie sowie beim angeblichen Klimawandel herrscht absolut keine Einigkeit in der Wissenschaft. Zahlreiche Klimaexperten lehnen die Forschung zum Solar Geoengineering entschieden ab. In einem offenen Brief warnten sie, dass die zunehmende Normalisierung von SRM-Technologien als mögliche Lösung für das Problem des Klimawandels gefährliche und unerwartete Folgen haben könnte.

Nach Angaben der CNBC wurden die Argumente gegen weitere SRM-Forschungen in einem Papier aus dem Jahr 2022 dargelegt: »Solar Geoengineering in planetarischem Maßstab kann im Rahmen des derzeitigen internationalen politischen Systems nicht auf umfassende und gerechte Weise geregelt werden.«

In dem Papier wird eine internationale Vereinbarung über den Verzicht auf solares Geoengineering gefordert.[318]

Die Tatsache, dass das Weiße Haus Wettermanipulationen mittels Solar Radiation Management nun offiziell fördert, zeigt, dass Chemtrails zu keiner Zeit eine Verschwörungstheorie waren. Der Unterschied zu vor 20 Jahren ist lediglich, dass man es heute offen zugibt, ja, mehr noch, es mit dem Label »SRM« als Allheilmittel gegen die globale Erwärmung anpreist.

Der Trick mit dem CO_2-Ausstoß

Chemtrails sind aber nur ein – wenn auch toxischer – Nebenschauplatz. Dreh- und Angelpunkt der medialen Dauerbeschallung mit dem Thema globale Erwärmung ist der vom Menschen verursachte CO_2-Ausstoß. Allein dieser sei für die Erwärmung verantwortlich, sagen Regierungen, Denkfabriken und Mainstreammedien.

Dabei ist unbestritten, dass die Erde in der Vergangenheit weitaus wärmere Perioden durchlebt hat als unsere heutige – und das ganz ohne CO_2-Ausstoß. »Es gibt keinerlei Beweise dafür, dass CO_2 zu einem Anstieg der Temperaturen führt«, sagt Greenpeace-Mitbegründer Patrick Moore. »Wir sind jedoch dabei, Billionen in die Reduzierung von CO_2 zu investieren. Wir begehen wirtschaftlichen Selbstmord ohne triftigen Grund.«[319] Oder mit den Worten eines Bloggers auf der Website »Dude«: »Der angebliche Klimawandel ist staatlicher Wetterterror.«[320]

Angeblich sei sich ja die gesamte Wissenschaft weltweit einig, dass der Klimawandel vom Menschen verursacht sei. Dabei taucht in den Medien immer wieder die Behauptung auf, nahezu 100 Prozent der Wissenschaftler teilten diese Meinung. Die Zahl der 97-prozentigen Einigkeit entstammt einer Metastudie aus dem Jahr 2013 und wird uns seitdem als unbestreitbare Wahrheit präsentiert. In dieser Metastudie hat ein gewisser John Cook knapp 12 000 Forschungsarbeiten zu den Themen Klima und Umwelt daraufhin untersucht, ob darin dem Menschen die Schuld am Klimawandel gegeben wird oder nicht. Und als Ergebnis hat Cook präsentiert, dass sich 97 Prozent der Studien und Arbeiten einig wären, dass die Menschheit an allem schuld sei.

Thomas Röper hat auf seiner Website »anti-spiegel« in einem detaillierten Artikel nachgewiesen, dass Cook mittels mathematischer Tricks aus 0,54 Prozent Zustimmung am Ende 97 Prozent gemacht hat, und spricht dies auch klar aus: »Das war gelogen. Und zwar dreister, als man es sich hätte vorstellen können: Es waren ganze 0,54 Prozent der Arbeiten der Meinung, dass der Mensch auch nur zu mindestens 50 Prozent am Klimawandel schuld ist.«[321]

Röper hatte die Metastudie von dem Mathematiker Markus Fiedler überprüfen und Fiedlers Ergebnisse dann von Professor Hans-Jürgen Bandelt begutachten lassen. Das Ergebnis: »Wer sich die Zahlen anschaut, der sieht, dass die Legende von der Einigkeit der Wissenschaft frei erfunden ist. Eigentlich müsste in allen Überschriften stehen: 99,46 Prozent der Wissenschaftler bezweifeln, dass der Mensch der Hauptverursacher des Klimawandels ist.« Ein anderer Artikel auf der Schweizer Website *uncut-news* mit dem Titel »Sie lügen Sie an; die Emissionen fossiler Brennstoffe verursachen keine globale Erwärmung«[322] kommt zum gleichen Resultat wie Röper.

Warum aber wird die Lüge von der Einigkeit der Wissenschaft dennoch dauerhaft und lauthals propagiert? Da liegt der Verdacht nahe, dass Cook mit seiner Untersuchung ein bestimmtes Ergebnis erreichen wollte und sich die Dinge so hinbog, dass sie »passten«. Das bestätigt Cook auch selbst, wenn er über seine Studie schreibt: »Eine genaue Einschätzung des Grades an wissenschaftlichem Konsens ist ein wesentliches Element für die öffentliche Unterstützung der Klimapolitik.«

Was Cook hier meint, ist: Wenn die Menschen glauben, dass sich die Wissenschaft einig ist, erhöht das ihre Unterstützung für die Klimapolitik. Deswegen kommen die Grünen und die ihnen zuarbeitenden Mainstreammedien auch damit durch, wenn sie fordern, die Deutschen müssten höhere Abgaben und Steuern für den Kampf gegen den Klimawandel zahlen und hinnehmen, dass die Strompreise weiter steigen. Deswegen kann die EU ihren »Green Deal« verkünden und ohne Widerspruch eine Billion Euro in den angeblichen Kampf gegen den angeblich menschengemachten Klimawandel stecken. Offenbar sind die EU-Bürger gewillt, Einschränkungen, Steuern und Preiserhöhungen zu schlucken, wenn es nur dem Kampf gegen den Klimawandel dient.

Thomas Röper kommt zu dem Schluss: »Da ist es doch angemessen, die Frage zu stellen, wer eigentlich das ganze Geld bekommt, mit dem der Klimawandel bekämpft werden soll? Nun, Sie werden es nicht glauben, aber das ist vor allem Bill Gates, denn dessen Investmentfonds wurde zum offiziellen Partner der EU-Kommission beim 1 Billion Euro teuren Green Deal.«[323]

Der propagierte »Klimawandel« ist aber nicht nur ein Milliardengeschäft. Er eröffnet nahezu unendliche Möglichkeiten, kontrollierend in unser aller Leben einzugreifen. Ein kürzlich von der Universität Leeds veröffentlichtes Papier liest sich diesbezüglich recht aufschlussreich. Die Autoren schlagen darin eine Rationierung sowohl von Lebensmitteln als auch von Brennstoffen vor, um den Klimawandel zu verhindern. Sie loben, wie erfolgreich die Rationierung während des Krieges war, und halten es für eine gute Idee, sie wieder einzuführen.[324]

Sie gehen in ihrem Bericht sogar noch weiter und plädieren dafür, eine Nahrungsmittelknappheit gezielt herbeizuführen: Neben strengeren Vorschriften für fossile Brennstoffe könnte die Regulierung auch andere Bereiche erfassen. So könnten beispielsweise kohlenstoffintensive Anbaumethoden und Massentierhaltung verboten werden – was sich eindeutig auf die Lebensmittelversorgung auswirken würde.[325]

Wenn wir die Ereignisse in Holland als Beispiel nehmen, nämlich die geplante Schließung von Tausenden von Bauerhöfen, dann sehen wir, dass die Pläne der Wissenschaftler aus dem englischen Leeds bereits tatkräftig umgesetzt werden.

So geht Wettermanipulation

Dass die CO_2-Ausstoß-Propaganda so erfolgreich ist, liegt daran, dass – wie bei Covid – die Medien seit Jahren Horrorszenarien verbreiten: Die berichtete globale Erwärmung wird, wenn man dem Mainstream glaubt, bald zum Untergang der Welt führen. Daher sind die Meldungen der letzten Jahre mit größter Vorsicht zu betrachten.

Sehen wir uns einige Beispiele an. Australien meldet 2023 einen der kältesten Sommer seiner dokumentierten Geschichte. Aber es gab eben auch schon kältere. Auf dem nordamerikanischen Kontinent wird von verheerenden Kaltlufteinbrüchen berichtet. Doch auch hier müssen wir fragen, ob dies nicht auch schon vorher geschehen war. Hinzu kommt ein weiterer Aspekt, auf den ich gleich noch eingehen werde: die gezielte Wettermanipulation. Denn die Kälte hat natürlich eine Verkürzung der Vegetationsperiode zur Folge, womit im Jahr 2023 die Verknappung der Getreideernte und letztlich der Nahrungsmittel zu befürchten ist.

Ein anderes Beispiel sehen wir in Afrika: Der Inselstaat Madagaskar und die südostafrikanischen Staaten Malawi und Mosambik sind Anfang 2023 mit der Beseitigung der Schäden des Zyklons »Freddy« beschäftigt, der über einen ganzen Monat lang über und neben dem südlichen Indischen Ozean tobte und einen nicht zu beziffernden Schaden bei mehr als 500 Todesopfern anrichtete. »Freddy« ist der mit Abstand langlebigste Zyklon seit Wetteraufzeichnung. Wir sollten uns fragen, ob derlei Stürme tatsächlich Folgen des angeblich aus den Fugen geratenen Klimawandels sind oder ob hier nicht gezielt manipuliert wird.

Diese Frage betrifft auch die Meldungen aus der Antarktis, wo im Januar 2023 die tiefsten jemals dort aufgezeichneten Sommertemperaturen gemessen wurden. Wir sollten auch weiter fragen, warum in den Emiraten der Golfregion im Februar und März zum wiederholten Male Starkregen einsetzte oder sogar Schnee fiel. Die Bilder einer verschneiten Sahara sind uns sicherlich noch im Gedächtnis. Das südamerikanische Chile erstarrte zur selben Zeit in einer Dürre und verlor einen guten Teil seiner Wälder durch eine Feuersbrunst, während in Argentinien und Brasilien nach extremen Starkniederschlägen zahlreiche Menschen im Geröll von reißenden Gewässern und Schlammlawinen den Tod fanden.

Kalifornien, das Jahre der Wasserknappheit, Dürre und scheinbar unlöschbarer Wald- und Siedlungsbrände hinter sich hat, wird Anfang 2023 mit Schneemassen überschüttet, während im westlichen Europa sämtliche Flüsse bei Niedrigwasser vor sich hindümpeln und die Mehrheit der europäischen Trinkwasserspeicher zu versiegen droht.

Und so geht es immer weiter. Wir müssen uns fragen: Woher kommen all diese Wetterextreme und Anomalien? Ist der Urheber wirklich der angeblich vom Menschen verursachte Klimawandel? Oder sind die Technologien zur Wettermanipulation der Auslöser für diese chaotischen Verhältnisse? Sehen wir uns einige dieser Techniken genauer an:

Da ist zum Ersten die Ablenkung der Höhenwinde, des Jetstreams. Dadurch ist es gelungen, das bodennahe Wetter von den Höhenwinden abzukoppeln.[326] Die Höhenwinde stehen inzwischen oft in eklatantem Widerspruch zu bodennaher Luftbewegung. Mehr noch: Der Jetstream strömt nicht mehr, sondern bleibt oft stehen, was für eine Region verheerende Folgen haben kann.

Nach Aussagen verschiedener Klimaexperten ist durch diese Manipulation des Jetstreams auch die für das mitteleuropäische Wetter verantwortliche positive Nordatlantische Oszillation (NAO) seit einigen Jahren immer häufiger in die sogenannte negative NAO gekippt. Die Folge: ein für Europa häufiger Wetterwechsel von Nord nach Süd – und umgekehrt. Die Verläufe der Subtropen- und Polarjetstreams sind inzwischen derart ausmäandriert, dass sie sich immer wieder zu einem einzigen Starkwindband vereinigen – wie an dem »Snowmageddon« im März 2023 in Kalifornien zu sehen war.

Die Folge der Veränderungen der Höhenwinde sind häufiger Temperaturwechsel und, in ihrem Gefolge, alle Erscheinungen, die damit in Zusammenhang stehen: Hitze, Kälte, Stürme, extreme Starkniederschläge und Trockenheit, Tornados, verkürzte Vegetationsperioden (zum Beispiel durch späten Frost) und dadurch bedingte Ernteausfälle, Überschwemmungen (siehe Ahrtal), Wassernotstand (durch Hitze oder Dürren), hohe volkswirtschaftliche und ökologische Schäden durch extreme Wetterereignisse, Engpässe in der Nahrungsmittel- und Energieversorgung.

Die Klimaforscher, die ja den Verlauf der Hoch- beziehungsweise Tiefdruckgebiete und Winde langfristig beobachten, glauben, dass sowohl Höhenwinde als auch oberflächennahe Winde »verselbstständigt wurden« und nicht mehr in erkenn- und berechenbaren Mustern verlaufen. Sie sind gewissermaßen durch unnatürlichen Einfluss »chaotisiert«: Folglich finden Vermischungen von Luftmassen statt, die auf natürlichem Wege nicht miteinander in Berührung kämen.

Ein Beispiel sehen wir im Jahr 2022. Damals gelangten Polarluftmassen aus der Arktis über den stark mäandrierenden Jetstream bis zum Äquator und darüber hinaus auf die südliche Hemisphäre. Im Klartext bedeutet dies eine Abkühlung.[327] Aus jedem Winkel der Erde wurden im Verlauf des Jahres 2022 Rekorde bei Tiefsttemperaturen gemeldet.[328]

Die Forscher fürchten, dass die globalen Vermischungen der Luftmassen verschiedener Breiten ein neues Phänomen von Stürmen hervorrufen könnte. Diese würden sowohl in ihren Ausmaßen, ihrer Stärke, ihrer Zerstörungskraft als auch hinsichtlich ihrer Langlebigkeit neue Maßstäbe setzen – wie zum Beispiel der bereits erwähnte Zyklon »Freddy« mit seiner Lebensspanne vom 4. Februar bis 15. März 2023. Seit wenigen Jahren gibt es für dieses Phänomen den Begriff »Arkstorm« also »Archesturm«, was man auch als »Ursturm« übersetzen kann.

Alle Fakten und Patente zur Wettermanipulation sind öffentlich bekannt und für jedermann einsehbar.[329] Dennoch sprechen Bevölkerung, Politik und Medien immer noch von einer »Verschwörungstheorie« und halten lieber an der Mär des vom bösen CO_2 verursachten Klimawandels fest. Dieses Märchen garantiert ja auch hohe Profite und umfassende Kontrollmöglichkeiten. Wenn wir jedoch ins Auge fassen, dass in großem Maße mit dem Klima experimentiert und das Wetter manipuliert wird, dann müssten wir als Konsequenz auch die wahren Schuldigen nennen. Die bezahlten Mainstream-Medien sorgen dafür, dass genau das nicht geschieht.

Der globale Wetterkrieg

Wird die Litho-, Bio- und Atmosphäre der Erde gleichermaßen mit toxischen, reaktiven und synthetischen Stäuben kontaminiert[330] und gleichzeitig mit allen möglichen Frequenzen bestrahlt?[331] Die Website »dudeweblog« behauptet genau das. Ich möchte die Theorie der Blogbetreiber an dieser Stelle kurz wiedergeben, obwohl ich nicht beweisen kann, dass sie wissenschaftlich korrekt ist. Aber ich halte die Argumentation für die Beschäftigung mit dem Phänomen der Wettermanipulation auf jeden Fall für wichtig.

Die synthetische Kontamination führe zu vielschichtigen negativen Veränderungen auf allen Ebenen irdischen Lebens, heißt es da. Lebendige Körper würden durch Anreicherung von Metallen (Aluminium, Strontium, Kobalt, Eisen und so weiter) leitfähiger gemacht für jede Strahlung. Somit würden die Körper erreichbarer für die Überwachung und Programmierung.[332]

In Pflanzen hinterlasse die chemische Keule aus den Triebwerken und Sprühvorrichtungen der Flugzeuge einen anderen Fingerprint. Sie würden nicht nur deutlich stressanfälliger, neigten zu Pilzbefall und Sonnenbrand, auch das Brennverhalten scheine durch metallische Anreicherung im Pflanzengewebe verändert zu werden.

Es ist bekannt, dass Aluminium in Feinstaubgröße als Brandbeschleuniger und -verstärker fungiert. Es wird vermutet, dass Spuren davon in unserem Hirngewebe ein Auslöser für Alzheimer sein können. Dieses Aluminium werde laut »dudeweblog« dem modernen Treibstoff JP 8 für die »umweltschonenden« Großraumflieger der neuesten Generation beigemischt. Es werde aus den Triebwerken geblasen und von uns eingeatmet.

Es sei anzunehmen, dass auch die große Menge an beigemischtem Magnesium im Flugzeugtreibstoff eine relevante Rolle bei den beobachteten Brandanomalien spiele. Bei sehr feinem Magnesiumpulver bestehe die Gefahr der Selbstentzündung; Luft-Pulver-Gemische seien sogar explosionsgefährlich.[333] An dieser Stelle sei erwähnt, dass Magnesiumbrände Temperaturen von fast 3000 Grad Celsius entwickeln.

Auch die anderen Bestandteile der Flugzeugabgase, die Chemtrails erzeugen, hätten es in sich: das, wenn fein verteilt, selbstentzündliche Calcium, das brennbare Strontium oder Eisen. Sehr fein verteiltes, pyrophores Eisen reagiere schon bei Raumtemperatur mit Sauerstoff aus der Luft unter Feuererscheinung.[334] Ferner sei Schwefel in den Chemtrails enthalten, der ein reaktionsfreudiges Element ist und bei erhöhter Temperatur mit vielen Metallen reagiert,[335] sowie das selbstentzündliche Titan.

Die weiteren Inhaltsstoffe des Triebwerktreibstoffes JP 8 seien fast ausnahmslos auch Bestandteile pyrotechnischer Mischungen: die Oxide der Metalle Chrom (Chromate), Wolfram (WO_3), Molybdän (MoO_3), Mangan (MnO_2), Eisen (Fe_3O_4), Kupfer (Cu_2O), Zink (ZnO_2), Bismut (Bi_2O_3), und Zinn (SnO_2).[336]

Aber was haben Aluminiumoxid, Aluminiumstaub und all die anderen Gifte in der Atmosphäre zu suchen?

Die Website »dudeweblog« analysierte auch die neuartigen und schwer zu bekämpfenden Feuersbrünste in weiten Teilen der überwiegend außerpolaren Breiten. Zum Beispiel zeigten die Brände des Sommers in Griechenland im Jahr 2022 kuriose Auffälligkeiten, die mit bisher bekannten Wald- und Flurbrandabläufen nicht korrelieren, konstatiert die Website. Mit Dürre und Feuer alleine seien die Brände nicht mehr erklärbar.

Speziell im Falle der tobenden Feuer von Kalifornien, Oregon und Washington im Sommer 2022 fragt »dudeweblog«, wie in kürzester Zeit über 500 Brände entstehen konnten? Damals brachen die meisten Feuer innerhalb weniger Tage aus, verteilt über riesige Landstriche, und breiteten sich auffallend schnell aus. Innerhalb von 5 Tagen verschwand die gesamte nordamerikanische Westküste bis hinauf nach Vancouver unter einer Decke dichten Rauchs.[337]

Die Website vermutet, dass sogenannte »Direct Energy Weapons« (DEWs) zum Einsatz kamen.[338] Auffälligkeiten wie geschmolzenes Glas oder zerflossene Leichtmetallfelgen verbrannter Autos deuteten auf Temperaturen hin, die mit herkömmlichen Flurfeuern nicht zu erreichen sind. Bilder von Bäumen, die von innen heraus verbrennen, sowie zahlreiche Videoaufnahmen verschiedener anderer Phänomene lieferten weitere Hinweise hinsichtlich eines technischen Einflusses auf die Brandentwicklung.

Nach Angaben von »dudeweblog« gebe es zwei bekannte Einflussmöglichkeiten auf das Brandgeschehen: Zum einen entwickele die Verbrennung einer kontaminierten Vegetation durch Anreicherung der oben genannten Substanzen im Pflanzengewebe deutlich höhere Temperaturen. Zum anderen werden vermutlich Brände mit militärischer Technik (Direct Energy Weapons) erst richtig entfacht oder gar verstärkt. Die Kombination von beidem sei wahrscheinlich.

Die US-Westküste verlor durch die Brandkatastrophe geschätzte 20 000 bis 30 000 Quadratkilometer an Wald, Flur- und Wohnflächen. Das entspricht in etwa der halben Fläche der Schweiz. Über 4000 Häuser wurden ein Raub der Flammen.

Die feinen Brandaerosole bedeuteten einen zusätzlichen schädlichen Einfluss auf die Gesundheit der Menschen. Besonders für die Lunge, die ohnehin tagein, tagaus mit den toxischen Aerosolen aus den Chemtrails ausgepudert werde, warnt »dudeweblog«. Ein Virus fände da, wo der Körper durch menschliches Zutun ohnehin schon geschädigt oder geschwächt worden sei, schnell sein Einfallstor.

Seit Ausbruch der Brandschwärme dümpelten weite Teile des amerikanischen Staatsgebietes unter einer dichten Dunsthaube ätherischer Verbrennungsrückstände und Aerosole vor sich hin, bei einer gleichzeitig massiven Kontamination mit toxischen Substanzen durch das unrechtmäßige zusätzliche Versprühen von Feinstaub. Die obligatorische Überdosis an täglicher Bestrahlung durch Funkwellenstrahlung (4G und 5G)[339] gebe es noch obendrauf.

»dudeweblog« kommt zu dem Schluss: »Auf Dauer töten solche äußeren Umstände im großen Maßstab genauso wie militärische Kampfhandlungen, nur subtiler. Gewissermaßen ohne dass die Beteiligten es merken oder wissen, dass sie sich schon längst inmitten eines Schlachtfeldes befinden.«[340]

Der Wissenschaftler Dr. Johann Georg Goldammer geht sogar so weit, die Geschehnisse als Teil einer neuen Zeitepoche dem Pyrozän, dem Zeitalter des Feuers, zuzuschreiben. Goldammer leitete die Arbeitsgruppe »Feuerökologie« an der Forstwissenschaftlichen Fakultät der Universität Freiburg. Das Institut ist assoziiert mit der United Nations University. Die Arbeitsgruppe ist darüber hinaus Träger des Global Fire Monitoring Center (GFMC), das sowohl Staaten als auch internationale Organisationen in der Entwicklung von nationaler und internationaler Politik unterstützt, um Waldbrandkatastrophen zu reduzieren.

Goldammer teilt das Zeitalter des Feuers in zwei Phasen ein:

»Mit Beginn der industriellen Revolution haben die Menschen angefangen, die fossilen Brennstoffe, die unter der Erdkruste eingelagert sind, an die Oberfläche zu fördern und dort zu verbrennen: Öl, Gas und Kohle.

Die Verbrennungsprodukte werden in der Atmosphäre deponiert. Das sind die Treibhausgase, Kohlenstoff und andere Spurengase. Das bestimmt nun nicht nur die Atmosphäre, sondern auch das Klima. Durch diese Verlagerung der fossilen Brennstoffe in die Atmosphäre ändert sich das Klima und macht unsere Erde insgesamt brennbarer […]

Wir sind jetzt im zweiten Teil des Pyrozäns, in dem sozusagen der Teil eins, also die Verbrennung fossiler Brennstoffe, die Erde in eine höhere Brennbereitschaft versetzt hat … Wir sehen, dass neben den Waldbränden auch große Teile unserer Kulturlandschaften brennen. Zeitgleich zu dieser Klimaänderung haben sich auch unsere Landschaften verändert. Gerade in Südeuropa oder Südosteuropa, auf dem Balkan, sehen wir die Folgen der Landflucht. Früher intensiv genutzte landwirtschaftliche Flächen geraten in einen brennbereiten Zustand, den wir in den letzten 2000 Jahren in dieser Form nicht gekannt haben.[341]

Die junge Generation, die vielleicht auf dem Land noch geboren ist, zieht in die Städte. Es sind nur noch wenige ältere Menschen da, die das Land nicht mehr bewirtschaften.

Das bedeutet, dass viele ehemalige intensiv genutzte landwirtschaftliche Flächen oder auch Weideflächen von der Vegetation wieder eingenommen werden. Sie geraten in einen brennbereiten Zustand, den wir in der Kulturgeschichte in den letzten Hunderten oder 2000 Jahren in dieser Form nicht gekannt haben.«[342]

Goldammer weiter:

»Das Feuer findet mehr Nahrung in den Landschaften, und gleichzeitig beschert uns die Klimakrise länger anhaltende Trockenzeiten. Das hat einen doppelten Effekt auf die Zunahme der Waldbrände und der Landschaftsbrände. Auch die Schwere der Waldbrände nimmt zu, sie brennen viel intensiver. Das hat Auswirkungen auf die Gesellschaft, auf den Menschen, auf die Siedlungen und auf die Luftqualität beispielsweise. Mit all den Entwicklungen sind wir jetzt konfrontiert.«[343]

Die Wettermacher

Soweit also die Argumentation von »dudeweblog«. Nun könnte man einwenden: Wer ist schon diese Website? Ist das überhaupt eine vertrauenswürdige Quelle? Gibt es nicht eindeutigere Beweise für die Wettermanipulationen?

Die gibt es in der Tat, wenn wir uns ein Dokument der US Air Force aus dem Jahr 1996 ansehen. Es handelt sich hierbei um eine Studie, die den Titel trägt »Owning the weather in 2025« (»Das Wetter im Jahr 2025 beherrschen«). Darin heißt es am Schluss: »Klimawandel, Geoengineering und Umweltmodifikationstechniken (ENMOD) bieten eine breite Palette möglicher Optionen, um einen Gegner zu bezwingen.«[344]

Die Möglichkeiten, so heißt es in dem Dokument, erstrecken sich auf die Fähigkeiten zum Auslösen von Überschwemmungen, Hurrikans, Dürren und Erbeben. »Wetteränderungen werden Teil der nationalen und internationalen Sicherheit und könnten einseitig durchgeführt werden [...] Sie könnten defensive und offensive Anwendungen haben und sogar zu Abschreckungszwecken verwendet werden. Die Befähigung, Niederschlag, Nebel und Stürme auf der Erde zu erzeugen oder das Weltraumwetter zu verändern [...] und die Produktion von künstlichem Wetter sind alle Teil eines integrierten Satzes von militärischen Technologien.«

Was man sich genau unter den Wettermodifikationstechniken vorzustellen hat, erläutert die Luftwaffenstudie im ersten Teil: »Im weitesten Sinne kann die Wettermodifikation in zwei Hauptkategorien unterteilt werden: Unterdrückung und Intensivierung von Wettermustern. Im Extremfall kann es sich um die Schaffung völlig neuer Wettermuster, die Dämpfung oder Kontrolle schwerer Stürme oder sogar um eine Veränderung des globalen Klimas auf einem weitreichenden und/oder lang anhaltenden Maßstab handeln.«

Warum findet eine solche Aussage keinerlei Beachtung? Die US-Luftwaffe gibt hier offen zu, dass sie das Klima weitreichend und lang anhaltend verändern – also einen Klimawandel herbeiführen kann –, und niemand nimmt dies zur Kenntnis. Das US-Militär gibt in diesem Dokument auch einen klaren Hinweis, wann es die vollständige Kontrolle über das Wetter erreicht haben will: im Jahr 2025.

Weiter heißt es in der Studie: »Wettermodifikationstechnologien können Techniken beinhalten, die die latente Wärmefreisetzung der Atmosphäre erhöhen, zusätzlichen Wasserdampf für die Entwicklung von Wolkenzellen bereitstellen und zusätzliche Oberflächen- und niedrigere atmosphärische Erwärmung erzeugen, um die atmosphärische Instabilität zu erhöhen.«

Entscheidend für den Erfolg eines jeden Versuchs, eine Sturmzelle auszulösen, seien die bereits bestehenden atmosphärischen Bedingungen lokal und regional. »Die Atmosphäre muss bereits bedingt instabil sein, und die großräumige Dynamik muss die vertikale Wolkenentwicklung unterstützen.« Der Schwerpunkt der

Wettermodifikationsbemühungen würde darin bestehen, zusätzliche Bedingungen zu schaffen, die die Atmosphäre instabil genug machen würden, um wolken- und schließlich sturmartige Zellentwicklung zu erzeugen.

Das hier zitierte Dokument aus dem Jahr 1996 gründet indes auf eine lange Tradition. Der US-Mathematiker John von Neumann – er war auch am geheimen Atomwaffenprogramm der USA namens »Manhattan Project« beteiligt und skizzierte bereits 1945 (!) den ersten Computer[345] – begann in Zusammenarbeit mit dem US-Verteidigungsministerium seine Forschung zur Wettermodifikation in den späten 1940er-Jahren, als der Kalte Krieg mit der Sowjetunion begann. Und er sah bisher ungeahnte Formen der Klimakriegführung voraus.

Während des Vietnamkrieges wurden Cloud-Seeding-Techniken eingesetzt, beginnend im Jahr 1967 im Rahmen des Projekts »Popeye«, dessen Ziel es war, die Monsunzeit zu verlängern und feindliche Versorgungswege entlang des Ho-Chi-Minh-Pfades zu blockieren.[346] Nach dem Vietnamkrieg entwickelte das US-Militär seine Fähigkeiten weiter, Wettermuster selektiv zu ändern. Die Technologie, die ursprünglich in den 1990er-Jahren im Rahmen des High-frequency Active Auroral Research Program (HAARP) entwickelt wurde, war ein Anhängsel der von US-Präsident Ronald Reagan ausgerufenen Strategic Defense Initiative »Star Wars«.

Die Waffe der Apokalypse

Das HAARP (»High Frequency Active Auroral Research Program«) war ursprünglich ein US-amerikanisches ziviles Forschungsprogramm, bei dem Radiowellen zur Untersuchung der oberen Atmosphäre zum Einsatz kamen. Die Anlage wurde 2014 offiziell abgeschaltet und 2 Jahre später von der University of Alaska in Fairbanks übernommen.

HAARP hatte die Techniken der Wettermodifikation bereits Mitte der 1990er-Jahre zur Reife gebracht. Schon in den frühen 1990er-Jahren bestätigte CBC TV, dass die HAARP-Anlage in Alaska unter der Schirmherrschaft der US-Luftwaffe die Fähigkeit habe, Taifune, Erdbeben, Überschwemmungen und Dürren auszulösen.[347] Denn die von ihr ausgestrahlte gerichtete Energie war in der Lage, die Ionosphäre zu erwärmen, um das Wetter in eine Kriegswaffe zu verwandeln.

Der rumänische General Emil Străinu, dem Zugang zu der Anlage gewährt wurde, behauptete später, dass HAARP nie aufgegeben wurde, sondern im Laufe der Jahre ständig verbessert und aufgerüstet wird.[348]

Străinu, ebenfalls ein Experte für Geoengineering, äußerte sich gegenüber serbischen Medienvertretern über die Gefahren von HAARP. Er bezeichnete es als »Waffe der Apokalypse« und erklärte dem Journalisten Dragan Vujicic, es könne potenziell zur wirtschaftlichen Kriegsführung, zum Klimawandel und zur Bevölkerungskontrolle eingesetzt werden.

»Das HAARP-System ist seit 1993 in Betrieb«, sagte Străinu. »Die Zahl der Antennen und Sender hat sich von Jahr zu Jahr erhöht, sodass heute mehr als 180 Antennen und Hauptgeneratoren im Einsatz sind. Heute hat HAARP die höchste Leistung in seiner Geschichte und kann überall auf der Welt Fernmissionen durchführen.«[349]

Străinu erläuterte drei Hauptrichtungen des Geoengineerings:

- Die erste ist das Kohlenstoff-Geoengineering, das darauf abzielt, Kohlendioxid aus der Atmosphäre zu entfernen.
- Zweitens das solare Geoengineering, bei dem versucht wird, die Menge der absorbierten und in die Erdatmosphäre abgegebenen Sonnenstrahlung zu verändern.
- Beim militärischen Geoengineering, der dritten Richtung, werden Technologien zur Veränderung der Umwelt für

militärische Zwecke in allen drei Bereichen, Land, Meer und Luft, eingesetzt.

Nach Ansicht von Străinu ist der derzeitige »Klimawandel« offenbar auf Geoengineering-Projekte zurückzuführen, die seit Jahrzehnten heimlich umgesetzt werden – ein Verdacht, den nicht nur Străinu äußert.

Die leistungsstärkste HAARP-Anlage befindet sich in Gakona, Alaska. Dass sie im Jahr 2016 in die Zuständigkeit der University of Alaska in Fairbanks (UAF) überging, ist für Străinu lediglich ein Tarnmanöver seitens der US-Armee und der Central Intelligence Agency (CIA), um die HAARP-Operationen an anderer Stelle fortzusetzen.

Străinu berichtete auch von seinem Besuch der HAARP-Anlage, wo er seiner Aussage nach erfuhr, wie die Waffe eingesetzt werde. Er erzählte, dass einige ihrer Anwendungen Explosionen auslösen könnten, die denen von Atombomben ähneln. Andere wiederum könnten die Umwelt verändern und Wirbelstürme, Tornados, Wasserhosen und Tsunamis in Gebieten erzeugen, in denen sie normalerweise nicht auftreten.

Die Waffe könne auch Erdbeben und Vulkanausbrüche herbeiführen, indem sie Gebiete stimuliere, die für solche Phänomene anfällig sind. Zudem könne sie die Gehirnströme verändern und die Gedanken der Menschen kontrollieren.

Angesichts der Enthüllungen des rumänischen Generals machen viele Menschen in den sozialen Medien HAARP für das schwere Erdbeben vom Februar 2023 in der Türkei und Syrien verantwortlich. Auch »Direct Energy Weapons« (DEW), die bereits bei »dudeweblog« erwähnt wurden, seien eingesetzt worden. Die Katastrophe forderte über 50 000 Tote.

Senatorin Diana Iovanovici Şoşoacă behauptete in einer Rede vor dem rumänischen Parlament, das Erdbeben in der Türkei könne das Ergebnis einer gegen Ankara eingesetzten Geowaffe gewesen sein.[350]

Şoşoacă wies auf die Tatsache hin, dass nur wenige Tage vor dem Ereignis zehn Länder ihre Botschaften geschlossen und ihre Botschafter abgezogen hätten. Und »10 Sekunden vor dem Auftreten der sogenannten Erdbeben [hätten] die Türken diese [Öl- und Gas-] Pipelines geschlossen«.

Als Beweis dafür, dass die Erschütterungen künstlicher Natur waren, verwies Şoşoacă auch auf die »150 Nachbeben des verheerenden Erdbebens, von denen das zweite stärker war als das erste«. Sie fügte hinzu, dass es Geowaffen »schon sehr lange gibt« und dass sie »bisher eingesetzt wurden, ohne allzu viele Opfer zu verursachen, wahrscheinlich für Experimente«.

»Jetzt sind sie in die Praxis umgesetzt worden«, schloss die Senatorin. »Aber niemand hätte gedacht, dass Menschen sterben müssen – so viele Menschen und auf so schreckliche Weise.«[351]

Die hochfrequenten Radiowellen von HAARP, die verstärkt, moduliert und auf fast jeden Ort der Erde gerichtet werden können, beruhen auf einigen der fortschrittlichsten Arbeiten des legendären Erfinders und Visionärs Nikola Tesla. Das FBI hatte Tesla vor seinem Tod besucht – er starb am 7. Januar 1943 – und Abertausende Seiten seiner Entwürfe und Erfindungen beschlagnahmt. Diese Erfindungen gingen in den Besitz der US-Regierung über.

Für unsere Untersuchung interessant ist, dass Tesla bekennender Eugeniker war, wie ein Statement aus dem Jahr 1937 zeigt, in dem er sagte: »Die einzige Methode, die mit unseren Vorstellungen von Zivilisation und Rasse vereinbar ist, besteht darin, die Zucht von Unfähigen durch Sterilisation und die bewusste Führung des Paarungsinstinkts zu verhindern […] Nach Auffassung der Eugeniker müssen wir die Ehe schwieriger machen. Sicherlich sollte niemandem gestattet werden, Nachkommen zu zeugen, die keine wünschenswerten Eltern wären.«[352]

Kommen wir noch einmal auf das Erdbeben in der Türkei im Februar 2023 zurück: Augenzeugen wollen damals einen ungewöhnlichen Lichtstrahl gesehen haben. Gab es diesen tatsächlich und war er eine Weiterentwicklung von Teslas Erfindungen? Tesla hatte nämlich jahrzehntelang an einer revolutionären Waffentechnologie gearbeitet, die er Teleforce nannte: ein mächtiger, tödlicher Todesstrahl, der nach Teslas Meinung die Kriegsführung für immer verändern würde.

Auch die in jüngster Zeit beobachteten bizarren Polarlichter stehen in dem Verdacht, von dieser HAARP-Technologie erzeugt worden zu sein.

Womit wir wieder beim Erdbeben in der Türkei wären, das so viel Zerstörung angerichtet und so viele Menschenleben gefordert hat. Damals berichteten Augenzeugen von einem blauen Licht am Himmel, das auch auf ihren Handyaufnahmen zu sehen war.

HAARP Modul-Antennensysteme sprießen überall auf der Welt, vor allem in Europa, wie Pilze aus dem Boden. Diese militärischen Anlagen gehören unter anderem zum umstrittenen NATO-Raketenabwehrschild und wurden in den letzten 10 bis 15 Jahren auf der ganzen Welt massenweise aufgebaut. Jeder hat im Grunde die Technologie, das Wetter künstlich mittels HAARP-Technologien zu beeinflussen. Alle HAARP-Anlagen (Ionosphärenheizer) erwärmen die Atmosphäre durch Mikrowellenstrahlung.

HAARP-Patente liegen vor allem bei den Rüstungsfirmen wie dem amerikanischen Konzern Raytheon. Die größte HAARP-Anlage in Gakona, Alaska, ist koordiniert mit dem Netzwerk der Nexrad-Systeme (Next Generation Radar) in den USA sowie auf den US-Stützpunkten wie Guam und in Europa – davon dreizehn alleine in Deutschland.

Im Atlantik gibt es zwei Inseln, eine nahe Brasilien und eine Nachbarinsel von St. Helena vor Afrika, die mit HAARP- und Radar-Antennen bestückt sind, von denen aus Anomalien produziert werden können. Vermutet wird, dass sich im Norden der Antarktis, im Neuschwabenland, eines der stärksten und größten Mikrowellen-Energiewaffensysteme befindet.

Der Whistleblower Erick Hecker arbeitete für den US-Rüstungskonzern Raytheon und war 2010 für ein Jahr an den Südpol geschickt worden. Dort hatte er vollen Zugang zu den Einrichtungen vor Ort. In einer öffentlichen Veranstaltung im Juni 2023 sagte Hecker: »Was ich aus dieser einzigartigen Erfahrung gelernt habe, sollte mit der ganzen Welt geteilt werden: Das IceCube Neutrino Observatory, kurz IceCube, ist offiziell ein Neutrino-Detektor am Südpol, aber in Wirklichkeit viel mehr als das.«[353]

Hecker zeigte bei der Veranstaltung Dokumente, aus denen hervorging, dass die 5160 sogenannten DOMs (Digital Optical Modules), die sich im Eis des Südpols befinden, eine gerichtete Energiewaffe (DEW) darstellen. Er sagte, er sei dabei gewesen, als das System in Betrieb genommen worden sei. In der Folge sei es zu einem starken Erdbeben in Christchurch, Neuseeland gekommen. »Es gab zwei zufällige Erschütterungen, bevor sie das System richtig eingestellt hatten«, sagte er.

Mit diesem System können Erdbeben erzeugt werden, betonte Hecker. »Das sind die Kriegswaffen, mit denen wir es jetzt zu tun haben und die Raytheon verbirgt.«

Noch weniger bekannt dürfte aber ein weiterer Umstand sein: die Tatsache, dass das US-Militär bereits in den 1970ern Waldbrände als Waffe definiert und eine entsprechende Studie erarbeitet hat. Sie trägt den Titel »Forest Fire as a Military Weapon« (»Waldbrand als Militärwaffe«).[354] Grund für den Studienbericht vom Juni 1970 war die Forderung der Generalstabschefs aus dem Jahr 1965, die Entflammbarkeit der Wälder und der übrigen Dschungelflora zu messen und die Entflammbarkeit so zu verändern, dass die Vegetation die Verbrennung leicht unterstützt. Kurz, es sollten Maßnahmen zur Zerstörung großer Wald- und Dschungelgebiete durch Feuer gefunden und entwickelt werden. Diese Forschung wurde von der Forstbehörde des Landwirtschaftsministeriums unter der Schirmherrschaft der DARPA-Behörde des Pentagons durchgeführt.

Sind die derzeitigen Hitzewellen, Brände und Dürren also Teil des Wetterkriegs? Wir wissen es nicht. Es gibt keine dokumentierten Beweise dafür. Aber es ist davon auszugehen, dass die seit Jahrzehnten durchgeführte Wettermanipulation ein Hauptfaktor der exponentiell zunehmenden Waldbrände und der Feuerintensität ist. Geoengineering-Operationen stören den globalen Wasserkreislauf, trocknen die Wälder aus und führen zu rekordverdächtigen Waldbränden auf der ganzen Welt. Das Climate Engineering ermöglicht erst diese Großbrände.

Warum aber sollten künstliche Brände gelegt werden? Um eine globale Entvölkerung zu erreichen, behauptet Dane Wigington von der Website »GeoEngineering Watch«, die sich der wissenschaftlichen Untersuchung von Technologien widmet, die eingesetzt werden, um das Wetter zu kontrollieren und den Zusammenbruch der lebenserhaltenden Biosphäre der Welt zu verursachen.[355]

Halten wir fest: Das US-Militär hat 1996 wortwörtlich zugegeben, dass es in der Lage sei, das »globale Klima in einem weitreichenden und/oder lang anhaltenden Maßstab« zu verändern und damit klimatische Bedingungen zu schaffen, die das Leben von Millionen von Menschen bedrohen.

»Klimakrise« – die neue Plandemie?

Ist die »Klimakrise« also vom Menschen selbst verursacht – aber nicht durch CO_2, sondern durch Geoengineering? Dazu würde passen, dass genau jene »Klimakrise« dazu benutzt wird, um – nach dem Ende der Plandemie – ein neues Narrativ in unsere Köpfe zu hämmern: Der Klimawandel sei die Bedrohung Nummer eins für die Menschheit. Er mache – wie bereits weiter oben an einigen Aussagen gezeigt – radikale Abstriche bei der Lebensqualität und die völlige Aufgabe von Privatsphäre und Freiheit erforderlich.

Der deutsche Gesundheitsminister Karl Lauterbach verkündete beispielsweise im Dezember 2020, die Bekämpfung des Klimawandels würde Einschränkungen der persönlichen Freiheit erfordern, ähnlich denen, die zur »Abflachung der Kurve« von Covid-19 eingeführt worden waren.[356]

In ähnlicher Weise warnte die Wirtschaftsprofessorin Mariana Mazzucato im September 2020: »In naher Zukunft wird die Welt vielleicht wieder auf Abriegelungen zurückgreifen müssen – dieses Mal, um einen Klimanotstand zu bewältigen.«[357] Das Weltwirtschaftsforum, die Vereinten Nationen und die Weltgesundheitsorganisation publizierten ebenfalls Artikel, in denen sie ihre Absicht offenlegen, den »Klimawandel« durch Abschaltung der Gesellschaft zu bekämpfen.

Der Bekämpfung des Klimawandels unterliegt auf einmal alles: Ernährungskontrollen, Energiekontrolle, Kohlenstoffbeschränkungen und Strafzahlungen für das zu rettende Klima. Das neue, eingängige Schlagwort dazu heißt »One Health« – ich komme später darauf zurück. Ein WEF-Artikel vom September 2022, der von der Direktorin der WHO-Abteilung Umwelt und Gesundheit mitverfasst wurde, bringt es auf den Punkt. Es heißt darin: »Die Staats- und Regierungschefs der Welt müssen die Gesundheit in den Mittelpunkt der Klimaschutzmaßnahmen und der sozialen Gerechtigkeit stellen. Der Kampf für saubere Luft kann die Verringerung der klimawärmenden Emissionen, die Umstellung auf billigere und zuverlässigere Energiequellen und die Gerechtigkeit für die marginalisierten und am stärksten gefährdeten Gemeinschaften beschleunigen … Wir können diesen Krisen wirksamer und gerechter begegnen, wenn wir sie gemeinsam angehen …«[358]

Mit anderen Worten: Gesundheit, Ernährung, Klimaschutz und Energieverbrauch sollen nicht als separate Themen, sondern als eines behandelt werden. Heißt das, dass die WHO am Ende die alleinige Macht über die globale Gesundheit und damit über Ernährungs-, Klima- und Energiefragen haben wird? Die privat betriebene Weltgesundheitsorganisation – sie wird ja nur zu weniger als 20 Prozent von den Regierungen dieser Welt bezahlt, mehr als 80 Prozent ihrer Gelder kommen von privaten Investoren wie etwa Bill Gates – könnte zum Beispiel Klimasperren erlassen, mit der Begründung, dass diese die Umweltverschmutzung verringern und damit die öffentliche Gesundheit verbessern.

Dass die WHO diese Gelegenheit nutzen will, geht aus dem »Manifest für eine gesunde Erholung von Covid-19« der WHO hervor, in dem es heißt:

»Die Abriegelungsmaßnahmen, die notwendig waren, um die Ausbreitung von Covid-19 einzudämmen, haben die Wirtschaftstätigkeit gebremst und das Leben gestört, aber auch einen Ausblick auf eine mögliche bessere Zukunft gegeben. Mancherorts ist die Umweltverschmutzung so weit zurückgegangen, dass die Menschen zum ersten Mal in ihrem Leben saubere Luft atmen, blauen Himmel und klares Wasser sehen oder mit ihren Kindern sicher spazierengehen und Rad fahren können …«[359]

In diesem Manifest werden auch zahlreiche weitere Aspekte der Agenda für den großen Neustart dargelegt, darunter intelligente Städte, Reisebeschränkungen, neue Nahrungsmittelsysteme, ein vollständiger Übergang zu grüner Energie und vieles mehr.

Es steht zu erwarten, dass in Zukunft der individuelle Kohlenstoff-Fußabdruck gemessen, kontrolliert und eingeschränkt wird, denn »wenn wir es nicht tun, sind wir für den Tod anderer verantwortlich« – eine Argumentation, die wir seit 2020 kennen, als wir gezwungen wurden, alles ergeben hinzunehmen, angefangen bei den Abriegelungen und der sozialen Distanzierung bis hin zum Tragen einer Maske und der Impfung.

Das gleiche Narrativ wird auch jetzt verwendet, um den angeblichen »Klimanotstand« zu unterstützen. Man teilt uns mit, wir müssten unseren Lebensstandard opfern, weil wir eine Verantwortung für andere und für die Erde selbst hätten.

Dr. Vandana Shiva, Mitbegründerin der indischen Nichtregierungsorganisation Navdanya, warnt davor, dass wir in die Kohlenstoffsklaverei getrieben werden. In ihrem Bericht »Earth Democracy: Connecting the Rights of Mother Earth and the Well Being of All« (»Earth Democracy: Die Rechte von Mutter Erde mit den Menschenrechten und dem Wohlergehen aller verbinden«) schreibt sie: »Wenn die ›Ernährung der Welt‹ durch Chemikalien und für Chemikalien gezüchtete Zwergsorten das falsche Narrativ war, das geschaffen wurde, um die Grüne Revolution durchzusetzen, dann ist das neue falsche Narrativ ›Nachhaltigkeit‹ und ›Rettung des Planeten‹.

In der neuen ›Netto-Null‹-Welt werden die Landwirte nicht mehr als Hüter des Bodens und als Versorger respektiert und belohnt, die für unsere Nahrung und Gesundheit sorgen. Sie werden keinen fairen und gerechten Preis für den Anbau gesunder Lebensmittel durch ökologische Prozesse erhalten, die die landwirtschaftlichen Systeme als Ganzes schützen und regenerieren.«[360]

Die Kleinbauern werden derweil durch Kohlenstoffauflagen in den Ruin getrieben.

Der Handel mit den Kohlendioxidemissionen regelt den Kauf und Verkauf von Gutschriften, die es einem Unternehmen – oder in Zukunft einer Privatperson – erlauben, eine bestimmte Menge an Kohlendioxid auszustoßen. Die Kohlenstoffbeschränkungen, die der Menschheit auferlegt werden, sind keine Einschränkung für die wirklich Reichen: Sie haben nämlich die Möglichkeit, ausreichend Kohlenstoffgutschriften zu kaufen, um ihren Lebensstil aufrechtzuerhalten, während die Unter-, Mittel- und sogar Oberschichten der »normalen« Menschen gezwungen sein werden, große Opfer dafür zu bringen.

Die erste Kreditkarte mit einem Ausgabenlimit für Kohlenstoffemissionen wurde im April 2019 eingeführt. Das Weltwirtschaftsforum erklärt hierzu: »Alles, was wir in unseren Einkaufskorb legen, hat seinen Preis für die Umwelt [...]. Das schwedische Fintech-Unternehmen Doconomy hat eine neue Kreditkarte auf den Markt gebracht, die den CO_2-Fußabdruck ihrer Kunden überwacht – und ihre Ausgaben stoppt, wenn sie ihr Kohlenstoffmaximum erreicht haben.«[361]

In der Konsequenz heißt das, dass unser Kohlenstoff-Fußabdruck bestimmt, was wir essen und anziehen dürfen, wo wir wohnen und wie weit wir reisen können.

Der angebliche Klimawandel jedenfalls ist die Stellschraube, an der gedreht wird, um die Menschheit nach Belieben zu kontrollieren. Dabei ist – wie wir gesehen haben – das sogenannte Geoengineering ein Mittel, um bei Bedarf Naturkatastrophen auszulösen und damit das Narrativ der »Klimakrise« zu untermauern, Panik zu erzeugen, aber auch zur Dezimierung der Weltbevölkerung beizutragen.

Ein effektives Mittel, um eine große Anzahl von Menschen zu töten, ist – wie in allen Zeiten – der Krieg. Und auch hier müssen wir uns wieder fragen: Wurden die militärischen Konflikte der Gegenwart womöglich künstlich entfacht?

5 – Krieg als Waffe für den Demozid

Schon immer war Krieg ein Mittel, um Bevölkerungen zu dezimieren oder hohe Geburtenraten zu »korrigieren«. Wenn also tatsächlich ein Plan bestünde, die Zahl der Menschen auf der Erde massiv zu reduzieren, dann wäre neben Pandemie, Hungersnot und Naturkatastrophen der Krieg die erste Wahl.

Die derzeitige weltpolitische Lage deutet genau in diese Richtung und leider auch die Planungen entscheidender westlicher Vordenker.

Zwei einflussreiche Ideengeber, Bloomberg und das Council on Foreign Relations, trommelten 2019 für einen Krieg gegen die chinesisch-russische Allianz. In zwei Artikeln argumentierten sie, dass der Westen gleichzeitig gegen China und gegen Russland kämpfen müsse. Und sie zeigten, wie das gehen soll. Heute sehen wir, dass die US-Regierung diesem Drehbuch gefolgt ist.

Die angesehene Wirtschaftsseite Bloomberg und der außenpolitische Taktgeber, das Council on Foreign Relations, sind zwei absolute Schwergewichte in Washington. Es ist aus heutiger Sicht interessant, dass ihre Forderungen innerhalb von wenigen Jahren umgesetzt wurden.

Und wie sie Alarm schlugen! Die USA und ihre Verbündeten seien nicht vorbereitet auf eine russisch-chinesische Allianz. Eine solche sei eine Gefahr für Amerika und die gesamte westliche Welt, so hieß es. Die USA müssten sobald wie möglich damit anfangen, sich auf einen Konflikt gegen die beiden Großmächte gleichzeitig vorzubereiten.

Ansonsten könnte es passieren, dass Washington schutzlos dastehe. Und zwar dann, wenn einer der beiden – Peking oder Moskau – durch einen Krieg die Kräfte der Vereinigten Staaten binde, während der andere – Moskau oder Peking – dem schutzlosen Amerika den Gnadenstoß verpasse.

Interessant auch, wer die Urheber dieser Ideen waren: Der eine ist Professor Hal Brands, Experte für Geostrategie an der Johns Hopkins University. Ja, genau, das ist eben jene Uni, die während der Plandemie den Ton angegeben hatte. Der zweite Autor ist der ehemalige Admiral James Stavridis, heute Finanzanalyst bei der Carlyle Group.

Sehen wir uns die Aussagen der beiden genauer an. Zunächst wird in der Juni-Ausgabe 2019 der vom Council on Foreign Relations herausgegebenen Fachzeitschrift *Foreign Affairs* – die sich ja an die Influencer und Entscheider richtet – vor dem drohenden Untergang Amerikas gewarnt: »Schaut man zurück, kann man sagen, dass der Niedergang unausweichlich erscheint«, heißt es darin. Man müsse sich heute mit der »Washingtoner Wahnvorstellung« vom Ende des vergangenen Jahrhunderts »von der ewig guten US-Hegemonie« auseinandersetzen. Es sei an der Zeit, eine »Obduktion der US-Herrschaft der letzten Jahrzehnte« vorzunehmen, jener Zeit, »als die US-Eliten ihr Erbe und ihren guten Namen verschwendeten«.[362]

Und betrachtet man dann den Bloomberg-Artikel, der ebenfalls im Juni 2019 erschien, erkennt man darin einen Appell an eben diese tiefsitzende Angst der Washingtoner Politeliten: »China und Russland wollen die ›Weltinsel‹ kontrollieren«, schreibt Admiral a. D. James Stavridis.[363] Und dies ist aus seiner Sicht eine existenzielle Bedrohung für die USA. Die »Weltinsel« – ein Begriff der beiden geopoltischen Vordenker, dem Briten Halford Mackinder (vor 100 Jahren) und dem Amerikaner Zbigniew Brzeziński (zu ihm gleich mehr), der ihn von Mackinder übernommen und populär gemacht hat – umfasst ganz Europa, ganz Asien und ganz Afrika.

Stavridis analysiert die Bereiche, in denen China und Russland kooperieren, und kommt zu dem Schluss: Das Endziel dieser Zusammenarbeit sei eine russisch-chinesische Kontrolle über Eurasien und Afrika. Was unausweichlich voraussetze, dass die USA und ihre Verbündeten an die »Peripherie der Welt« gedrängt würden.

Als Gegenmaßnahme schlägt Stavridis vor, alles zu unternehmen, um Europa an die USA zu binden, und es nicht zuzulassen, dass die russisch-chinesische Allianz die europäischen Länder verführe. Die USA und ihre Verbündeten »müssen tun, was möglich ist, um das vereinte Europa zu unterstützen und das Netz von Allianzen, Partnerschaften und freundschaftlichen Beziehungen entlang der gesamten Peripherie Asiens zu stärken«.

Dass Brands und Stavridis im Sommer 2019 die außenpolitische Richtung vorgaben, sehen wir am NATO-Gipfeltreffen in London im Dezember desselben Jahres. Da vollzog das Militärbündnis einen geopolitischen Kurswechsel und erklärte China erstmalig zu seinem Feind.

Alles zu tun, um Europa an die USA zu binden, hatte der Admiral gefordert. Wie gerufen kam hier der Krieg in der Ukraine: Europa ist nun per Zwangsjacke an die USA gebunden; der Handel und sämtliche Wirtschaftsbeziehungen zwischen der EU und Eurasien wurden gekappt. Man sieht: Die USA haben keineswegs zugelassen, dass die russisch-chinesische Allianz die europäischen Länder »verführt«. Damit ist Teil 1 der Empfehlung von Bloomberg/Stavridis bereits umgesetzt worden.

Teil 2 vollzieht sich gerade vor unseren Augen: Die USA rüsten ihre Bündnispartner entlang der gesamten Peripherie Asiens gegen China auf und provozieren gleichzeitig die Volksrepublik, um sie – wie im Falle Russlands – in einen Krieg zu locken.

Auch hier folgt die NATO wieder gehorsam ihren Auftraggebern, die ja in den beiden hier zitierten Artikeln die Marschrichtung vorgegeben hatten. So sagte Generalsekretär Jens Stoltenberg in einer Onlinekonferenz mit den Verteidigungsministern der NATO-Staaten, der Westen müsse weltweit einen breiteren Ansatz verfolgen. Die NATO-Mitgliedschaft müsse auf den pazifischen Raum ausgeweitet werden, wobei der Aufnahme Australiens, Neuseelands, Japans und Südkoreas in die NATO hohe Priorität eingeräumt werden müsse.

Teil 3 des Plans steht der Welt wohl noch bevor. Den hatte Professor Brands von der (von Gates geförderten) Johns Hopkins University in einer militärisch hemmungslosen und direkten Art beschrieben: In absehbarer Zukunft würden die USA in eine »angespannte und gefährliche Rivalität gleichzeitig mit China und Russland« involviert sein. Daher müsse Amerika eine »richtige Kombination von Möglichkeiten und Konzepten« erarbeiten, »um Russland und China zu besiegen, bevor sie ihre Streitkräfte entscheidend vergrößern«.

Was wir hier sehen, ist, dass alle Beteiligten offenbar in einen Krieg hineingedrängt werden sollen. Diese Kriegspropaganda ist freilich nicht vom Himmel gefallen. Sie wird seit Jahrzehnten angeheizt und befeuert.

USA: Kein Rivale wird geduldet

Am 31. Dezember 1991 hat sich die Sowjetunion aufgelöst. Damit nur ja nicht plötzlich der Friede auf Erden ausbricht, hat, wenige Wochen später, im Februar 1992, das Pentagon neue Leitlinien zur Verteidigungsplanung verkündet. Darin wird die neue Stoßrichtung verkündet: »Unser erstes Ziel ist es, den (Wieder-)Aufstieg eines neuen Rivalen zu verhindern.«[364]

Europa und Russland erleben derzeit gleichermaßen, mit welchen Mitteln die USA Rivalen auszuschalten versuchen: Sanktionen und Krieg gegen Russland, Schwächung Europas durch Versorgungsengpässe, massive Verteuerung und Migration.

In der »Defense Planning Guidance für die Jahre 1994–1999« des US-Verteidigungsministeriums von 1992 heißt es weiter: Die entwickelten Industrieländer müssten davon abgehalten werden, »unsere Führungsrolle infrage zu stellen oder zu versuchen, die etablierte politische und ökonomische Ordnung umzustürzen. Und schließlich müssen wir […] mögliche Konkurrenten davor zurückschrecken lassen, eine größere regionale und globale Rolle auch nur zu erhoffen.« Es werde in Zukunft für die USA darum gehen, »der Beherrschung von Schlüsselregionen durch eine feindliche Macht zuvorzukommen«. Wichtiger Schritt in diese Richtung müsse die »Integration Deutschlands und Japans in ein von Amerika geführtes System kollektiver Sicherheit« sein, empfiehlt das Papier des Pentagons, das als »Wolfowitz-Doktrin« in die Geschichte einging. Benannt wurde der Bericht nach seinem Verfasser Paul Wolfowitz, der während der Amtszeit von George W. Bush als Staatssekretär des US-Verteidigungsministeriums tätig war.

Der 2017 verstorbene Zbigniew Brzeziński blies ins selbe Horn. Er galt als graue Eminenz unter Amerikas Globalstrategen. Von 1977 bis 1981 war er Sicherheitsberater von Präsident Jimmy Carter. Nach Ende von Carters Regierungszeit war er Professor für Politikwissenschaft mit Schwerpunkt Internationale Beziehungen an der Columbia University in New York. Und er hatte einen berühmten Studenten: Barack Obama. Anschließend hatte er eine Professur für US-amerikanische Außenpolitik an der Johns-Hopkins-Universität in Baltimore inne, war Berater am »Zentrum für Strategische und Internationale Studien« (CSIS) in Washington – wo derzeit auch Freiherr von Guttenberg geparkt ist – und geostrategischer Berater des damals neu gewählten US-Präsidenten Obama.

In seinem 1997 erschienenen Buch *Die einzige Weltmacht* wiederholt Brzeziński die Forderung der Wolfowitz-Doktrin, indem er formuliert, es gelte »das Gebot, keinen eurasischen Herausforderer aufkommen zu lassen, der den eurasischen Kontinent unter seine Herrschaft bringen und damit auch für Amerika eine Bedrohung darstellen könnte«.

Daher müsse die Dominanz auf dem gesamten eurasischen Kontinent, so Brzeziński weiter, das geostrategische Ziel der USA sein. Auf dem Weg dahin gelten drei »große Imperative imperialer Geostrategie: Absprachen zwischen den Vasallen zu verhindern und ihre

Abhängigkeit in Fragen der Sicherheit zu bewahren, die tributpflichtigen Staaten fügsam zu halten und zu schützen und dafür zu sorgen, dass die ›Barbarenvölker‹ sich nicht zusammenschließen«. Später im Buch (im dritten Kapitel) präzisiert er diese Aussage: »Tatsache ist schlicht und einfach, dass Westeuropa und zunehmend auch Mitteleuropa weitgehend ein amerikanisches Protektorat bleiben, dessen alliierte Staaten an Vasallen und Tributpflichtige von einst erinnern.«

Europa ist für Brzeziński ein Vasall der USA, aber einer von größter strategischer Bedeutung. Es sei ihr »unverzichtbarer geopolitischer Brückenkopf auf dem eurasischen Kontinent«. Das »Atlantische Bündnis« verankere den politischen Einfluss und die militärische Macht Amerikas unmittelbar auf dem eurasischen Festland.

Mit jeder Osterweiterung der EU vergrößere sich automatisch auch die Einfluss- und Machtsphäre der USA nach Osten. Diesem in die »postkommunistischen Staaten Mitteleuropas einschließlich der baltischen Republiken, Weißrusslands und der Ukraine und sogar Russlands« führenden Prozess müsse daher größte Aufmerksamkeit geschenkt werden.

Mit der Osterweiterung der EU müsse jedoch die entsprechende Erweiterung der NATO einhergehen: »Sie ist für die transatlantische Verbindung von entscheidender Bedeutung. […] Ohne die NATO würde Europa nicht nur verwundbar werden, sondern fast augenblicklich auch politisch in seine Einzelstaaten zerfallen. […] Der entscheidende Punkt bei der NATO-Erweiterung ist, dass es sich um einen ganz und gar mit der Ausdehnung Europas selbst verbundenen Prozess handelt. […] Sollte die von den Vereinigten Staaten in die Wege geleitete NATO-Erweiterung ins Stocken geraten, wäre das das Ende einer umfassenden amerikanischen Politik für ganz Eurasien.«

Ein russisch dominiertes eurasisches Imperium muss verhindert werden: »Entscheidend für eine fortschreitende Ausdehnung Europas muss die Aussage sein, dass keine Macht außerhalb des bestehenden transatlantischen Systems ein Vetorecht gegen die Teilnahme eines geeigneten europäischen Staates in dem europäischen System – und mithin in dessen transatlantischem Sicherheitssystem – hat und dass kein europäischer Staat, der die Voraussetzungen mitbringt, a priori von einer eventuellen Mitgliedschaft in EU oder NATO ausgeschlossen werden darf.«

Damit setzte Brzeziński den Ton auf weitere kriegerische Auseinandersetzungen, denn Russland musste sich durch das immer weitere Vordringen der NATO in Richtung seiner Grenzen bedroht fühlen. Man könnte es aber auch anders sehen: Brzeziński & Co liefern die geopolitische Begründung für die angeblich unausweichliche spätere Auseinandersetzung. Die geopolitischen Vordenker sind diejenigen, die einen möglichen Krieg plausibel machen und ihn als vernünftige und alternativlose Lösung darstellen. Sie fungieren also im Grunde als intellektuelle Propagandaabteilung, die den Regierungen und ihren Bürgern den Krieg schmackhaft machen soll.

Spätestens Ende 2020 war es dann aktenkundig, dass sich das westliche Militärbündnis auf einen Krieg gegen Russland und China vorbereitet: Mit ihrem Bericht »NATO 2030« hatten sich die Außenminister der NATO-Staaten darauf geeinigt, man müsse geschlossen gegen die »globalen Bedrohungen« der kommenden Jahre zusammenstehen. Im selben Atemzug werden Russland und China genannt.[365]

Von einer »Rückkehr der Systemrivalität« ist da die Rede und von einem »Aufstieg globaler Bedrohungen«. Russland habe sich als »fähig zu territorialer Aggression« erwiesen (im Jahre 2020? Gegen wen denn? Der georgisch-russische Krieg 2008 war von Georgien ausgelöst worden, wie die EU offiziell bestätigt hatte) und bleibe »im kommenden Jahrzehnt wahrscheinlich eine Hauptbedrohung« für die Allianz. China stelle »eine ganz andere Art von Herausforderung für die NATO« dar: Das Land sei »gegenwärtig keine direkte militärische Bedrohung für die euro-atlantische Region«, habe aber dennoch »eine globale strategische Agenda« und werde in den Jahren bis 2030 wohl »die Fähigkeit« des Bündnisses herausfordern.

Der Bericht empfiehlt, die Allianz gegen Russland und China zu stärken, indem »im Norden« die »Partnerschaft« mit Schweden und Finnland intensiviert werden solle. Finnland ist inzwischen Mitglied des Bündnisses; Schwedens Beitritt soll alsbald folgen (Stand: Juli 2023).

»Im Osten« müssten »die Partnerschaften mit der Ukraine und Georgien gestärkt« werden, heißt es weiter. Beide Länder werden seit Jahren von der NATO, hauptsächlich den USA, aufgerüstet und als vorgeschobene Verbündete entlang der russischen Außengrenzen betrachtet.

Auch nach Asien wolle sich die NATO ausweiten: »Konsultation und Kooperation mit indo-pazifischen Partnern« – also mit Australien, Neuseeland, Japan und Südkorea – sollen vertieft werden, so der Bericht. Da die vier Länder bereits »globale Partner« der Allianz sind, solle man die bereits bestehende Zusammenarbeit im »NATO+4-Format« ausbauen, so heißt es. Als weitere Option nennt der Bericht eine Kooperation mit dem Quad (»Quadrilateral Security Dialogue«), einem lockeren Bündnis der USA, Australiens, Japans und Indiens, das sich gegen China richtet – auch militärisch.[366]

Wir sehen: Die Weichen für weltweite Kriege sind gestellt, gerechtfertigt durch angebliche feindliche Absichten der Konkurrenten Russland und China.

»Dreh- und Angelpunkt Ukraine«

Am effektivsten kann man Konflikte erzeugen, indem man Spannungen anheizt. Brzeziński empfiehlt in seinem bereits erwähnten Standardwerk hierfür die sogenannten »geopoltischen Dreh- und Angelpunkte«, die Ukraine, Aserbaidschan, Südkorea, die Türkei und den Iran.

Zur Ukraine schrieb er damals:

»Die Ukraine, ein neuer und wichtiger Raum auf dem eurasischen Schachbrett, ist ein geopolitischer Dreh- und Angelpunkt, weil ihre bloße Existenz als unabhängiger Staat zur Umwandlung Russlands beiträgt. Ohne die Ukraine ist Russland kein eurasisches Reich mehr [...] Wenn Moskau allerdings die Herrschaft über die Ukraine mit ihren Millionen Menschen, bedeutenden Bodenschätzen und dem Zugang zum Schwarzen Meer wiedergewinnen sollte, erlangte Russland automatisch die Mittel, ein mächtiges, Europa und Asien umspannendes Reich zu werden.«

Vor diesem Hintergrund ist es nicht überraschend, dass der Westen schon seit mindestens 2008 einen Krieg um die Ukraine plante. Damals hatte bei der NATO-Tagung in Bukarest George W. Bush darauf bestanden, dass die Ukraine (und Georgien) in das Militärbündnis aufgenommen werden sollte.[367] Spätestens nach der bereits erwähnten Tagung in Lissabon im November 2010 begannen die Planungen für den provozierten Krieg in der Ukraine.

4 Jahre später, im Februar 2014, als die demokratisch gewählte Regierung der Ukraine weggeputscht und durch eine prowestliche Regierung ersetzt wurde, war es offensichtlich, dass hier ein Kriegsszenario geschaffen wurde.

Sehen wir uns dazu einige Eckdaten aus der Anfangsphase der Kriegsvorbereitungen an – sie zeigen eindeutig den Weg auf, der dann im jetzigen Krieg endet:

- Anfang Mai 2014 lässt die NATO verlauten, Russland werde nicht länger als Partner, sondern als Gegner gesehen. Daher werde man nun eine größere Zahl von Kampftruppen in Osteuropa stationieren. Wobei die Truppenbewegungen zu diesem Zeitpunkt bereits begonnen hatten.

- Ebenfalls im Mai beklagt Russlands Generalstabschef Waleri Gerassimow bereits eine »Zuspitzung der militärpolitischen Situation in Europa: Aufgestockt werden die Gruppierungen der vereinten NATO-Streitkräfte im Baltikum, in Polen und Rumänien sowie die militärische Präsenz des Blocks in der Ostsee, im Schwarzen Meer und im Mittelmeer. Die operative und Gefechtsausbildung der Allianztruppen in der Nähe der russischen Grenzen wird immer intensiver. Unter diesen Bedingungen können wir nicht gleichgültig bleiben. Wir müssen Gegenmaßnahmen ergreifen.«[368]
- Im September 2014 verabschiedeten das amerikanische Repräsentantenhaus und der Senat das »Gesetz zur Unterstützung der Freiheit in der Ukraine« einstimmig. Es genehmigte die Lieferung tödlicher und nicht tödlicher militärischer Hilfe über das hinaus, was schon bereitgestellt wurde. Dazu gehören Panzerabwehr- und panzerbrechende Waffen, Radar zur Erkennung und Beschießung von Artilleriebatterien, Feuerleitsysteme, taktische, truppengestützte Überwachungsdrohnen, sichere Kommando- und Kommunikationsausrüstung, mobile Granatwerfer sowie Granaten und nicht zuletzt Stinger-Flugabwehr- und Panzerabwehrraketen. Das Gesetz »ermächtigt Präsident Obama, der ukrainischen Regierung Rüstungsgüter und militärische Dienstleistungen zu liefern sowie Ausbildung anzubieten, damit diese offensiven Waffen entgegentreten und die Souveränität und territoriale Integrität der Ukraine wiederherstellen kann«.[369]
- Am 14. Dezember 2014 titelte *Sputnik News* »Milizionäre beobachteten im Osten der Ukraine Transportflugzeuge, Kampfflugzeuge und Kampfhubschrauber« – und zwar in Gebieten, die von der Regierung in Kiew kontrolliert werden. Waffen und Munition seien von dort aus weiter nach Dnipropetrowsk gebracht worden. NATO-Transportflugzeuge mit Containern

mit unbekannter Ausrüstung seien auf dem Flughafen in Saporischschja in der Südukraine gelandet. Auf dem Gelände des Flughafens seien in aller Eile Wachtürme errichtet worden. Etwa fünfzig Soldaten in NATO-Uniformen seien gesichtet worden. Nach Angaben von Einwohnern sprächen sie Polnisch. Sie versuchten, die Leute daran zu hindern, sie zu fotografieren.[370]

Ein Jahr später – während sich Europa in der Sommerglut 2015 über die Schulden Griechenlands und die ständig anwachsenden Flüchtlingsströme erhitzt – flogen US-Atombomber Einsätze an der russischen Grenze. Die B-52s von der Minot Air Force Base in North Dakota – mit zwanzig Marschflugkörpern der atomaren Art bestückt – nehmen an einer der NATO-Übungen in der Nähe der russischen Grenze teil. Das Pentagon verlegte Panzer nach Osteuropa und begann, schweres Kriegsgerät für bis zu 5000 Soldaten in mehreren osteuropäischen und baltischen Ländern einzulagern. Dazu zählten Kampfpanzer und Infanteriekampffahrzeuge. Ziel des Vorhabens sei es, Russland von einer »möglichen weiteren Aggression« in Europa abzuschrecken.

Petro Poroschenko, der Oligarch im ukrainischen Präsidentenamt, ließ 2015 sein eigenes tödliches Gesetz vom ukrainischen Parlament verabschieden: Gesetz 2953 ermöglichte eine »schnelle Stationierung von Atom- und anderen Massenvernichtungswaffen«.[371] Kurz zuvor hatte Oleksandr Turtschynow, der Sekretär des Nationalen Sicherheits- und Verteidigungsrats der Ukraine, gefordert: Die Ukraine müsse jetzt dringend eine »schmutzige Bombe« entwickeln. Ausreichend radioaktives Abfallmaterial könne sie jederzeit aus ihren Atomkraftwerken gewinnen.

Mit »schmutziger Bombe« bezeichnet man einen Sprengsatz aus konventionellem Sprengstoff, dem radioaktives Material beigemischt wurde, das durch die Explosion möglichst weit verteilt werden soll. Die Wirkung der Bombe liegt in der großflächigen und jahrelangen Kontamination durch radioaktiven Niederschlag.

Das Gesetz 2953 hat einen weiteren Kriegsentwicklungsbestandteil: Es legalisiert den Einsatz ausländischer Söldner in der Ukraine. Diese werden bevorzugt im Krieg gegen die Ostukraine eingesetzt, und der kostet das Regime nach eigenen Angaben täglich rund 5 Millionen Dollar – Geld, das die Ukraine in Wahrheit nicht hat. Dass die Ukraine nicht längst den Bankrott hat anmelden müssen, verdankt es dem Internationalen Währungsfond (IWF). Dank eines Satzes der damaligen IWF-Chefin Christine Lagarde – heute leitet sie die EZB – kann Kiew weiter Sold bezahlen, Munition kaufen und die Ostukraine in Schutt und Asche legen: »Und wenn das Land zu dem Schluss kommt, dass es seine Schulden nicht bedienen kann, ist der Fonds in der Lage, [weitere] Anleihen an die Ukraine auszugeben.«[372] So wurde aus dem Bankrotteur Ukraine ein solventer Kriegstreiber und ein Unterstützer der US-Biowaffenlabore auf ukrainischem Boden, über die ich schon im Zusammenhang mit dem Angriff auf unsere Gesundheit berichtet habe.

Dass es bei diesem Krieg nicht um die von Kiew abtrünnigen Gebiete des Donbass geht, zeigt eine interessante historische Fußnote: Die USA hatten bereits 1959 das Gebiet des heutigen Donezbeckens mit einer Resolution über unterjochte Nationen als unabhängig von der Ukraine eingestuft. Die Resolution, auch bekannt als »Public Law 86–90«, vom 17. Juli 1959 bezeichnet die Territorien der heute von Kiew abtrünnigen Volksrepubliken Donezk und Lugansk sowie das südukrainische Gebiet Saporischschja als selbstständiges »Kosakenland« und bestätigt dessen Existenzrecht.[373]

2015 erklärte Präsident Barack Obama die letzte Juliwoche zur Woche der unterjochten Nationen. Dennoch unterstützten die USA und andere westliche Staaten den Bomben- und Artillerieterror der ukrainischen Regierung gegen die Bevölkerung der abtrünnigen Gebiete Donezk und Lugansk im Osten des Landes, dem von 2014 bis 2022 insgesamt mehr als 14 000 Zivilisten zum Opfer fielen. Der russische Präsident Wladimir Putin hat dieses Massaker als Genozid, also Völkermord, bezeichnet.[374]

Es ging und geht also gar nicht um diese Oblaste, sondern darum, Russland und Europa in einen militärischen Konflikt zu ziehen. Beide würden sich in einem lang anhaltenden Krieg erschöpfen, möglicherweise würden Millionen Menschen ums Leben kommen – wenn nicht durch Waffen, dann durch Hunger und Not, weil Industrien und Versorgung zusammengebrochen sind.

Aber so ein Konflikt bietet auch die Möglichkeit, ihn zum NATO-Russland-Krieg auszuweiten. Für den Eintritt der NATO in den Konflikt bräuchte es indes einen Vorwand. Eine False-Flag-Aktion, ein verdecktes Täuschungsmanöver also, ließe sich durch die in der Ukraine operierenden und von den westlichen Diensten ausgebildeten Söldner leicht inszenieren.

Was dann folgen könnte, ist ein echter Krieg zwischen der NATO und Russland. Um die russischen Streitkräfte entscheidend zu schwächen, müsste die NATO zuerst die auf russischem Boden befindlichen Raketenbasen, Nachschublager und Armeeeinrichtungen mit Raketen und Bomben angreifen und in einer zweiten Welle dann wichtige Infrastruktureinrichtungen wie Kraftwerke, Verkehrsknotenpunkte, Brücken und Häfen. Genauso ging die NATO bei ihrem völkerrechtswidrigen Angriffskrieg gegen Serbien 1999 vor. Gleichzeitig würden die russischen Truppen in der Ukraine sowie in den grenznahen Regionen auf russischem Staatsgebiet massiv bombardiert.

Wie würde Russland reagieren? Sein Oberbefehlshaber (Putin) wusste, dass diese Angriffswellen kommen würden. Aber er wusste auch, dass die NATO Zeit bräuchte, um diese Militärschläge vorzubereiten. Die einzige Chance der russischen Armee würde darin bestehen, sich den Zeitfaktor zunutze zu machen. Wenn die in Ost- und Mitteleuropa stationierten NATO-Einrichtungen in einer Blitzaktion angegriffen und zerstört würden, hätte Russland eine militärische Überlebenschance. Denn aufgrund der militärischen Kapazitäten der USA ist anzunehmen, dass Russland unterliegen würde, je massiver die Nachschubmaschinerie der NATO in Gang käme. Das vorrangige strategische Ziel dürfte also sein, die militärischen Einrichtungen und die Infrastruktur der Gegner mit einem Schlag zu zerstören – vor allem in der NATO-Nachschub-Basis Deutschland.

Deutsche Transatlantiker als Kriegstreiber

Genau hier, in Deutschland, wollen einflussreiche Kreise anscheinend, dass ein solcher Weltkrieg tatsächlich ausbricht. Die Bundesregierung soll der Ukraine umgehend »Waffen und Munition« liefern und den deutschen Wehretat binnen 5 Jahren auf bis zu 3 Prozent des Bruttoinlandsprodukts aufstocken – womöglich mehr als 100 Milliarden Euro. Dies forderte Thomas Enders, Präsident der Deutschen Gesellschaft für Auswärtige Politik (DGAP), einen Monat vor (!) dem Ausbruch des Ukrainekrieges 2022. Enders verlangte darüber hinaus »die Einführung einer allgemeinen Dienst- oder Wehrpflicht für Männer und Frauen«, um »eine rasch mobilisierbare Reserve zur Landesverteidigung aufzubauen«.[375]

Warum sollte uns interessieren, was der Chef der Deutschen Gesellschaft für Auswärtige Politik von sich gibt? Die Antwort: Weil der 1955 in Zusammenarbeit mit dem Washingtoner Council on Foreign Relations und dem Londoner Chatham House gegründete Verein die entscheidende Denkfabrik der deutschen Außenpolitik ist. Die DGAP bezeichnet sich selbst als »das nationale Netzwerk für Außenpolitik«. »Als unabhängiger, überparteilicher und gemeinnütziger Verein fördert die DGAP seit 60 Jahren die außenpolitische Meinungsbildung in Deutschland«, sagt die Gesellschaft bescheiden auf ihrer Webseite.[376]

Die international als »German Council on Foreign Relations« bekannte Institution zählt heute über 2500 Mitglieder, darunter führende Persönlichkeiten aus dem Bank- und Finanzwesen, der Wirtschaft, Politik, den Medien und der Wissenschaft.

Sie finanziert sich über die Beiträge ihrer Mitglieder und über Zuwendungen von Sponsoren und Mäzenen, darunter das Auswärtige Amt, die Deutsche Bank, EADS und die Robert Bosch Stiftung.

DGAP-Präsident Thomas Enders war im Planungsstab des Bundesverteidigungsministeriums tätig, bevor er 1991 in die Luft- und Raumfahrtindustrie wechselte und von 2012 bis 2019 als Vorsitzender im Vorstand von Airbus wirkte. Enders forderte also Ende Januar 2022 – da befanden sich noch keine russischen Truppen auf ostukrainischem Boden – eine drastische Verschärfung der deutschen Russlandpolitik und dramatische Schritte zur Aufrüstung der Bundeswehr.

Und er forderte – vor der russischen »Aggression« – die Erhöhung des deutschen Wehretats »auf 2–3 Prozent des Bruttoinlandsprodukts in den nächsten 5 Jahren«. Bundeskanzler Olaf Scholz hat dem ja auch prompt mit dem »Doppel-Wumms« entsprochen und der Bundeswehr 100 Milliarden Euro zusätzlich versprochen.

Enders will unter anderem »eine Aufstockung der drei Teilstreitkräfte auf 200 000–250 000 aktive Soldaten«, »Schwerpunkt Kampftruppen«. Derzeit liegt die Personalstärke der Bundeswehr bei knapp 184 000. Enders wünscht sich zudem »die Einführung einer allgemeinen Dienst- oder Wehrpflicht für Männer und Frauen«. Nicht zuletzt sollten »unverzüglich Gespräche mit Frankreich über eine Europäische Verteidigungsunion« geführt werden, wobei »auch der Aufbau einer europäischen nuklearen Abschreckung auf der Basis der französischen Force de Frappe« zu vereinbaren sei, so der Präsident der DGAP.[377]

Denkfabriken haben umso mehr Einfluss, je fachfremder die jeweils verantwortlichen Minister sind. Und da passt es doch, dass derzeit dem deutschen Außenministerium eine Chefin vorsteht, die unbeleckt ist von geopolitischem Fachwissen und daher – ganz im Sinne der übergeordneten Strippenzieher – die Ratschläge der »Experten« befolgt. Daher sollte man die Gedanken, die der DGAP-Boss geäußert hat, ernst nehmen. Die Richtlinien des einflussreichsten deutschen Thinktanks auf dem Gebiet der Außenpolitik wurden dann ja auch die offizielle Agenda des Auswärtigen Amtes.

Diese Agenda hat in der neuen »Nationalen Sicherheitsstrategie« ihren Ausdruck gefunden, die im Juni 2023 der Öffentlichkeit vorgestellt wurde. Sie ist im Grunde eine erweiterte »NATO 2030«-Akte – das war der NATO-Beschluss aus dem Jahr 2020, über den ich weiter oben berichtet hatte. Sie umfasst sowohl die Landesverteidigung wie auch den Einsatz für deutsche Interessen »weltweit« und konzentriert sich dabei vor allem auf zwei Gegner: Russland und China. Laut der deutschen Außenministerin Baerbock »verlangen« die verbündeten Staaten dabei von Deutschland »als größter europäischer Volkswirtschaft Führung«.[378]

In diesem »Kräftemessen des 21. Jahrhunderts« (Baerbock) seien nicht nur die Streitkräfte, sondern weite Teile des zivilen Lebens eingebunden. Die Nationale Sicherheitsstrategie will vor allem die »Wehrhaftigkeit« Deutschlands und die »Stärkung der europäischen Verteidigungsindustrie« betreiben. Die amerikanische Waffenindustrie wurde ja bereits mit den von der Bundesregierung zugesagten 100 Milliarden Euro für die Aufrüstung der Bundeswehr befriedigt.

In einem ersten Schritt sollen die Präsenz sowie die Manövertätigkeit der NATO in Ost- und vor allem in Südosteuropa ausgeweitet werden. Die Bundeswehr solle sich dabei auf die Slowakei fokussieren. Auch »die nukleare Abschreckung der NATO« müsse verstärkt werden.

Aber damit nicht genug. Was die junge globale Führerin des Weltwirtschaftsforums anstrebt, ist die totale Mobilmachung: Baerbock fordert ausdrücklich »ein umfassendes Verständnis von Sicherheit«, das neben dem Militär weite Teile des zivilen Lebens umfasst. »Investitionen in unser aller Sicherheit« seien auch »Kulturarbeit, Bildung, Sport«.

EU und NATO sollen den äußeren Rahmen bilden, in denen Deutschland seine Außen- und Militärpolitik treibt. Im Klartext heißt das: Um eine eigenständige Außenpolitik muss sich Baerbock nicht kümmern, denn diese wird von Washington und Brüssel vorgegeben.

Daher ist die Nationale Sicherheitsstrategie auch keine souveräne deutsche Doktrin. Die Außen- und Verteidigungsminister der EU hatten sie zuvor im sogenannten »Strategischen Kompass« der EU vorweggenommen – ein Strategiepapier, das nicht zufällig als EU-»Militärdoktrin« bezeichnet worden ist und die weitere Militarisierung der Union anstrebt. Dazu gehört unter anderem eine rund 5000 Soldaten starke Eingreiftruppe, die auch kurzfristig in Kampfeinsätze entsandt werden kann. Der Strategische Kompass betont die enge Zusammenarbeit zwischen der EU und der NATO. Ich komme gleich noch einmal auf dieses Strategiepapier zurück.

All dies sind indes nicht feuchte Träume von transatlantischen Einfluss-Agenten, sondern konkrete Handlungsanweisungen, um Deutschland endlich mal wieder in einen Krieg zu verwickeln. Zum Beispiel, indem die EU den Ausbildungseinsatz für ukrainische Soldaten nach Deutschland verlegt. Deswegen war die Bundesrepublik rechtlich schon Mitte März 2022 Kriegspartei im Ukrainekrieg geworden.

Zu diesem Schluss kam ein Gutachten des Wissenschaftlichen Dienstes des Bundestags. Es trägt den Titel *Rechtsfragen der militärischen Unterstützung der Ukraine durch NATO-Staaten zwischen Neutralität und Konfliktteilnahme.* In diesem heißt es, man verlasse »den gesicherten Bereich der Nichtkriegsführung«, sobald man Waffen nicht nur liefere, sondern zugleich Soldaten in ihren Gebrauch einweise.[379]

Dann haben Berlin und Brüssel noch mal einen draufgesetzt. Denn die EU begann, ukrainische Soldaten gezielt für die Offensive gegen die von Russland besetzten Gebiete auszubilden. Nicht-EU-Land Großbritannien bildet im Trainingsprogramm »Operation Interflex« Tausende ukrainische Militärs aus. In einer Einrichtung in Kent, in der britische Truppen auf Einsätze in Nordirland, Afghanistan und im

Irak vorbereitet werden, erlernten die Ukrainer alles, was für die Rückeroberung von Städten wichtig ist. Mehrere NATO-Staaten, darunter die Bundesrepublik, haben Militärausbilder nach Kent entsandt.

Frankreich räumte offiziell nur ein, rund vierzig ukrainische Soldaten in den Gebrauch der Haubitze Caesar eingewiesen zu haben. Man geht allerdings davon aus, dass das französische Militär auch spezialisierte Trainingsprogramme durchführt. Polen bildete Ukrainer bereits in der Handhabung von Flugabwehrraketen aus.

Die Bundeswehr vermittelt ukrainischen Soldaten die Funktionsweise und die Nutzung der Panzerhaubitze 2000 in der Artillerieschule der Bundeswehr in Idar-Oberstein (Rheinland-Pfalz) sowie des Flugabwehrpanzers Gepard auf dem Truppenübungsplatz Putlos (Schleswig-Holstein). Auch die Fähigkeiten in der Eroberung russischer Abwehrstellungen oder auch im Beseitigen von Minenfeldern für die militärischen Offensiven gegen die von Russland annektierten Gebiete sollen die ukrainischen Soldaten in der Bundeswehr lernen – dies eventuell in Kooperation mit den niederländischen Streitkräften.

Deutschland ist auch die Logistik-Drehscheibe für den Ukrainekrieg. In Wiesbaden-Erbenheim richteten die USA das zentrale Kommando zur Aufrüstung der Ukraine ein. Was wieder einmal zeigt, dass die US-Streitkräfte auch rein formal alle Fäden in der Hand halten und Deutschland als Ausgangspunkt für die militärischen Aktivitäten sämtlicher NATO-Mitglieder in Ost- und Südosteuropa auserkoren haben. Deutsche Standorte sind damit ein primäres Ziel etwaiger russischer Raketenangriffe. In Wiesbaden haben darüber hinaus die US-Landstreitkräfte für Europa und Afrika ihr Hauptquartier.

NATO: Die drei Stoßrichtungen gegen Russland

Eine für das Militär höchst wichtige Vorbereitung auf einen Krieg fand bereits statt, ohne dass es die Öffentlichkeit bemerkt hat: Die

NATO hat ihre Einsatzkräfte in drei Stoßkeile gegen Russland aufgegliedert. Und in jedem der drei Operationsräume hat eine Macht die Führungsrolle inne. Deutschland hat dabei den Mittelabschnitt übernommen – Zielrichtung Ukraine.

Es zeichnet sich immer deutlicher ab, dass die NATO ihre europäischen Bündnispartner mehr in die Pflicht nimmt: Sie sind es, die einen möglichen Angriff auf die östlichen Nachbarn (»Vorwärtsverteidigung«) durchführen sollen.

Polen hat sich förmlich aufgedrängt, eine Führungsrolle zu übernehmen und immer wieder um die Stationierung von US-Truppen auf seinem Boden gebuhlt. Polen wird nach den Planungen der NATO wohl die Speerspitze gegen die russische Exklave Kaliningrad (Königsberg) und Weißrussland bilden. Deutschland wird mit seinen angegliederten mittelosteuropäischen Verbänden die Unterstützung der ukrainischen Verbände im Falle eines Krieges übernehmen – dazu gleich mehr. Rumänien soll in Verbindung mit der Türkei die Südflanke sichern, also die Südukraine und das Schwarze Meer.

Auch hier müssen wir wieder genau auf das Datum schauen: Deutschland hat – lange vor der russischen Militäroperation in der Ostukraine, die Ende Februar 2022 begann – seine Fühler nach Osten ausgestreckt. Schon die frühere Verteidigungsministerin Annegret Kramp-Karrenbauer hatte im Jahr 2021 in Ljubljana die Zusammenarbeit mit den Streitkräften Sloweniens und damit die Anbindung ost- und südosteuropäischer Truppenverbände vereinbart.[380] Bislang operierten die Einheiten beider Länder hauptsächlich in Einsatzgebieten wie Mali Seite an Seite.

Darüber hinaus weitet Slowenien seine Einkäufe bei deutschen Waffenschmieden aus und wird für einen dreistelligen Millionenbetrag Radpanzer vom Typ Boxer erwerben. Wie das deutsche Verteidigungsministerium mitteilt, wird jetzt »ein gemeinsames Expertenteam etabliert«, das »analysieren« soll, »wo Möglichkeiten für künftige Kooperationen bestehen und welche man weiter vertiefen kann«.

Bereits 2017 hat die Bundeswehr begonnen, große Einheiten des tschechischen sowie des rumänischen Heeres in ihre Landstreitkräfte zu integrieren. Ähnliches wäre mit Einheiten der slowenischen Streitkräfte denkbar; diese umfassen zur Zeit rund 6400 Soldaten, sollen aber auf gut 10 000 aufgestockt werden, wozu eine deutliche Erhöhung des slowenischen Militärhaushalts eingeplant wird. Schon heute operieren slowenische Soldaten an mehreren Einsatzorten an der Seite der Bundeswehr: nach Angaben aus Berlin im Irak, im Kosovo und in Mali. Insgesamt befinden sich gegenwärtig rund 300 slowenische Militärs im Auslandseinsatz – unter der Flagge der NATO (Kosovo, Irak) wie auch der EU (Mali).

Aber Deutschlands Einfluss beschränkt sich nicht nur auf Slowenien. Mit Waffenkäufen wie dem Erwerb der Radpanzer Boxer sind in den vergangenen Jahren mehrere vergleichsweise finanzschwache Länder Ost- und Südosteuropas auf Spitzenplätze der deutschen Rüstungsexportlisten gerückt. Als hilfreich für die deutschen Waffenschmieden hat sich dabei die NATO-Forderung erwiesen, die nationalen Rüstungsetats auf mindestens 2 Prozent des Bruttoinlandsprodukts anzuheben und mit den dadurch zusätzlich verfügbaren Mitteln die jeweiligen Waffenbestände zu modernisieren. Zählen zu den Top-Ten-Kunden deutscher Rüstungsunternehmen gewöhnlich reiche NATO-Staaten (USA), wohlhabende Verbündete (Südkorea, Australien) oder Erdölstaaten wie Saudi-Arabien und die Vereinigten Arabischen Emirate, so schaffte es Litauen im Jahr 2017 (damaliges Bruttoinlandsprodukt: 42,1 Milliarden Euro) mit der Bestellung der Radpanzer und anderen Kriegsgeräts im Gesamtwert von fast einer halben Milliarde Euro auf Platz 3. Im Jahr 2019 stand Ungarn (Wirtschaftsleistung damals: 124 Milliarden Euro) mit Rüstungskäufen im Wert von fast 1,8 Milliarden Euro sogar auf Platz 1. Die Boxer-Bestellung ließ Slowenien (Bruttoinlandsprodukt 2020: 46,3 Milliarden Euro) zu einem der Top-Kunden deutscher Waffenschmieden werden.

Kramp-Karrenbauer und ihr slowenischer Amtskollege Matej Tonin besprachen zudem den von Berlin initiierten »Strategischen Kompass« der EU. Ich hatte ihn weiter oben schon im Zusammenhang mit der Nationalen Sicherheitsstrategie erwähnt, die im Juni 2023 verkündet wurde.

Berlin hatte während der deutschen EU-Ratspräsidentschaft im zweiten Halbjahr 2020 den Anstoß dazu gegeben. Der »Strategische Kompass« basiert auf einer gemeinsamen »Bedrohungsanalyse«, die am 9. November 2020 präsentiert wurde und die als Grundlage für jegliche weitere Diskussion dient.[381] Die Bedrohungsanalyse ist von den geheimdienstlichen Lagezentren erstellt worden: dem Intelligence Analysis Centre (INTCEN), das aus Vertretern der nichtmilitärischen Geheimdienste der Mitgliedstaaten besteht – für die Bundesrepublik sind dies der Bundesnachrichtendienst (BND) und der Verfassungsschutz (VS) – und dem European Union Military Staff Intelligence (EUMS, Militärstab der EU, Geheimdienstabteilung), der sich aus Vertretern der militärischen Nachrichtendienste zusammensetzt – für Deutschland nimmt der Militärische Abschirmdienst (MAD) daran teil. War schon die geheimdienstliche Erstellung der Bedrohungsanalyse parlamentarischer Mitwirkung entzogen, so wird auch das fertige Papier keiner parlamentarischen Kontrolle ausgesetzt: Es ist offiziell als »geheim« eingestuft und damit jeglicher Einsichtnahme von Abgeordneten sowohl aus dem Europaparlament als auch aus nationalen Parlamenten entzogen. Allerdings: Diese Tatsache wiegt nicht besonders schwer, denn es ist anzunehmen, dass der »Strategische Kompass« der EU haargenau mit der NATO abgestimmt ist.

Aber es gab noch weitere Militarisierungspläne, die bemerkenswerterweise während der Coronakrise und vor (!) dem russischen Kriegseinsatz in der Ukraine gemacht wurden. EU-Kommissionspräsidentin Ursula von der Leyen und die damalige Verteidigungsministerin Annegret Kramp-Karrenbauer forderten bei der Militarisierung der EU einen »Sprung nach vorn«. Die EU müsse eigenständig militärisch operieren können – auch »ohne die Beteiligung der NATO oder der UNO«. Denn Europa stehe vor einem »Epochenwechsel«, nach dem »Sicherheitspolitik viel stärker im Mittelpunkt stehen« werde als bisher.[382]

In ihrer Rede zur Lage der Union forderte Ursula von der Leyen, »in unserer Nachbarschaft« und darüber hinaus – »in unterschiedlichen Regionen« – »für Stabilität [zu] sorgen«. Dazu sei eine »Europäische Verteidigungsunion« anzustreben. Sie verlangt, die »Interoperabilität« der Streitkräfte in der EU zu stärken. Dazu werde schon jetzt kräftig in gemeinsame Rüstungsprojekte »von Kampfflugzeugen bis hin zu Drohnen« investiert. Zudem müsse der Aufbau einer eigenständigen EU-Rüstungsindustrie weiter beschleunigt werden – etwa durch »eine Mehrwertsteuerbefreiung beim Kauf von Verteidigungsausrüstung, die in Europa entwickelt und hergestellt wurde«. Schließlich müsse auch endlich eine »Grundlage für unsere gemeinsame Entscheidungsfindung« über EU-Militäreinsätze geschaffen werden; neue Kampftruppen allein seien nicht genug.[383]

Die Ostsee wird zur Aufmarschzone

Es wird also ein umfassender Krieg vorbereitet – wie man am Beispiel der Aufrüstung in Europas Norden gut sehen kann: Handelshäfen werden zu U-Boot-Stützpunkten umgebaut, Flugplätze werden erweitert, Großmanöver werden abgehalten und Aufklärungsflüge verstärkt. Kurz: Die Nordatlantikallianz ist im Nordosten Europas aktiver denn je. Das Baltikum und Polen werden derzeit aufgerüstet wie nie zuvor.

Und auch Norwegen müsse militärisch verstärkt werden, glaubt die NATO. Bereits heute üben Kampfschiffe der Allianz zusammen mit der norwegischen Marine in der Barentssee und im Nordmeer – und zwar häufiger als zuvor. Auch die Aufklärungsmissionen nehmen in

Ausmaß und Häufigkeit zu: Norwegische Spionageschiffe lauern in der Nähe russischer Grenzen. Amerikanische Seefernaufklärer starten von norwegischen Flugplätzen zu Einsätzen in der Arktisregion. Die Regierung in Oslo hat das Abkommen mit Washington über die Stationierung amerikanischer Marineinfanteristen auf norwegischem Boden verlängert und die Stärke des US-Kontingents gleich verdoppelt.

Im Norden Norwegens, in Vardø, der östlichsten Gemeinde des Landes, nur wenige Kilometer von Russland entfernt, errichtet die Allianz ein als »Globus-3« bezeichnetes Radar. Die neue Radarstellung – als Frühwarnanlage für die Raketenabwehr ausgewiesen – wird den möglichen Gegner bis tief ins Kernland hinein überwachen und Informationen über Raketentests sowie Schiffsbewegungen der Nordmeerflotte für die NATO-Führung beschaffen. Daneben werden mehrere Flugplätze an der norwegischen Nordküste modernisiert, und der Hafen Grotsund unweit der norwegischen Hauptstadt wird für die Aufnahme amerikanischer Atom-U-Boote umgebaut.

Auf norwegischen Stützpunkten sind AWACS- und Aufklärungsflugzeuge der NATO beheimatet. Weitere Flugplätze in Norwegen stehen der NATO als Logistikknoten zur Verfügung. Landesweit stehen Lager für das schwere Material und Kasernen für das Personal der Verbündeten bereit.

Aufgrund seiner Lage ist Norwegen für die NATO ein strategischer Brückenkopf. Denn kurz vor der norwegischen Küste verläuft der einzige Weg in den Atlantik, den die strategischen U-Boote der russischen Nordmeerflotte nehmen können. Außerdem ist Norwegen als Grundelement in die NATO-Luftverteidigung eingebunden: Dort, hoch im Norden, beginnt eine Kette von Radarstationen, die durch ganz Europa bis in die Türkei verläuft.

Aber nicht nur in Norwegen ist die NATO derzeit besonders aktiv: Laut »Schutzplan« für Polen und das Baltikum wird dort die Infrastruktur verstärkt und das Truppenkontingent vergrößert.[384] Weitere Details dieser »Schutzstrategie« hält die NATO geheim, doch ihre Taten sprechen für sich. Denn überall im Baltikum wie auch in Polen, Bulgarien und Rumänien werden neue Kasernenkomplexe und logistische Basen gebaut. Durch direkte Nähe zur russischen Grenze sind solche Zentren die perfekten Stützpunkte für eine Offensive im Falle eines Konfliktes.

Der wichtigste Vorposten an der Ostflanke der NATO ist Polen. Die polnische Führung wetteifert darum, mehr ausländische Truppen im Land zu stationieren. Dass das westliche Militärbündnis damit gegen die NATO-Russland-Grundakte verstößt, die »die zusätzliche Stationierung beträchtlicher Kampftruppen in der Nähe der russischen Grenze« verbietet, überrascht nicht. Washington zerstört seit Jahren auf konsequente Weise alle Grundlagen der europäischen Sicherheit: erst der Ausstieg aus dem INF-Vertrag, dann der Schlag gegen die Umsetzung des KSE-Vertrags.

Im INF-Vertrag (engl.: »Intermediate Range Nuclear Forces Treaty«) vom 8. Dezember 1987 hatten sich US-Präsident Ronald Reagan und der sowjetische Generalsekretär Michail Gorbatschow darauf geeinigt, alle boden-/landgestützten Flugkörper mit mittlerer und kürzerer Reichweite (zwischen 500 bis 5500 Kilometer) zu vernichten. Die USA sind am 2. August 2019 wieder aus dem Vertrag ausgestiegen. Ich komme später noch einmal darauf zurück.

Der 1992 in Kraft getretene KSE-Vertrag legte Obergrenzen für die Anzahl schwerer Waffensysteme fest, die in Europa vom Atlantik bis zum Ural stationiert werden dürfen. Nach seinem Abschluss führte er zu drastischen Reduzierungen der Waffenbestände, die für Offensivzwecke einsetzbar sind. Für die Kontrolle wurde ein Verifikationssystem vereinbart, das Informationspflichten und Inspektionen enthält. In den Folgejahren wurde ein sogenannter adaptierter KSE-Vertrag (A-KSE) ausgearbeitet. Er wurde 2004 von den Nachfolgestaaten der Sowjetunion, nämlich Russland, Belarus, Ukraine und Kasachstan, ratifiziert, nicht aber von den NATO-Staaten.

Auch die Bundeswehr hat Russland im Visier

Zurück zum Truppenaufmarsch für den Krieg gegen Russland. Die Bundeswehr baut seit Jahren im Norden ihre Präsenz aus. Die »Nasse Nordflanke« soll bei einem möglichen Krieg mit Russland geschützt werden. Deswegen werden jetzt neue Korvetten und Fregatten angeschafft. Ein neues NATO-Marinekommando in Rostock gibt es bereits.

Die Bundeswehr müsse für »Randmeerkriege« gerüstet sein, hieß es bereits in der »Konzeption der Bundeswehr« vom Juli 2018.[385] Verteidigungsministerin Kramp-Karrenbauer ging in einer Rede am 12. März 2020 genauer darauf ein. Die Landes- und Bündnisverteidigung betreffe drei maritime Räume: »Erstens die Ostsee. Sie ist eine wichtige Nachschubroute ins Baltikum. Und was oft vergessen wird: Unter den NATO/EU-Anrainern der Ostsee hat Deutschland die größte Marine. Daraus erwächst uns eine besondere Verantwortung zu führen und zu koordinieren. […] Der zweite maritime Raum ist der Nordatlantik. Hier beschäftigt mich vor allem die GIUK-Lücke, die gedachte Linie zwischen Grönland, Island und Großbritannien. Ihr kommt hohe strategische Bedeutung zu, da sie über den Zugang zu den nordatlantischen Versorgungslinien entscheidet. Hier geht es um die Verbindung zwischen Nordamerika – also unseren Verbündeten USA und Kanada – und Europa. Deswegen brauchen wir an dieser Stelle mehr Präsenz und Wirkmöglichkeit. Denn, was vielen nicht bewusst ist: Hier geht es auch um den Schutz der Tiefseekabel zwischen Europa und Amerika, die für die digitale Kommunikation und die digitale Wirtschaft enorm wichtig sind.

Und zum Dritten – oft vernachlässigt – das Schwarze Meer. Ein maritimer Raum, in dem Russland verstärkt wirkt, wo Russland Druck ausübt. Deshalb ist es wichtig, dass wir unsere NATO- und EU-Partner in der Region stärken.«[386]

Insbesondere mit Blick auf die Ostsee wurde 2018 die Einrichtung eines NATO-Marinekommandos (Baltic Maritime Component Command, BMCC) in Rostock beschlossen. Das BMCC dient der NATO als maritimes Führungskommando für Operationen in der Ostsee und an der Nordflanke des Bündnisses.

Während die Bundeswehr – wie es scheint – mehr in seinen europäischen Nachbarstaaten zum Einsatz kommen soll, rüstet das US-Militär derweil in Deutschland kräftig auf. Das sieht man am Beispiel des US-Luftwaffenstützpunktes »Spangdahlem Air Base« in der Eifel. Die Basis wird gerade ausgebaut, um US-Spezialeinheiten, die derzeit in Großbritannien stationiert sind, nach Deutschland zu verlegen. Neben rund 2500 US-Militär- und Zivilangehörigen, die bis 2028 nach Rheinland-Pfalz umziehen sollen, gehören zu den Einheiten auch 20 Boeing- und Lockheed-Militärflugzeuge. Dafür müssen beispielsweise auch die Landebahnen für neue Betankungslaster umgerüstet werden. In Spangdahlem sind im Moment 4000 US-Militärangehörige und rund 1000 Zivilbeschäftigte stationiert.

425 Millionen US-Dollar braucht die US-Airforce für den Ausbau von Spangdahlem und Ramstein, auf das ich gleich zu sprechen komme. Aber das spielt keine Rolle, denn die Deutschen werden mit ihren Steuern dafür aufkommen.

Zum Vergleich: Die Kostenbeteiligung der Bundesrepublik für Baumaßnahmen der NATO-Streitkräfte, vor allem des US-Militärs, belief sich zwischen 2012 und 2019 auf insgesamt 480 Millionen Euro. Dieser Betrag ist nicht enthalten in der etwa einen Milliarde Euro, die deutsche Steuerzahler jedes Jahr für die Stationierung der über 64 000 US-Soldaten und ihre mindestens 65 Basen – die genauen Zahlen muss das US-Militär nicht nennen – aufbringen müssen. Dass damit aber längst nicht alle Kosten genannt sind, die aus dem deutschen Steuersäckel für die Stationierung der US-Truppen aufgebracht werden, weise ich in meinem Buch *Besatzungszone* nach.

Nun zur »Ramstein Air Base«, dem Hauptquartier der »United States Air Forces in Europe – Air Forces Africa« und damit dem größten Luftdrehkreuz der US-Streitkräfte außerhalb der USA. Den größten Transportflugzeugen der US-Air Force, der C-130, der C-17 und der C-5, stehen zwei Start- und Landebahnen sowie die größte Wartungshalle der amerikanischen Luftwaffe zur Verfügung und ferner ein Passagierterminal für monatlich etwa 30 000 Abfertigungen. Ramstein »war entscheidend am Erfolg in Afghanistan und im Irak beteiligt«, lobte Air-Force-General Charles F. Wald im Jahr 2003.[387] Hier ist auch die Befehlszentrale für den NATO-Raketenschirm eingerichtet. Und hier ist auch die Schaltzentrale für den Drohnenkrieg. Denn die Satellitensignale der Drohnen werden von Ramstein aus über ein Glasfaserkabel in die USA übertragen.

Unweit von Ramstein, in Miesau, befindet sich auf 2400 Hektar Fläche das größte Munitionslager der Welt. In mehr als 1500 Bunkern sind im »Miesau Army Depot« 500 000 (!) Tonnen Munition jeglicher Art gelagert. 90 Prozent der im Irak und in Afghanistan verfeuerten Munition stammen aus diesen Lagern.

Ebenfalls in Rheinland-Pfalz, nämlich in Kaiserslautern, ist das »21st Theater Sustainment Command« (TSC) stationiert, das die Versorgung mit Waffen, Munition, Fahrzeugen, Ausrüstung und Verpflegung aller US-Truppen in Europa und Afrika organisiert. Kein Wunder also, dass die sogenannte Kaiserslautern Military Community die größte US-Militärgemeinde außerhalb der USA ist. Sie zählt zwischen 40 000 bis 50 000 US-Staatsbürger, davon knapp die Hälfte US-Soldaten. Genaue Zahlen geben die Amerikaner nicht preis, aber das müssen sie auch nicht, denn es gelten in Deutschland immer noch einige entscheidende Besatzungsrechte, wie ich im Buch *Besatzungszone* eindeutig belegt habe.

Inmitten dieser Aufrüstung – ich habe nur einige Beispiel genannt – hat sich nach dem NATO-Gipfel im Jahr 2022 die Lage noch einmal verschärft. Russland sei die »bedeutendste und unmittelbarste Bedrohung« des Bündnisses, sagte die NATO auf ihrem Treffen in Madrid. Und beschloss daher ein neues Streitkräftemodell. Es soll militärische Kräfte an ihrer Ostflanke massieren – mit mehr als 300 000 Soldaten in hoher Einsatzbereitschaft. Das ist das 7-Fache der bisherigen 40 000 Mann der NATO Response Force (NRF).[388]

Den einzelnen Streitkräften wurden bestimmte Operationsgebiete zugewiesen, für die sie im Kriegsfalle zuständig wären. Nur Teile von ihnen sollen dort fest stationiert sein. Die Mehrheit der Truppen soll zwar regelmäßig in den Operationsgebieten Manöver durchführen, aber ihren Standort im Heimatland behalten. Um im Kriegsfall binnen kürzester Zeit intervenieren zu können, sollen sie vor Ort Waffenlager anlegen. Seit Mitte 2023 ist diese Zurückhaltung aufgegeben worden. Nun stationiert die NATO auch dauerhaft Soldaten in diesen osteuropäischen Staaten – was sie im Zuge der deutschen Wiedervereinigung aber versprochen hatten, nie zu tun. Doch der alte lateinische Grundsatz »Pacta sunt servanda« – »Verträge müssen eingehalten werden« – gilt im Westen schon lange nicht mehr.

Die Bundeswehr ist vor allem für Litauen zuständig und will rund 15 000 Soldaten bereitstellen. Teil davon ist die NATO-Battlegroup im litauischen Rukla, wo Deutschland derzeit etwas mehr als tausend Soldaten stationiert hat. Die Battlegroup soll von Bataillonsstärke auf die Größe einer Kampfbrigade erweitert werden und damit 3000–5000 Soldaten einsatzbereit haben. Mitte 2023 wurde im Verteidigungsministerium bereits diskutiert, den größeren Teil von ihnen dauerhaft in Litauen zu stationieren, siehe oben. Litauen steht damit als Operationsgebiet der Bundeswehr im Falle eines Krieges fest.

Ausgerechnet Litauen. Das Land befindet sich in einer schwierigen geostrategischen Lage: Sein südlicher Landesteil trennt, gemeinsam mit dem äußersten Nordosten Polens, die russische Exklave Kaliningrad von Belarus. Dieser litauisch-polnische Landstreifen, der nach einer in ihm gelegenen polnischen Stadt »Suwałki-Korridor«

genannt wird, ist an seiner engsten Stelle weniger als 100 Kilometer breit. NATO-Strategen sorgen sich seit Jahren um dieses »Suwałki gap«. Denn über diese »Lücke von Suwałki« werde Russland einen Angriff auf die baltischen Staaten einleiten, indem russische Truppen von Belarus und Kaliningrad in den Suwałki-Korridor einmarschieren und damit Litauen, Lettland und Estland von allen anderen NATO-Staaten abschneiden. Diese seien dann faktisch nicht mehr zu verteidigen, so fürchtet die NATO.

Tödliche Raketen

Alle diese militärischen Überlegungen betreffen das Verlegen von Truppen und Gerät. Was jedoch weitaus bedrohlicher ist, sind die Kriegsvorbereitungen zum Einsatz von Raketen. Viele der neu aufgestellten Raketen können sowohl mit konventionellen als auch mit Atomsprengköpfen bestückt werden.

Die Kündigung des bereits weiter oben erwähnten INF-Vertrags zum Verbot nuklearer Mittelstreckenraketen durch die USA im Jahr 2019 hat ein Thema in die Öffentlichkeit gebracht, das schon längst ad acta gelegt schien und in der Tat ein Massensterben einleiten würde: den Atomkrieg. Vor allem die Warnung des russischen Generalstabschefs Waleri Gerassimow, man werde die Länder, die US-Raketen auf ihrem Territorium stationieren, als Ziel seiner Antwortmaßnahmen betrachten,[389] erschreckte die Europäer.

»Als Militärfachleute sollten Sie verstehen, dass nicht das Territorium der Vereinigten Staaten, sondern die Länder, die die US-Systeme mit Mittel- und Kurzstreckenraketen auf eigenem Boden stationieren, das Ziel russischer Antwortmaßnahmen sein werden«, hatte Gerassimow gewarnt.

Er betonte außerdem, Washington halte sich unter anderem nicht an Bestimmungen des START-3-Vertrags zur Reduzierung Strategischer Offensivwaffen. Somit könnten die USA die Anzahl der nuklearen Sprengköpfe rasch um mehr als 1200 Stück erhöhen. Russland habe hingegen alle seine Verpflichtungen erfüllt. Wie Gerassimow hinzufügte, hoffe Moskau, dass die amerikanische Seite konstruktiv an das Problem herangehen und den Dialog über die Erneuerung des START-3-Vertrags wieder aufnehmen werde.

»Als Reaktion auf die angeblich wachsende Bedrohung aus Russland nimmt die Militärpräsenz der NATO an unseren Grenzen zu. In den osteuropäischen Ländern steigt die Anzahl der Einheiten der hochrangigen Einsatzkräfte stetig; es werden Anti-Raketenabwehrelemente gebaut, Flugplätze werden vorbereitet, die Logistik des grenzüberschreitenden militärischen Transports wird verbessert […]. Unter diesen Bedingungen ergreifen wir alle erforderlichen Maßnahmen, um die militärische Sicherheit des Staates zu gewährleisten«, so der General.[390]

Der weiter oben bereits erwähnte »Washingtoner Vertrag über nukleare Mittelstreckenraketensysteme« war am 1. Juni 1988 in Kraft gesetzt worden. Dieser sieht das generelle Verbot der Serienproduktion und Stationierung landgestützter Raketen und Marschflugkörper mit Reichweiten von 500 bis 5500 Kilometern vor. Zudem bot der bilaterale Vertrag die Möglichkeit zu gegenseitigen Inspektionen im Land des jeweils anderen.

In den vergangenen Jahren hatten sich Moskau und Washington mehrmals gegenseitig vorgeworfen, gegen den INF-Vertrag zu verstoßen. Moskau verwies unter anderem darauf, die USA würden in Rumänien und in Polen Raketenbatterien bauen, mit denen Marschflugkörper des Typs Tomahawk gestartet werden können. Zudem machte Russland darauf aufmerksam, dass die USA Kampfdrohnen entwickeln und Forschungsarbeiten zur Entwicklung von bodengestützten Marschflugkörpern finanzieren.

Sehen wir uns die Raketenbatterien genauer an, die die NATO an Russlands Westgrenzen installiert hat. Mitte 2016 hatte NATO-Generalsekretär Jens Stoltenberg im rumänischen Deveselu die erste von zwei Raketenabschussstationen eingeweiht. Die mit 24 Standard-3-Raketen (SM-3) ausgestattete Anlage in Deveselu wurde von den Amerikanern im Alleingang aufgebaut und kostete 800 Millionen US-Dollar. Auf dem NATO-Gipfel in Warschau im Juli 2016 wurde sie dann der NATO unterstellt. Gleichzeitig war der Grundstein zur zweiten Abwehrbasis im nordpolnischen Redzikowo gelegt worden, nicht weit von der russischen Exklave Königsberg (Kaliningrad) entfernt. Sie ist heute ebenfalls abschussbereit.

Schon vorher waren die zum sogenannten NATO-Schutzschild gehörende Radaranlage in der Türkei sowie vier im Hafen von Rota in der Bucht von Cadiz (Spanien) stationierte US-Schiffe mit Abwehrraketen in Dienst genommen worden. Die Kommandozentrale für das gesamte Abwehrsystem befindet sich in Deutschland – auf dem bereits erwähnten US-Luftwaffenstützpunkt in Ramstein.

Das amerikanische Luftabwehrsystem in Europa ergänzt die beiden bestehenden US-Raketenschirme in Alaska und Kalifornien. De facto bedeutet das den Aufbau eines globalen Raketenabwehrsystems, das das bisherige Kräftegleichgewicht in der Welt zerstört.

Russland protestiert gegen den sogenannten Raketenschild schon seit Jahren. Die Gründe: Die Anlagen könnten Marschflugkörper abfeuern und seien eine Gefahr für das strategische Gleichgewicht. Zudem könnten die starken Radaranlagen die Starts von atomwaffenfähigen Interkontinentalraketen in Russland viel früher als bisher erfassen. Aus russischer Sicht verschafft dies der Allianz längere Reaktionszeiten und damit einen militärischen Vorteil.

Der russische Generalstab warnte, die USA hätten bald mehr Abfangraketen als Russland Sprengköpfe und seien zu einem überraschenden atomaren Erstschlag fähig. Die amerikanischen Raketenabwehrbasen in Europa sowie die unweit des russischen Staatsgebietes aufkreuzenden Raketenabwehrschiffe seien eine »schlagkräftige verdeckte Komponente« für einen potenziellen Atomraketenangriff, sagte Generalleutnant Viktor Posnichir vom russischen Generalstab.

»Nach unseren Schätzungen verfügt das US-Abwehrsystem bis zum Jahr 2022 über mehr als 1000 Abfangraketen. Zukünftig wird die Zahl der Abfangraketen die der Gefechtsköpfe der russischen Interkontinentalraketen übersteigen«, so Posnichir. »Diese Menge an Abwehrmitteln, die noch dazu ständig modernisiert werden, stellt für das russische Abschreckungspotenzial eine ernstzunehmende Bedrohung dar.«[391]

Laut Posnichir gaben die USA in den letzten 15 Jahren 130 Milliarden US-Dollar für ihren Raketenschild aus, der die seit dem Kalten Krieg bestehende strategische Parität kippe. In den nächsten 5 Jahren seien weitere Ausgaben in Höhe von 55 Milliarden US-Dollar geplant. Die Aufstockung des amerikanischen Raketenabwehrsystems veranlasse andere Staaten zu Gegenmaßnahmen, sporne so das Wettrüsten an und erschwere die weitere atomare Abrüstung.

Sergej Jagolnikow, Chef des Forschungsinstituts der russischen Luft- und Weltraumverteidigung, fürchtet, dass der amerikanische Raketenschild schon jetzt in der Lage ist, russische Interkontinentalraketen bereits 150 Sekunden nach dem Start abzuschießen, diese also schon im Steigflug anzugreifen.

Nach Berechnungen seines Instituts würde eine russische Interkontinentalrakete etwa 20 Sekunden nach dem Start von amerikanischen Satelliten geortet, erklärte Jagolnikow. Weitere 65 Sekunden wären nötig, um Befehle zum Abschuss zu erteilen und den Start der Abfangraketen vorzubereiten. Die Abfangraketen würden 85 Sekunden nach dem Start der Interkontinentalrakete gezündet. »In der 150. Sekunde könnte die Interkontinentalrakete getroffen werden.«

Die Amerikaner haben die russischen Bedenken stets mit einem Kopfschütteln abgetan. So hatte zum Beispiel der stellvertretende US-Außenminister in der Amtszeit von US-Präsident Obama, Frank Rose, in der rumänischen Hauptstadt Bukarest das US-Mantra wiederholt: Der Raketenschild sei nicht gegen Russland gerichtet; Hauptbedrohung sei der Iran: »Iran entwickelt, testet und stationiert weiterhin das ganze Sortiment von Kurz- und Mittelstreckenraketen«, sagte der US-Politiker vor der Einweihungszeremonie in der rumänischen Hauptstadt Bukarest. Die iranischen Raketen könnten sogar das europäische Bündnisgebiet der NATO erreichen.[392]

Nicht beachtet von den Mainstreammedien lehnte Washington am 12. April 2016 allerdings eine Garantie dafür ab, dass sein umstrittener Raketenschild in Europa *nicht* gegen Russland gerichtet wäre. Weder die USA noch die NATO würden Russland rechtsverbindliche Garantien geben, sagte Frank Rose in London. »Das, worum Russland bittet, würde unsere Kapazitäten, auf atomare Bedrohungen zu reagieren, deutlich beschneiden.«[393]

Die Folgen der Installation der Raketenabwehr in Europa wurden bereits im April 2006 in der Zeitschrift *Foreign Affairs* beleuchtet: Die Raketenabwehr, so schreibt das vom Council on Foreign Relations herausgegebene Blatt, wäre in erster Linie offensiv von Bedeutung, nicht defensiv. »Würden die Vereinigten Staaten einen atomaren Angriff auf Russland richten, bliebe dem ins Visier genommenen Land nur ein winziges Arsenal übrig – wenn überhaupt. Dann könnte schon eine relativ bescheidene oder ineffiziente Raketenabwehr ausreichen, sich vor einem Vergeltungsschlag zu schützen [...].«[394]

Die USA seien mit dem Raketenabwehrsystem in der Lage, etwa 99 Prozent der russischen Atomraketen im Erstschlag zu zerstören, schreibt das Blatt. Das eine Prozent der verbliebenen russischen Raketen, die Moskau noch abfeuern könnte, würde durch den Raketenschild neutralisiert werden.

Die Zeitschrift kommt zu dem Schluss: »Zum ersten Mal seit 50 Jahren stehen die Vereinigten Staaten heute an der Schwelle des atomaren Primats. Die Vereinigten Staaten werden womöglich schon bald in der Lage sein, mit einem Erstschlag das Langstreckenarsenal Russlands auszuschalten.«

Aus Protest gegen den Ausbau des Raketenschildes hat Präsident Putin russische Einheiten mit Iskander-Raketen und ballistischen, mobilen Interkontinentalraketen der neuen Generation Yars bewaffnen lassen, die bis zu zehn Atomsprengköpfe transportieren können.

Bei »Iskander-M« handelt es sich um eine hochpräzise Boden-Boden-Rakete, die Ziele in einer Entfernung von bis zu 500 Kilometern treffen kann. Die Rakete wurde unter Einsatz der Tarnkappentechnologien gebaut und ist für Radare schwer lokalisierbar. Während des Flugs führt sie zudem komplizierte Manöver aus, die sie noch schlechter orten lassen. Einige davon sind seit Dezember 2013 in der russischen Exklave Kaliningrad stationiert, 500 Kilometer von Berlin entfernt.

Außerdem hat Putin vier weitere S-300 Flugabwehr-Langstreckenraketen-Systeme an seinen Bündnispartner Weißrussland geliefert. Drei davon sind bereits an der Grenze zur NATO aufgestellt. Ein russischer Luftwaffenstützpunkt mit den Jagdflugzeugen SU-27 wurde in Lida in unmittelbarer Nähe der litauischen und der polnischen Grenze eingerichtet. Zudem halten Russland und Weißrussland regelmäßig Militärübungen ab.

Wird ein Atomkrieg vorbereitet? Ist der sogenannte Raketenschild der NATO in Wahrheit keine Abwehreinrichtung, sondern vielmehr eine Abschussvorrichtung für den atomaren Erstschlag? Ein solcher wäre ohne Frage das wohl ultimative Mittel, um eine Entvölkerung zu erreichen.

Der atomare Erstschlag

In Washington gebe es Leute, die für einen Atomschlag plädieren, hat der Ökonom und frühere Staatssekretär im US-Finanzministerium Paul Craig Roberts bereits 2014 behauptet. »Wir haben hier Leute, die durch Washington laufen und sagen: Wozu nützen uns Nuklearwaffen, wenn wir sie nicht einsetzen?«, verriet der Publizist. Auch gebe es Pläne für einen präventiven Nuklearschlag gegen Russland.

Nach Roberts' Meinung habe die Bush-Regierung die US-amerikanische Kriegsdoktrin so verändert, dass die Rolle von Nuklearwaffen nicht mehr länger nur auf Vergeltungsschläge begrenzt sei. »Sie wurde auf eine Erstschlagsposition angehoben«, so Roberts. Schalte man mit einem Erstschlag die russischen Atomwaffen aus – so die Meinung der Neokonservativen in Washington –, dann gehe von Russland keine größere Gefahr mehr aus. Fallout und Verstrahlung würden hauptsächlich Europa und Eurasien treffen, die USA hingegen nicht.

Die Neokonservativen glauben, dass Washingtons atomarer Erstschlag die russischen und chinesischen Vergeltungsfähigkeiten so stark beeinträchtigen werde, dass beide Regierungen eher auf eine Reaktion verzichten werden, mutmaßt derselbe Paul Craig Roberts im Mai 2017. Die russischen und chinesischen Führer würden zu dem Schluss gelangen, dass nur wenige ihrer ICBMs in der Lage sein würden, an Washingtons ABM-Schild vorbeizukommen, womit die USA weitgehend intakt bliebe. Eine schwache Vergeltung durch Russland und China würde lediglich zu einer zweiten Welle von US-Atomangriffen führen, die die russischen und chinesischen Städte auslöschen, Millionen töten und beide Länder in Trümmern hinterlassen würde.[395]

Der ehemalige Vizefinanzminister schreibt weiter, es sei nicht die Frage, ob die Neokonservativen böse genug sind, um einen präventiven Atomangriff in die Wege zu leiten. Vielmehr ziele der Plan darauf ab, Russland und China in eine Situation zu bringen, in der ihre Führer schlussfolgern, dass sie schlechte Karten haben und sie deshalb Washingtons Hegemonie akzeptieren müssten. Um sich in ihrer Hegemonie sicher zu fühlen, müsste Washington Russland und China beordern, abzurüsten. »Kurz gesagt: Die amerikanischen Kriegsherren wetten darauf, dass die russischen und chinesischen Führer sich eher unterwerfen würden, als die totale Zerstörung hinzunehmen«, schreibt Roberts.

Der neokonservative Plan setzt Europa, Großbritannien, Japan, Südkorea und Australien einem hohen Risiko aus, falls Russland und

China beschließen, doch zu vergelten. Washingtons ABM-Schild kann Europa nicht vor den russischen atomaren Marschflugkörpern oder vor der russischen Luftwaffe schützen, sodass Europa hernach nicht mehr existieren würde. Chinas Reaktion würde Japan, Südkorea und Australien treffen.[396]

In einem Bericht der amerikanischen Militär-Denkfabrik »Center for Strategic and International Studies« (CSIS) heißt es, dass die USA ihr Atomarsenal »für einen Krieg gegen Russland, China oder eine andere Macht« leichter einsetzbar machen sollen. Das Militär müsse eine Nuklearstrategie entwickeln, die den Realitäten des 21. Jahrhunderts entspreche und sich auf eine neue Generation von taktischen Gefechtsköpfen und Trägersystemen stütze.

Der CSIS-Bericht argumentiert, hochentwickelte taktische Atomwaffen würden es Washington ermöglichen, kleinere Atomkriege anzudrohen und zu führen, ohne sich von der Gefahr eines nuklearen Holocausts abschrecken zu lassen. Dies würde die Sicherheitslage der USA und der Welt verbessern und für Abschreckung sorgen.[397]

Nach der Theorie der »angemessenen Reaktion«, die das CSIS vertritt, würden atomschlagfähige Einheiten »kontrollierte nukleare Angriffe« führen und Bomben »mit geringen Nebenwirkungen, genauer Zielführung und Spezialeffekten« auf feindliche Ziele abfeuern, ohne dass dies zu einem umfassenden Nuklearkrieg führen müsste. Durch die »Stationierung robuster, zielgenauer nuklearer Reaktionsoptionen« nahe am »Ort der Bedrohung« könnten die USA taktische Atomschläge »auf allen Stufen der nuklearen Eskalationsleiter führen«, schreibt CSIS.

Das Staatsgebiet der USA würde nach dieser Theorie von den Folgen eines regionalen Atomkriegs durch die Abschreckungskraft von Washingtons riesigem strategischen Arsenal an Atomraketen verschont bleiben. »Kontrollierte« atomare Konflikte, die von der amerikanischen Regierung initiiert würden, würden zudem keine nuklearen Kampfhandlungen umfassen, die sich gegen Nordamerika richten oder von dort gestartet würden.

»Die amerikanische Heimat wäre von einer Reaktion der USA auf einen atomaren Angriff auf einen regionalen Verbündeten nicht betroffen«, heißt es in dem Strategiepapier.

Übrigens: Im Board of Trustees (Aufsichtsrat) der CSIS sitzen Angehörige des Verteidigungsministeriums, Investmentbanker, Vertreter von Wirtschaftsunternehmen, ehemalige Regierungsangehörige wie Henry Kissinger, James R. Schlesinger, William Cohen und Brent Scowcroft sowie Wissenschaftler und Vertreter von Non-Profit-Organisationen sowie ein Herr aus Deutschland mit dem Namen Freiherr von und zu Guttenberg.

Der Einsatz von Atombomben mit niedriger Sprengkraft ist in der US-Nuklearstrategie ausdrücklich als Option enthalten. In der am 2. Februar 2018 veröffentlichten Nuclear Posture Review der Trump-Administration war vorgesehen, Kernwaffen gegebenenfalls auf regionalen Schlachtfeldern einzusetzen.[398] Mittlerweile hat die Biden-Administration eine aktualisierte Version des Strategiepapiers erstellt, hält sie jedoch noch geheim.

In einer Kurzzusammenfassung, die inzwischen einsehbar ist, wird deutlich, dass die Option eines vermeintlich begrenzten Nuklearkrieges beibehalten worden ist. Weiteren Aufschluss gibt ein internes Dokument des westlichen Kriegsbündnisses. Demnach haben die NATO-Staats- und Regierungschefs im Juli 2018 ein »als geheim eingestuftes Dokument« zur Kenntnis genommen, in dem »erstmals« geäußert worden sei, »konventionelle Verteidigung und nukleare Abschreckung« seien heute nicht mehr, »wie bisher in der NATO üblich«, voneinander zu trennen. Man müsse »beides gemeinsam« bedenken.[399]

Im Juni 2020 hatten die NATO-Verteidigungsminister darüber hinaus einem anderen Papier zugestimmt, das vom NATO-Oberbefehlshaber in Europa, US-General Tod D. Walters, erstellt worden und als »streng geheim« eingestuft ist. Darin heißt es, das westliche Kriegsbündnis müsse sich gegen Bedrohungen im gesamten Operationsraum verteidigen, und zwar mit allen »defensiven und offensiven Fähigkeiten von der Raketenabwehr bis zu nuklearen Erstschlägen«.[400]

Womöglich auch mit Blick darauf hatte der ukrainische Präsident Wolodymyr Selenskyj gefordert, die NATO müsse »die Möglichkeit eines Atomwaffeneinsatzes durch Russland ausschließen«. Und: »Wichtig« sei dabei, dass dies mit »Präventivschlägen« geschehe.[401] Selenskyj hat damit – ebenso wie Militärexperten und US-Generäle – die Öffentlichkeit des Westens mit dem Gedanken vertraut gemacht, dass ein Atomkrieg denkbar geworden ist. Und natürlich, so wird allenthalben versichert, sei dieser mit den Gräueln von Hiroshima und Nagasaki überhaupt nicht vergleichbar.

Braucht Deutschland Atomwaffen?

Die steigende Bereitschaft zum Atomkrieg ist nicht etwa nur dem *amerikanischen* Größenwahn geschuldet. Dieser Wahn ist ansteckend. »Europa braucht einen eigenen Nuklearschirm«, fordert ein Thinktank namens DGAP. In der November/Dezember-Ausgabe 2018 des Magazins *Internationale Politik*[402] ist die Atombewaffnung Deutschlands das zentrale Thema. *Internationale Politik* wird herausgegeben von der Deutschen Gesellschaft für Auswärtige Politik e. V. Die DGAP bezeichnet sich selbst als »das nationale Netzwerk für Außenpolitik«. »Als unabhängiger, überparteilicher und gemeinnütziger Verein fördert die DGAP seit 60 Jahren die außenpolitische Meinungsbildung in Deutschland«, erklärt die Gesellschaft auf ihrer Webseite in aller Bescheidenheit.

In Wirklichkeit ist der 1955 in Zusammenarbeit mit dem Washingtoner Council on Foreign Relations und dem Londoner Chatham House gegründete Verein *die* entscheidende Denkfabrik der deutschen Außenpolitik. Die DGAP zählt heute über 2500 Mitglieder, darunter führende Persönlichkeiten aus dem Bank- und Finanzwesen, der Wirtschaft, Politik, Medien und der Wissenschaft.

Die international als »German Council on Foreign Relations« bekannte Institution finanziert sich über die Beiträge ihrer Mitglieder und über Zuwendungen von Sponsoren und Mäzenen, darunter das Auswärtige Amt, die Deutsche Bank, EADS und die Robert Bosch Stiftung. »Anhand der Funktionen und Tätigkeiten der DGAP-Gründungsväter ist bereits 1955 eine Verzahnung von Entscheidungsträgern aus Finanzwesen, Industrie, Medien, Politik und Justiz nach dem Beispiel der Strukturen des Council on Foreign Relations und des Chatham House wahrnehmbar«, konstatiert selbst Wikipedia.[403]

Gleich mehrere Autoren konzentrieren sich in der genannten Ausgabe der DGAP-Zeitschrift aus dem Jahr 2018 auf die Frage nach der Zukunft des »europäischen Nuklearschirms«. Der nukleare Schutzschild der Vereinigten Staaten sei mit der Präsidentschaft Donald Trumps nicht mehr zuverlässig, argumentieren sie. Außerdem habe Russland im nahen Königsberg (Kaliningrad) Iskander-Raketen stationiert. »Auf die Käseglocke, die von den USA seit über einem halben Jahrhundert über uns ausgebreitet war, können wir nicht ewig vertrauen«, warnte DGAP-Mitglied Wolfgang Ischinger, der ehemalige Chef der Münchner Sicherheitskonferenz, bereits vor einiger Zeit.

Schon im Sommer 2018 hatte Professor Christian Hacke in der *Welt*[404] und im *Cicero*[405] für eine Atommacht Deutschland geworben. Der Politikwissenschaftler, ebenfalls Mitglied der DGAP und des International Institute for Strategic Studies (IISS), forderte – gewissermaßen als Vorreiter –, es müsse offen überlegt werden, »ob und unter welchen Bedingungen Deutschland Atommacht werden könnte«.

Eine zukünftige deutsche »Landesverteidigung auf der Grundlage eigener nuklearer Abschreckungskapazitäten« müsse »angesichts neuer transatlantischer Ungewissheiten und potenzieller Konfrontationen Priorität bekommen«.

Laut Hacke sollte die Bundesregierung prüfen, »unter welchen Bedingungen und zu welchen Kosten« die »Zentralmacht Europas Atommacht« werden könne.

So sieht auch Michael Rühle, ehemaliges Mitglied des internationalen Stabs im NATO-Hauptquartier, die Zeit gekommen, da »Deutschland nuklearpolitisch wieder sprechfähig« werden müsse. In der bereits erwähnten Ausgabe der DGAP-Zeitschrift Internationale Politik schreibt er, Deutschland trage »die stärkere Betonung der Bedeutung der nuklearen Abschreckung in den einschlägigen Dokumenten der NATO mit«. Zudem müsse die NATO nach Auffassung aller Verbündeten eine nukleare Allianz bleiben, solange Kernwaffen existieren.

Dass die UN-Generalversammlung im September 2017 einen Atomwaffenverbotsvertrag vorgelegt hat, stört Rühle nicht. Bisher hat kein NATO-Mitgliedsland diesen Vertrag unterzeichnet. Er verbietet die Entwicklung, die Verbreitung, die Tests und die Lagerung von Atomwaffen.

Auch die CDU-nahe Konrad-Adenauer-Stiftung (KAS) regt den Ausbau des westlichen Atomwaffenarsenals an.[406] Der zu 96 Prozent durch Mittel des Bundes und der Länder finanzierte und wie die DGAP im Jahr 1955 gegründete Verein gilt im internationalen Vergleich als führende Denkfabrik Deutschlands und als eine der einflussreichsten Denkfabriken der Welt. Eine »Überarbeitung« der »Nuklearstrategie« der NATO sei »dringend geboten«, da eine gegen Moskau gerichtete »glaubwürdige Abschreckung« zwingend einer »nuklearen Komponente« bedürfe. »Im Kriegsfall mit Russland wäre dem Bündnis die Verteidigung des Baltikums allein mit konventionellen Mitteln […] kaum möglich – die russischen Streitkräfte wären in ihrer Zahl und geographischen Nähe überlegen«, schrieb Patrick Keller in einem Aufsatz für die Stiftung im Juni 2016.

Analog äußert sich der Präsident der Bundesakademie für Sicherheitspolitik (BAKS), Karl-Heinz Kamp, in einem »Arbeitspapier« zum

Warschauer NATO-Gipfel.[407] Die BAKS ist eine selbstständige Dienststelle des Verteidigungsministeriums. Der Politikwissenschaftler Kamp fordert explizit »Gegenkonzepte« für den Fall, dass Russland einen Krieg gegen osteuropäische NATO-Staaten beginne und dann versuche, »durch nukleare Drohungen das Bündnis zu spalten«. Der Leiter der zentralen militärpolitischen Denkfabrik der Bundesregierung rät zu »kürzeren Reaktionszeiten« beim Einsatz von Atomwaffen und zu einer »verstärkten Übungstätigkeit« im »Nuklearbereich«. Hierfür sei allerdings ein »neue(r) nuklearstrategische(r) Konsens« innerhalb der transatlantischen Allianz notwendig, so Kamp.[408]

Während dieser Diskussionen in den einflussreichen deutschen Thinktanks wurden in Washington bereits Nägel mit Köpfen gemacht: Die europäischen NATO-Mitglieder wurden mit der neuen Atombombe B61-12 beliefert.

Im Vergleich zur B61, die bisher in Deutschland und anderen europäischen Ländern stationiert war, hat die B61-12völlig neue »Qualitäten«: einen Atomsprengkopf mit vier wählbaren Leistungsoptionen, ein Flugsystem, das sie mit Präzision zum Ziel führt, sowie die Fähigkeit, sogar durch Stahlbeton in den Untergrund einzudringen und in der Tiefe zu explodieren. Die modernisierten B61-12 werden im Unterschied zu ihren Vorgängern nicht mit Fallschirmen, sondern mit dem Einsatz der Ruder am Heck mit Inertiallenksystem auf die Ziele abgeworfen, wodurch die Präzision erhöht wird.[409]

Durch die größere Präzision und Durchschlagskraft ist die Bombe zum Angriff auf Bunker der Kommandozentralen geeignet, um somit die feindlichen Länder zu »enthaupten«. Eine 50-Kilotonnen-B61-12 (entspricht 50000 Tonnen TNT, das 3-Fache der Hiroshimabombe), die unterirdisch explodiert, hat dieselbe zerstörerische Kraft wie eine Atombombe von der Größe einer Megatonne (1 Million Tonnen TNT), die an der Oberfläche explodiert.

US-Militärs beruhigen die Öffentlichkeit damit, die unterirdisch eingesetzten B61-12 erzeugten nur einen relativ geringen Fallout. Aber genau dieses Argument droht nach Meinung von Experten die Hemmschwellen von Militärs und vor allem von Politikern zu senken und damit die Wahrscheinlichkeit eines Nuklearwaffeneinsatzes zu steigern.

Wie es der Zufall will, sind sowohl die Tornados der Bundeswehr als auch die Eurofighter nicht mit der B61-12 kompatibel, die F-35 aber sehr wohl. Also musste die Bundeswehr 35 US-Tarnkappenjets vom Typ F-35 bestellen. Die Rede ist von einem Stückpreis von um die 100 Millionen Euro.

Auf deutschem Boden befinden sich etwa zwanzig dieser neuen Atomsprengköpfe. Sie werden von der US-Armee überwacht – deutsche Soldaten haben keinen Zutritt – und können nur auf Befehl des amerikanischen Präsidenten oder des für den jeweiligen Kriegsschauplatz kommandierenden US-Generals eingesetzt werden. Die Waffen lagern auf dem Fliegerhorst Büchel in Rheinland-Pfalz. Im Kriegsfall sollen dann deutsche Tornado-Piloten im Rahmen der NATO-Strategie der sogenannten »Nuklearen Teilhabe« Angriffe mit den US-Bomben fliegen.

Dabei hatte bereits 2010 der Bundestag mit breiter Mehrheit feierlich beschlossen: »Das Ziel einer atomwaffenfreien Welt eint alle Fraktionen des Deutschen Bundestages. Das wurde während der Abrüstungsdebatte am Freitag, dem 26. März 2010, deutlich. Es sei ein gutes Zeichen, dass sich die übergroße Mehrheit im Hause mit Union, SPD, FDP und Bündnis 90/Die Grünen auf einen gemeinsamen Antrag einigen konnte, der unter anderem den Abzug der US-Atomwaffen aus Deutschland fordert.«[410] Aus dem Abzug der US-Atomwaffen aus Deutschland wurde indes nichts. Statt der Abrüstung erfolgte die Stationierung der rund zwanzig neuen Nuklearwaffen, die ich gerade beschrieben habe.

Darüber hinaus investierte die Bundesregierung seit 2016 rund 120 Millionen Euro in den Fliegerhorst Büchel der deutschen Luftwaffe. Mit diesem Geld wurde unter anderem die Landebahn des Flugplatzes mit einem modernen Instrumentenanflugsystem ausgestattet.

Neben den zwanzig Atombomben in Büchel sind momentan in weiteren vier europäischen Ländern etwa 180 taktische Atomwaffen einsatzbereit. An den Standorten in den Niederlanden und in Belgien vermuten Experten zusammengenommen zwanzig bis vierzig Sprengköpfe. Ähnlich viele lagern in den beiden italienischen Stützpunkten in Aviano und Ghedi. Der türkische Stützpunkt Incirlik Air Base hat das größte Arsenal an NATO-Atomwaffen. Bis zu neunzig Sprengköpfe werden dort vermutet.

Die britische Tageszeitung *The Guardian* bestätigt im Juli 2015 die neue aggressivere Nuklearstrategie der USA. NATO-Quellen hätten der Zeitung gegenüber versichert, dass von nun an Einheiten für nukleare Kriegsführung in laufenden Manövern an den Grenzen Russlands teilnähmen.[411]

Dazu passt das im Sommer 2015 verabschiedete ukrainische Gesetz mit der Bezeichnung »Gesetz über die Bedingungen der Streitkräfte anderer Staaten auf dem Territorium der Ukraine«. In diesem heißt es, dass eine Stationierung von Nuklear- und Massenvernichtungswaffen auf dem Boden der Ukraine »bis zum Erreichen des Stationierungsziels« legal sei. Zuvor war dies per Gesetz ausgeschlossen. Passend zur neuen NATO-Nuklearstrategie sind dadurch längerfristige Stationierungen direkt an der Grenze zu Russland möglich.

»Durch diese erstaunlichen Verbesserungen wird das Vernichtungspotenzial der vorhandenen US-Atomwaffen fast verdreifacht«, warnt die Website »The Bulletin of the Atomic Scientists« am 1. März 2017 in einer Studie.[412] Diese wurde von drei US-Wissenschaftlern durchgeführt, die sich auf die Analyse von Atomwaffen und deren Bedeutung für das globale strategische Gleichgewicht spezialisiert haben: Hans M. Kristensen, Direktor des Nuklear-Informationszentrums bei der Föderation Amerikanischer Wissenschaftler (FSA), Theodore A. Postol, ein namhafter Experte für Raketentechnik, sowie Matthew McKinzie, Direktor für Nuklearprogramme des nationalen Rates für den Schutz der Naturressourcen. In ihrer Studie steht außerdem:

> *»Die russischen Planer haben sicher längst erkannt, dass sich durch die Weiterentwicklung der US-Atomwaffen die Fähigkeit der USA zu einem atomaren Erstschlag entscheidend verbessert hat; deshalb muss Russland geeignete Gegenmaßnahmen ergreifen und den ohnehin schon gefährlich hohen Bereitschaftsgrad der russischen Atomstreitkräfte noch weiter erhöhen. Die sehr kurzen Vorwarnzeiten, die ein atomarer Erstschlag dem Angegriffenen lässt, können auch bei einem Falschalarm einen atomaren Gegenschlag auslösen. Die durch den Superzünder ermöglichte Treffsicherheit und die bestehenden Spannungen haben das Risiko so erhöht, dass Russland oder die USA nur wegen eines Falschalarms einen Atomkrieg auslösen könnten – auch wenn überhaupt kein Erstschlag erfolgt ist.«*[413]

Die Autoren erklären auch, warum ein Dritter Weltkrieg, der unseren Planeten vernichten würde, eher von Russland als von den USA ausgelöst werden könnte:

> *»Russland hat kein im Weltraum stationiertes funktionierendes Infrarot-Frühwarnsystem und muss sich deshalb in erster Linie darauf verlassen, dass sein bodengestütztes Frühwarnradar einen US-Raketenangriff rechtzeitig entdeckt. Da diese Radarsysteme nicht über den Horizont sehen können, hat Russland weniger als die Hälfte der Frühwarnzeit der USA. Bei den USA sind es etwa 30 Minuten, bei Russland 15 Minuten oder weniger.«*

Die Autoren der Studie weisen wiederholt auf die strikte Geheimhaltung hin, durch die es gelungen sei, nicht nur »die breite Öffentlichkeit«, sondern auch »Politiker innerhalb und außerhalb der US-Regierung« zu täuschen. Das lässt darauf schließen, dass dieses Szenario lediglich von einem kleinen Kreis geplant wurde, der über seine Durchführung informiert ist.

Das Südchinesische Meer – Schlachtfeld der Zukunft?

Aber offenbar soll nicht nur Europa in Flammen aufgehen, sondern auch Asien. Zwischen China und den USA steigen die Spannungen: Da geht es nicht nur um Taiwan. Im Südchinesischen Meer treffen die Interessen Chinas und einiger Verbündeter der USA aufeinander. Aufgrund der starken militärischen Präsenz in der Region kann die Situation jederzeit eskalieren.

Der Streit dauert schon seit Jahrzehnten an. Er betrifft mindestens sechs Staaten: China, Brunei, Vietnam, Taiwan (ein international nicht anerkannter Staat), Malaysia und die Philippinen. Alle Anrainer beanspruchen diese Gewässer und die beiden darin liegenden Inselgruppen – die Paracel-Inseln (beansprucht von China, Vietnam und Taiwan) sowie das Spratly-Archipel (beansprucht von China, Brunei, Vietnam, Malaysia, Taiwan und den Philippinen). Seit Anfang 2021 scheinen sich die Spannungen zu verschärfen. Dazu gleich mehr.

Zunächst aber: Worum geht es bei dem Streit? Die Volksrepublik China betrachtet 90 Prozent der umstrittenen Gebiete als festen Bestandteil ihres Landes. Dabei geht es nicht nur um ein paar Inseln, sondern um ein Gebiet von fast 2 Millionen Quadratkilometern, das sich von Taiwan bis Malaysia erstreckt. Peking begründet seinen Anspruch auf diese Region mit einer Nachkriegskarte aus dem Jahr 1947, die auch als »Neun-Punkte-Linie« bekannt ist.

Die Nachbarländer und die internationale Gemeinschaft erkennen diesen Anspruch nicht an und berufen sich dabei auf das UN-Seerechtsübereinkommen und die Bestimmungen über die freie Schifffahrt. Im Juli 2016 entschied ein internationales Gericht unter Vermittlung des Ständigen Schiedshofs in Den Haag, dass die Gebietsansprüche Chinas im Südchinesischen Meer unbegründet seien.[414] Peking wiederum hat die Zuständigkeit des Den Haager Gerichtshofs nicht anerkannt.

Bis heute will keiner nachgeben – was auch nicht sonderlich verwundert, wenn man bedenkt, dass etwa 40 Prozent des Welthandels durch das Südchinesische Meer verlaufen. Bis zu 80 Prozent der chinesischen Öl- und Gaseinfuhren werden hier transportiert.

Außerdem wurden in den frühen 1970er-Jahren bedeutende Bodenschätze in dem umstrittenen Meer entdeckt. Nach Angaben des US Geological Survey handelt es sich dabei um 11 Milliarden Barrel Öl und 5,9 Billionen Kubikmeter Gas. Chinesische Wissenschaftler schätzen sogar, dass das Südchinesische Meer 230 Milliarden Barrel Öl und 16 Billionen Kubikmeter Gas enthält.

Ein weiterer Grund für Streit: Im Jahr 2015 entfielen 12 Prozent der weltweiten Fischfänge auf das Südchinesische Meer. Für China mit seinen ca. 1,4 Milliarden Einwohnern ist das eine sehr wichtige Ressource. Genauso wichtig ist sie aber auch für andere Länder der Region – Indonesien, Brunei, Vietnam, Malaysia und die Philippinen, die zusammen auf eine Bevölkerung von rund 500 Millionen Menschen kommen.

Handel, Bodenschätze, Fischfang – wer das Südchinesische Meer kontrolliert, der kontrolliert Asien. Für Peking kommt noch ein strategischer Aspekt hinzu: Diese Gewässer sind für Chinas U-Boote mit ballistischen Raketen wichtig, um den westlichen Pazifik für eine nukleare Abschreckung gegen die USA erreichen zu können.

Seit 2013 errichten die Chinesen in der Region militärische Befestigungen und künstlich geschaffene Inseln, betreiben dort Bergbau und Fischerei. Die Erschaffung künstlicher Inseln, die in der Regel mit Sand auf Riffe oder Felsen aufgeschüttet werden, die in der Nähe der Wasseroberfläche liegen, hat es China ermöglicht, Wirtschaftszonen innerhalb von 200 Seemeilen um jede dieser Inseln zu beanspruchen. Im Jahr 2014 verkündete China offiziell seine Rechte an der Spratly-Inselgruppe und entsandte Kriegsschiffe dorthin.

Nach Angaben der in Washington ansässigen Asia Maritime Transparency Initiative unterhält China derzeit im Südchinesischen Meer zwanzig Außenposten auf den Paracel- und sieben auf den Spratly-Inseln. Es handelt sich um Radarstationen, Flugplätze, Flugabwehrwaffen, Zement- und Entsalzungsanlagen sowie Wohngebäude.[415]

China beharrt auf seinem Standpunkt, es taste die freie Schifffahrt nicht an. Vielmehr führten 60 Prozent des chinesischen Außenhandels durch diese Gewässer, weshalb man das größte Interesse an einer ungehinderten Schifffahrt im Südchinesischen Meer habe.

Washington kontert, China gefährde mit der Militarisierung der Region die internationale Schifffahrt. Wie zu erwarten, unterstützen die USA das Urteil des Haager Tribunals von 2016 und bezeichnen Chinas maritime Ansprüche als »völlig illegal«. Um die »Freiheit der Schifffahrt« zu gewährleisten, entsenden die USA und ihre Verbündeten regelmäßig Kriegsschiffe in das Gebiet, was in Peking stets Proteste und Empörung auslöst.

Obwohl der Streit im Südchinesischen Meer schon seit Jahrzehnten andauert, hat er sich im Jahr 2021 noch einmal verschärft. Das sehen wir, indem wir einen Blick auf die Ereignisse in jenem Jahr werfen:

- Anfang Mai fordert das philippinische Außenministerium China auf, »zu verschwinden«, nachdem Hunderte chinesischer Boote in die Wirtschaftszone des Landes eingedrungen waren. Peking antwortet, es habe die Grenzen nicht verletzt.
- Im Juni muss das malaysische Militär Kampfjets aufsteigen lassen, um chinesische Flugzeuge zu eskortieren, die in seinen Luftraum einzudringen drohen. Peking erklärt, die Piloten führten reguläre Manöver durch und handelten im Einklang mit dem internationalen Recht.
- Im Juli protestiert das chinesische Verteidigungsministerium bei den USA gegen das »Eindringen des US-Zerstörers« *Benfold* in die von China beanspruchten Hoheitsgewässer vor den Paracel-Inseln.
- Im August führen Chinas Streitkräfte 5 Tage lang militärische Übungen in einigen der Wasserstraßen durch – wenige Tage,

nachdem die USA unter Beteiligung Großbritanniens, Australiens und Japans in der indopazifischen Region das größte Militärmanöver seit 40 Jahren gestartet hatten. Mit dabei im Südchinesischen Meer war übrigens auch die Bundesmarine.

- Im September beginnen Schiffe der indischen, japanischen, australischen und US-amerikanischen Marine im westlichen Pazifik mit einem gemeinsamen Manöver namens »Malabar«. Der Sprecher des chinesischen Außenministeriums, Wang Wenbin, erklärt die militärische Präsenz der Vereinigten Staaten im Südchinesischen Meer als inakzeptabel. Aufgrund der immer stärkeren Militärpräsenz bestehe die Gefahr von Zusammenstößen.
- »Die USA und China haben gut abgestimmte militärische Pläne für den Fall echter Kämpfe im Südchinesischen Meer«, schrieb der bereits weiter oben zitierte Ex-US-General James Stavridis in einer Kolumne für *Bloomberg.* Seiner Ansicht nach könnte ein solches Szenario durchaus der Beginn des Dritten Weltkriegs sein.[416]

Taiwan: Ukraine 2.0?

Auch der Streit um die Souveränität Taiwans hat das Potenzial für einen Weltkrieg. Der autonome Inselstaat, der völkerrechtlich zur Volksrepublik China gehört, wird derzeit von den USA hochgerüstet. Gleichzeitig bauen die Amerikaner den Ring von US-Stützpunkten um China herum aus und stärken ihr Bündnissystem mit Japan, Südkorea, Australien, Neuseeland, den Philippinen und Thailand, sowie die »Partnerschaften« mit Singapur, Vietnam und Malaysia.

Sehen wir uns die Entwicklung der letzten Zeit an, dann wirkt das Ganze wie eine Kopie der Vorgänge rund um die Ukraine: Ende August 2021 sprachen hochrangige US-Militärs von einem möglichen

Krieg gegen China. Admiral a. D. James G. Stavridis, Ex-NATO-Oberbefehlshaber, warnte – wie weiter oben schon erwähnt –, die Volksrepublik habe in Teilbereichen wie der Anzahl ihrer Kriegsschiffe oder in der Cyberkriegführung bereits aufgeholt.[417]

Aber die USA haben ja ebenfalls ihre Verbündeten. Zu denen gehört auch Deutschland, das die Fregatte *Bayern* der Bundesmarine ins Krisengebiet entsandte und sechs Eurofighter, drei Airbus-A330-Tankflugzeuge sowie drei A400M-Transportflugzeuge zu Kriegsübungen nach Australien verlegte. Darüber hinaus wurde eine engere Kooperation der Heere Deutschlands und Japans beschlossen. Am 22. März 2021 hatten Japan und Deutschland ein Geheimschutzabkommen unterzeichnet, das den Austausch von vertraulichen Informationen zwischen Behörden und Unternehmen der Partnerländer erlaubt; dies ermöglicht eine engere rüstungsindustrielle und militärische Kooperation.[418]

Zudem solle Deutschland Taiwan im Machtkampf gegen China noch stärker als bisher unterstützen und zugleich Beijing mit gezielten Nadelstichen provozieren, fordern mittlerweile deutsche Medien. Stichworte hierfür sind »Taiwans Inklusion auf multilateraler Ebene«, und zwar mit dem kurzfristigen Ziel des Beobachterstatus und dem langfristigen Ziel der UN-Mitgliedschaft.

Das Berliner Global Public Policy Institute (GPPi) fordert, »Deutschland sollte hier vorangehen«.[419] Das GPPi, das sich selbst als »unabhängige Denkfabrik« bezeichnet, wird nach eigenen Angaben aktuell zu mehr als 40 Prozent von nicht näher genannten Regierungen finanziert. Es fordert zudem, »Regierung und Bundestag« sollten »die politischen Kontakte mit Taiwan intensivieren«; zugleich müsse man aber für den Fall einer militärischen Eskalation des Konflikts »Szenarien« durchspielen.

Zur Erinnerung: Die UN-Generalversammlung hatte am 25. Oktober 1971 in Resolution 2758 entschieden, »legitime Repräsentanten Chinas« seien ab sofort die Vertreter der Volksrepublik, während die »Repräsentanten von Chiang Kai-shek«, dem damaligen

Machthaber in Taipeh, den Sitz räumen müssten. Seither ist Taiwan in UN-Gremien nicht präsent. Als es vor Jahren noch Hoffnung auf eine friedliche Koexistenz zwischen dem Westen und China gab, willigte Beijing ein, nicht auf der Einhaltung der UN-Resolution 2758 zu bestehen und keine Einwände gegen einen Beobachterstatus Taiwans im Plenum der WHO zu erheben. Seit der Westen den Machtkampf gegen China massiv vorantreibt, macht Beijing keine Zugeständnisse mehr.

Kein Wunder, denn Washington rüstet den kleinen Inselstaat immer mehr auf, lässt Kriegsschiffe durch die Taiwanstraße fahren und stationiert US-Militärs in Taiwan. Parallel bauen die USA ihre Stützpunkte auf dem Weg über den Pazifik nach Ostasien aus, so auf der US-Kolonie Guam im Indischen Ozean – dem größten amerikanischen Stützpunkt außerhalb der USA, der als Basis für etwaige Luftangriffe auf die Volksrepublik gilt – und auf dem noch weiter westlich gelegenen Palau. Amerika plant darüber hinaus die Stationierung von Mittelstreckenraketen auf der »ersten Inselkette«, einer dichten Reihe von Inseln, die sich vor der chinesischen Küste von Nord nach Süd erstreckt – angefangen von Japan einschließlich Okinawa über Taiwan und die Philippinen bis Borneo. Damit würden die Inseln faktisch zur Raketenabschussrampe für einen Krieg gegen China.

All dies verstößt gegen die Vereinbarungen aus den 1970er- und 1980er-Jahren, in denen Washington – im Verlauf der Aufnahme diplomatischer Beziehungen – Beijing zusagte, seine Waffenverkäufe an Taiwan allmählich zu verringern und seine Streitkräfte und militärischen Einrichtungen in Taiwan fortschreitend zu reduzieren.

Auf die zunehmenden militärischen Drohungen Washingtons und seiner Verbündeten reagiert China, indem es die eigenen Manöver ausweitet – nicht nur allgemein, sondern auch in der Nähe Taiwans.

Deutschland bringt sich gegen China in Stellung

Auch Deutschland beteiligt sich am Aufmarsch gegen China: Neben »Feindfahrten« der Bundesmarine werden – wie bereits erwähnt – auch deutsche Kampfjets nach Australien verlegt. Im Frühsommer 2021 forderte die Friedrich-Naumann-Stiftung der FDP den Aufbau eines »ständigen maritimen Einsatzverbandes für den indopazifischen Raum« zur Unterstützung amerikanischer Flottenverbände.[420]

US-Kriegsschiffe kreuzen regelmäßig in Zwölfmeilenzonen im Südchinesischen Meer, um Chinas Ansprüche aggressiv herauszufordern. Offiziell heißt es dazu, man setze sich für die »freie Seefahrt« (»Freedom of Navigation Operations«, FONOPS) ein. Die Naumann-Stiftung will ausdrücklich eine deutsche Beteiligung an FONOPS im Südchinesischen Meer. Offenbar sei aber die Bundesregierung auf »Schmusekurs« gegenüber Beijing. Sich lediglich brav auf internationalen Handelsrouten zu bewegen reiche nicht aus,[421] meint Marie-Agnes Strack-Zimmermann, die verteidigungspolitische Sprecherin der FDP-Bundestagsfraktion. Empfehlenswert für künftige Asienfahrten sei ein offizielles Einsatzmandat des Bundestags.

Die Stiftung Wissenschaft und Politik (SWP) geht sogar noch einen Schritt weiter: Sie schlägt die Gründung eines Indo-Pazifik-Einsatzverbandes vor – mit Frankreich, Großbritannien und Staaten der Asien-Pazifik-Region, damit sich die deutsche Marine nicht »überdehne«.[422]

Die außenpolitische Denkfabrik der Bundesregierung will deutsche Marineschiffe auf den Militärstützpunkten Frankreichs und Großbritanniens in der Asien-Pazifik-Region stationieren – so etwa auf Neukaledonien (Frankreich) oder in Brunei Darussalam (Vereinigtes Königreich). So seien auch Kooperationen mit den asiatisch-pazifischen Ländern des Quad-Pakts (»Quadrilateral Security Alliance« zwischen USA, Japan, Australien und Indien) oder des ASEAN-Bündnisses denkbar. »Vorstellbar wäre die Einrichtung eines ständigen maritimen Einsatzverbandes für den indopazifischen Raum«, heißt es bei der SWP: Dessen Einheiten könnten »zum Lagebildaufbau beitragen« sowie »Aufgaben längs ihrer Route übernehmen«, aber auch Ausbildungsmaßnahmen oder »gemeinsame Manöver« durchführen. »Die operative Führung und Planungsarbeit« lasse sich »in einem neuen, ortsfesten und regional ansässigen Hauptquartier« organisieren – gegebenenfalls mit den Quad-Staaten als »notwendige[m] militärische[m] Kern«. »Als regionale Heimat der Stabsstruktur« ließen sich möglicherweise auch Singapur oder Indonesien einbinden.

Laut SWP beschränken sich die Berliner Pläne für eine militärische Präsenz in der Asien-Pazifik-Region nicht auf die Seestreitkräfte. »Analog zur Marine«, so teilt der deutsche Thinktank mit, »soll auch die Luftwaffe im indopazifischen Raum Flagge zeigen«. Diese werde »Tank- und Kampfflugzeuge im Rahmen von Langstreckenverlegungen nach Australien entsenden«. Dies diene »nicht allein dem Training«, sondern sei auch »zu verstehen als Zeichen der Präsenz in der Region, der Abschreckung gegenüber Störern der stabilen Ordnung im Indo-Pazifik« sowie »der Bereitschaft, schlagkräftige Mittel der Luftwaffe einzusetzen«.[423] Als »Störer« der internationalen Ordnung werden dabei selbstverständlich nicht die westlichen Mächte verstanden, die in den Gewässern rings um China in zunehmendem Maße gezielte Provokationen durchführen, sondern vielmehr die Volksrepublik China.

Krieg gegen China?

Wir müssen noch einmal zu Admiral a. D. James G. Stavridis zurückkehren, der bereits eingangs dieses Abschnitts seine Meinung zu China kundgetan hat. Stavridis hat im Lauf seiner militärischen Karriere US-Kriegsschiffe unter anderem im Mittelmeer sowie im Persischen

Golf geführt. In der Zeit von 2002 bis 2004 kommandierte er die Flugzeugträger-Kampfgruppe um die *USS Enterprise*, die damals unter anderem Operationen im Irakkrieg durchführte. Im Sommer 2009 übernahm er die Leitung des U.S. European Command und zugleich den Posten des NATO-Oberbefehlshabers (Supreme Allied Commander Europe, SACEUR); beide Posten hatte er bis Mai 2013 inne. Daraufhin amtierte er gut 5 Jahre lang als Dekan der Fletcher School of Law and Diplomacy an der renommierten Tufts University bei Boston (US-Bundesstaat Massachusetts). Stavridis hat also einen erheblichen Teil seiner Laufbahn bei der U.S. Navy in asiatisch-pazifischen Gewässern verbracht. Heute ist er als Autor zahlreicher militärisch-strategischer Fachbücher bekannt, die zum Teil hohe Auflagen erzielten.

Seine Laufbahn und damit auch seine Verbindungen in die Spitze des Pentagons dürften damit hinreichend beschrieben sein. Sein jüngstes, in Romanform verfasstes Buch beschreibt einen möglichen amerikanisch-chinesischen Krieg und nennt als möglichen Zeitpunkt des Kriegsausbruchs 2034 – so auch der Titel seines Romans – oder schon viel früher, nämlich in den Jahren 2024/2025.[424]

Für den Fall, dass es bei Taiwan, im Süd- oder im Ostchinesischen Meer zu Gefechten komme, besitze die Volksrepublik natürlich geografische Vorteile, da die US-Streitkräfte in großer Entfernung von ihrem Heimatterritorium operieren müssten, räumt der US-Militär ein. Zudem habe Beijing mit seinen Stützpunkten auf Inseln im Südchinesischen Meer »unsinkbare Flugzeugträger« geschaffen, die die US-Militärbasen in Japan und Südkorea sowie auf Guam in gewissem Maß ausbalancierten.

Hohe Bedeutung misst Stavridis den US-Bündnissystemen bei. Japan, Südkorea und Australien seien im Falle eines Krieges gegen China die wichtigsten Verbündeten – auch deshalb, weil die US-Streitkräfte in diesen Regionen über Stützpunkte und Rückzugsmöglichkeiten verfügten. Darüber hinaus unterhielten die USA Bündnisverträge mit Neuseeland, den Philippinen und Thailand – zudem könnten sie sich auf starke Partnerschaften mit Singapur, Vietnam und Malaysia stützen. Außerdem würden die Beziehungen zu Indien immer enger. Zwar sei fraglich, ob man sich schon heute auf militärische Unterstützung von all diesen Ländern verlassen könne – doch Washington arbeite daran. Einen zentralen Stellenwert misst Stavridis dem Quad-Pakt der USA mit Japan, Australien sowie Indien bei. Hinzu kämen schließlich noch die Verbündeten in Europa, die zu globalen Einsätzen im Pazifik fähig seien, ganz besonders Großbritannien, Frankreich und Deutschland. Dem globalen US-Bündnissystem könne China keine gleichwertigen Strukturen entgegensetzen.

Mögliche Auslöser für eine Kriegseskalation sieht Stavridis vor allem in den Auseinandersetzungen um Taiwan sowie um diverse Inseln im Süd- und Ostchinesischen Meer – was ich weiter oben bereits ausführlich dargelegt habe. Dabei verfüge das US-Militär in einem Waffengang, der wohl vor allem von See- und Luftstreitkräften geführt werde – einen Landkrieg in Ostasien schließt der Admiral a. D. aus –, zur Zeit über einen, wenn auch knappen Vorteil: »Unsere Technologie, unser Netzwerk von Verbündeten und Stützpunkten in der Region«, aber auch High-Tech-Waffensysteme wie Drohnen aller Art und militärische Fähigkeiten im Weltraum überträfen die chinesischen Kapazitäten – »noch«. China mache allerdings »rasant« Fortschritte, »und gegen Ende des Jahrzehnts, wenn nicht sogar früher, wird es in der Lage sein, die USA im Südchinesischen Meer tatsächlich herauszufordern«.

Die Argumentation erinnert stark an die britische Kriegspropaganda gegen Deutschland vor dem Ersten Weltkrieg, als damals die Angst vor einem angeblich zu starken Deutschland geschürt wurde. In ähnlicher Weise soll offenbar nun die Öffentlichkeit auf einen großen Krieg vorbereitet werden. Ein Kriegsgrund wird sich zu gegebener Zeit finden.

Nadelstiche gegen den Drachen – Die Sabotage der Neuen Seidenstraße

Es gibt eine weitere Parallele zu der Zeit vor dem Ausbruch des Ersten Weltkriegs: Am 27. Juli 1903 begann mit Spatenstich und großer Feier im türkischen Konya der Bau der Bagdadbahn. Das Deutsche und das Osmanische Reich wollten mit einer ingenieurtechnischen Meisterleistung eine Eisenbahn von Konya im Zentrum Anatoliens nach Bagdad (Irak) mit einer Abzweigung ins syrische Aleppo bauen – und damit auch von Berlin nach Bagdad, wie der eigentliche Bauherr, Kaiser Wilhelm II., immer wieder versicherte.

Über Bagdad hinausgeführt, wäre diese Verbindung der schnellste und wirtschaftlichste Verkehrsweg zwischen Europa und Indien geworden. Das rief die europäischen Großmächte Großbritannien, Russland und Frankreich auf den Plan. Die fertiggestellte Bahnlinie hätte dem Deutschen Reich einen Zugriff auf die arabische Region und deren Ölquellen ermöglicht. Sie wäre außerdem eine Konkurrenz zu britisch und russisch beherrschten Verkehrsrouten geworden: dem von Briten beherrschten Suezkanal und den russischen Eisenbahnprojekten im Iran.

Die Bagdadbahn spielte für Deutschland eine kriegswichtige Rolle, weil das Deutsche Reich sich mit ihrer Hilfe von Ölimporten aus den USA unabhängig machen wollte. Im Falle einer Seeblockade hätte der Ausfall der Öllieferungen kriegsentscheidend sein können. Für das Osmanische Reich war die Bahn ebenfalls kriegsentscheidend, weil nur sie eine ausreichende Versorgung der südlichen Front am Suezkanal mit Truppen und Waffen und eine wirksame Bekämpfung der arabischen Aufständischen ermöglichte. Der Erste Weltkrieg brachte das Projekt zum Erliegen. Es gibt zahlreiche Historiker, für die der Bau der Bagdadbahn der Hauptgrund für den von Großbritannien angezettelten Krieg gegen den deutschen Herausforderer war.

Springen wir in die Gegenwart. Anfang April 2014 besuchte Chinas Präsident Xi Jinping Duisburg, wo sich der größte Binnenhafen der Welt befindet. Bei einer Ansprache schlug Xi den Bau einer neuen »Wirtschaftlichen Seidenstraße« zwischen China und Europa vor. Die Infrastruktur für diese Seidenstraße des 21. Jahrhunderts ist bereits in ihren Grundzügen erkennbar: Die Eisenbahnverbindung über die Strecke Chongqing-Xinjiang-Duisburg durch die Mitte des Eurasischen Kontinents dauert nur 16 Tage, über die Strecke Chengdu-Łódź (Polen) 12 Tage – statt 40–50 Tage auf See –, außerdem kann sie nicht von Kriegsschiffen und Stützpunkten blockiert werden.

China plant eine Reihe solcher gigantischer Infrastrukturprojekte, allen voran Eisenbahnlinien. »One Belt, One Road« (OBOR) nennt China dieses Projekt, eingebürgert hat sich der Name »Neue Seidenstraße«. Wie schon vor 100 Jahren würden diese Ost-West-Verbindungen die alten Seefahrtsstraßen obsolet machen und damit auch die angloamerikanische Kontrolle derselben. Es verwundert daher nicht, dass genau da, wo die künftigen Trassen verlaufen sollen, Krisen und Konflikte ausbrechen, die das Projekt verhindern sollen. Diese Nadelstiche sind auch dazu geeignet, den chinesischen Drachen so lange zu reizen, bis er zurückschlägt. Was dann zu einem Weltkrieg führen könnte. Im Moment noch ist die Waffe der Wahl: Destabilisierung durch Flüchtlingsströme und Terroranschläge.

Der im Süden des Kontinents verlaufende Zweig der Neuen Seidenstraße beginnt an der Küste von Guandong, im wichtigsten Hafen Shenzhen, und verläuft dann über Myanmar, Bangladesch, Indien, Pakistan, den Iran und die Türkei bis nach Europa. Der gesamte Verlauf dieser Strecke erstreckt sich über derzeit politisch instabiles Territorium.

Die türkische Neubaustrecke soll von Kars an der östlichen Grenze der Türkei zu Armenien über das Landesinnere bis Istanbul verlaufen, wo sie an den Marmaray-Tunnel anschließt, der unterhalb des Bosporus verläuft, und von dort weiter nach Edirne nahe der Grenze zu den EU-Staaten Griechenland und Bulgarien.

Ein weiter nördlich geplanter Zweig der Neuen Seidenstraße passiert die chinesische Westgrenze in Zentralasien und trifft dort auf Kasachstan, Tadschikistan und Kirgisistan, verläuft dann weiter über Turkmenistan und Usbekistan bis nach Russland. Diese sogenannten Stan-Staaten (so benannt nach deren gemeinsamer Endsilbe »-stan«) liegen im Zentrum des zukünftigen Wirtschaftsbooms, der mit Chinas neuem Hochgeschwindigkeitseisenbahnnetz der Neuen Seidenstraße kommen wird. Schon jetzt baut China von der Provinz Xinjiang im äußersten Westen des Landes eine Eisenbahnverbindung über Nordkirgisistan nach Usbekistan. Dort soll sie an das bestehende Eisenbahnnetz über Turkmenistan zum Kaspischen Meer angeschlossen werden. Damit erhält China eine zusätzliche Überlandverbindung durch Zentralasien für Exporte auf den europäischen Markt und leichteren Zugang zu Gold-, Kohle- und anderen Rohstoffvorkommen in Kirgisistan.

Genau in diesen Stan-Staaten dürften in nächster Zeit Unruhen und Krisen zu erwarten sein. Zu den weiter westlich gelegenen Staaten der Eurasischen Landbrücke, Iran und Türkei, kann derzeit nur gesagt werden, dass beide von innen und außen bedroht sind und sich auf Krieg oder Bürgerkrieg einstellen müssen.

Der Konflikt ist bereits global

Aber nicht nur auf der riesigen eurasischen Landmasse wird der amerikanisch-chinesische Konflikt ausgetragen, sondern in der Arktis ebenso wie in Afrika, Asien oder Südamerika.

Sozusagen vor Chinas Haustür, im Chinesischen Meer, erhöhen die Vereinigten Staaten – wie wir bereits gesehen haben – ihre Militärpräsenz seit Jahren. Den Zufahrtsweg zum Chinesischen Meer, »Straße von Malakka«, kontrollieren sie fast vollständig. Diese Meerenge in Südostasien ist mit täglich etwa 2000 passierenden Schiffen eine der am stärksten befahrenen Wasserstraßen der Welt. Auf ihrem Weg vom Indischen Ozean ins Südchinesische Meer zwängt sie sich zwischen Indonesien und Malaysia hindurch.

An ihrem nördlichen Ende, im Indischen Ozean, flankieren zwei bekannte Städte die Einfahrt der Meeresstraße: die Ferienmetropole Phuket in Thailand und das im Tsunami von 2004 verwüstete Banda Aceh in Indonesien. Am südlichen Ende der Meerenge liegt der Stadtstaat Singapur. Eine Distanz von etwa 800 Kilometern liegen zwischen beiden Enden. Der natürliche Kanal ist zwischen 50 und 300 Kilometer breit. An seinem südlichen Ende zwischen Singapur und der Ostküste von Sumatra befinden sich viele Passagen mit teils erheblich geringerer Breite. An seiner flachsten Stelle besitzt er eine Tiefe von nur noch 25 Metern.

Die US-Luftwaffe baute ihre Präsenz rund um dieses Nadelöhr in den letzten Jahren aus – hauptsächlich in Singapur und auf den Philippinen. Chinas Zugang zu Energie- und Rohstoffquellen könnte im Falle eines größeren Konflikts oder einer politischen Krise abgeriegelt werden, die maritime Seidenstraße wäre blockiert.

Auffallend ist die schnelle Annäherung (vor allem militärpolitisch) zwischen Washington und Vietnam, da beide Staaten vor 40 Jahren noch erbitterte Feinde waren. Um Myanmar (das frühere Burma), das noch vor Kurzem zu den US-Schurkenstaaten gehörte, buhlen jetzt sowohl die USA, als auch China und Indien.

Dass die USA die regionalen Staaten gegen China unterstützen, nannte die *Asia Times* »klassische Containment-Politik« (= alles unterstützen, was dem Feind schadet), die Großbritannien und die USA vor den beiden Weltkriegen gegen Deutschland und ab 1947 gegen die Sowjetunion anwendeten. Dies führte in beiden Fällen zum Zusammenbruch der Konkurrenzmächte.

Myanmar, Bangladesch, Indien und Pakistan sind Küstenstaaten und damit Standorte wichtiger Häfen der neuen maritimen Seidenstraße. Sehen wir uns zunächst Myanmar und Bangladesch an.

Das UN-Flüchtlingshilfswerk (UNHCR) berichtet von 7,7 Millionen Flüchtlingen in Asien – vornehmlich aus Afghanistan und aus Myanmar.[425] Die am meisten benutzte Flüchtlingsroute ist die aus Myanmar und Bangladesch über das Meer in Richtung Indonesien, Malaysia und Thailand.

Etwa eine Million Rohingya leben in Myanmar im nördlichen Teil des Rakhaing-Staates. Sie sind sunnitische Muslime, und die Regierung betrachtet sie als illegale Migranten aus dem benachbarten Bangladesch. Mithin lehnt sie jede Verantwortung für diese Volksgruppe ab und verweigert ihnen deshalb auch die Staatsbürgerschaft. Wie auch die Uiguren in Chinas Westprovinz Xinjiang, die ebenfalls Muslime sind und durch deren Siedlungsgebiete der Landweg der Neuen Seidenstraße verläuft, eignet sich diese sich benachteiligt fühlende Gruppe bestens, um Konflikte zu schüren. Etwa eine Million Rohingya leben bereits im Exil in Malaysia, Thailand und Pakistan – auch dort ein ständiger Unruheherd.

Kommen wir zu den nächsten Haltepunkten der maritimen neuen Seidenstraße: Indien und Pakistan. Da gibt es schon seit Jahren Gefechte zwischen indischen und pakistanischen Truppen in Kaschmir. Es ist aufgrund der Dreiecksbeziehung zwischen China, Indien und Pakistan einer der kompliziertesten Krisenherde Asiens. Während Pakistan die Heimat aller Muslime in Südostasien werden möchte, ist für Indien Kaschmir ein Teil seines Vielvölkerstaates.

In den letzten Jahren war es vergleichsweise ruhig in der Region, bis 2019 indische Jets islamistische Ausbildungslager auf dem pakistanischen Boden Kaschmirs bombardierten und Pakistan ein indisches Militärflugzeug abschoss.[426]

In der Politik gibt es laut Roosevelt keine Zufälle: Monate zuvor hatte China verkündet, in den nächsten Jahren im Zuge seines Projekts der Neuen Seidenstraße 57 Milliarden Dollar in den »Chinesisch-Pakistanischen Wirtschaftskorridor« zu investieren. Der nördliche Teil dieses Korridors soll durch den pakistanischen Teil Kaschmirs führen, der auch von Indien beansprucht wird.

Chinas Revolution der globalen Transportwege erstreckt sich bis nach Südamerika. Wen wundert es daher noch, dass die USA in Venezuela Chaos und innere Unruhen anzetteln. Aber nicht nur dort.

In seiner Rede vor der Anti-Castro-Gemeinde am Miami Dade College verurteilte John Bolton, der ehemalige nationale Sicherheitsberater der Vereinigten Staaten, »die Troika der Tyrannei, die von Havanna bis Caracas über Managua geht, die immenses menschliches Leid verursacht, die eine riesige regionale Instabilität und die Entstehung einer schmutzigen Wiege des Kommunismus in der westlichen Hemisphäre schafft«.[427] Die üblichen Floskeln also, die ankündigen, dass die beschuldigten Staaten auf der US-Abschussliste stehen. Aber die Worte verraten noch mehr: Bolton hat mit dieser Aussage signalisiert, dass die USA das Pentagon-Projekt der Zerstörung der staatlichen Strukturen des Karibikbeckens wiederbeleben.

Dieses Projekt entstand vor 18 Jahren im Gefolge der Anschläge vom 11. September. Der damalige US-Verteidigungsminister Donald Rumsfeld hatte ein Büro der Transformation der Streitkräfte (Office of Force Transformation) geschaffen und Admiral Arthur Cebrowski zu dessen Leiter ernannt. Cebrowskis Aufgabe war es, die US-Armee für ihre neue Mission in der Ära der Globalisierung der Finanzmärkte neu auszurichten. Ihr Auftrag lautet seitdem: die staatlichen Strukturen der Regionen, die sich nicht der US-dominierten Weltwirtschaft unterordnen und sich stattdessen China zuwenden, zu zerstören.

Der erste Teil dieses Plans war, den »Erweiterten Nahen Osten« zu zerschlagen. Der zweite Schritt sollte das Gleiche im Karibikbecken anrichten. Der Plan sieht vor, zwanzig Küsten- und Inselstaaten zu zerstören, mit Ausnahme von Kolumbien, Mexiko und so weit wie möglich der britischen, US-amerikanischen, französischen und niederländisch kontrollierten Territorien. Ausführender der Aktion ist die Pentagonabteilung SouthCom. Die Kommandozentrale, die für gesamt Südamerika zuständig ist, soll einen Krieg zwischen Lateinamerikanern provozieren, um alle staatlichen Strukturen des Karibikbeckens zu zerstören.[428]

Vielleicht der am erbittertsten von den USA und von China umkämpfte Erdteil ist Afrika. Auch da kommen wieder die bestens getesteten Waffen zum Einsatz: Migration und Terror. Beide sind weitverbreitet im Maghreb – arabisch: der Westen. Darunter versteht man vor allem die drei nordafrikanischen Staaten Tunesien, Algerien und Marokko sowie Libyen und Mauretanien, die aufgrund ihrer Geographie und Geschichte viele Gemeinsamkeiten haben. Die südlich davon liegende Sahelzone ist eine lang gestreckte halbtrockene Übergangszone vom eigentlichen, sich nördlich anschließenden Wüstengebiet der Sahara bis zur Trocken- beziehungsweise Feuchtsavanne im Süden. Der Sahel umfasst von West nach Ost die Staaten Senegal (Nordteil), Mauretanien (Südteil), Mali, Burkina Faso (Nordteil), Niger (Südteil), Nigeria (Nordteil), Tschad, Sudan, Äthiopien (Nordteil) und Eritrea. Wie wir aus den aktuellen Nachrichten wissen, befindet sich auch der Sahel in ständiger politischer Unruhe.

Das kaum kontrollierte Dreiländereck, in dem Algerien, Mauretanien und Mali aufeinandertreffen, soll das Rückzugsgebiet des nordafrikanischen Zweigs von al-Qaida sein. Aus dem Reservoir Tausender radikalisierter Jugendlicher aus dem Maghreb und der verarmten Sahelzone kämen Rekruten für einen Heiligen Krieg zusammen, berichten die Geheimdienste.

Flugs stellten daraufhin die USA den Maghreb-Staaten neue Waffen, Kommunikationssysteme, Transport- und Aufklärungsgeräte zur Verfügung und intensivierten die Zusammenarbeit der jeweiligen Geheimdienstler mit ihren amerikanischen Kollegen. 2006 riefen sie die »Trans Saharan Counter-Terrorism Initiative« (TSCTI) ins Leben. Ihr gehören mittlerweile zehn Staaten an. In Djibouti, wo Frankreich eine

Militärbasis unterhält, haben die USA bereits 2000 Soldaten stationiert. Stützpunkte für die TSCTI sind momentan in Senegal, Mali, Mauretanien, Niger, Tschad, Ghana, Marokko, Tunesien und Algerien geplant beziehungsweise im Aufbau. Teilweise werden diese auch durch private Militärfirmen errichtet. Die Ausbildung der afrikanischen Soldaten erfolgt in der Regel durch die US Special Forces.

Die plötzlich aufgetauchten Terrorgruppen und die amerikanischen Militärberater, die den »bedrohten« Regierungen daraufhin zu Hilfe eilen, machen sich just in einer Gegend breit, die nach den neuen Plänen des Pentagons zu einem der für die USA wichtigsten Einflussgebiete des 21. Jahrhunderts wird: In der Sahelzone liegen die neuen Öl-Eldorados. Die Chinesen sind ebenfalls dabei, ihren Fuß in die dortige Tür zu stellen. Terrorgruppen sollen also verhindern, dass China Zugriff auf die Öl- und Gasfelder im Maghreb und der Sahelzone erhält.

Weiter im Osten des afrikanischen Kontinents bricht mehr und mehr das Chaos aus – von Somalia, Südsudan und Sudan bis nach Äthiopien, kurz: am gesamten strategisch wichtigen Horn von Afrika.

Wenn wir verstehen wollen, warum derzeit am Horn von Afrika Krieg herrscht, dann müssen wir auf die Landkarte schauen: Die betroffenen Länder liegen am Ausgang des Roten Meeres – jenem Nadelöhr, von dem aus die Transportroute von Asien über den Suezkanal nach Europa kontrolliert werden kann. Das heißt: Diese Region ist für Europa und China von enormer strategischer Bedeutung.

Der Westen ist hier längst präsent. Auch die Bundeswehr hat Militärbeobachter im Sudan, im Südsudan und in Somalia stationiert. In Dschibuti hat China seit 2014 einen Flottenstützpunkt.

Dschibuti liegt zwischen Äthiopien, Eritrea und Somalia, ist etwa 23 000 Quadratkilometer groß (wie Mecklenburg-Vorpommern) und hat knapp eine Million Einwohner. Das heiße, wüstenhafte und ressourcenarme Land, das 1977 von Frankreich unabhängig wurde, ist schon jetzt ein Heerlager fremder Mächte: Rund 2000 französische Soldaten sind permanent vor Ort, dazu seit 2001 etwa 4000–5000 US-Soldaten vor allem der Navy und Marines im US-Stützpunkt Camp Lemonnier. Auch Drohneneinsätze werden von hier aus geflogen – von Stuttgart aus kommandiert. Auch deutsche Soldaten sind immer wieder auf der Basis Dschibuti stationiert – ob zu Manövern oder wie zuletzt im Rahmen der EU-geführten Operation »Atalanta« gegen Piraten. Und natürlich schauen auch Soldaten und Seeleute anderer EU-Staaten hier vorbei.

Das Pentagon zahlte bisher jährlich 63 Millionen Dollar für die Nutzung der Basen, doch China hat ein viel besseres Angebot unterbreitet, nämlich Investitionen in Höhe von 3 Milliarden Dollar für eine neue Eisenbahnlinie von Äthiopiens Hauptstadt Addis Abeba nach Dschibuti, plus 400 Millionen für den Ausbau des Hafens von Obock. Darüber hinaus modernisiert China das kleine Militär des Landes, vor allem mit Schiffen und Flugzeugen.

Aber nicht nur in Dschibuti gewinnt China an Einfluss, sondern auch bei dessen Nachbarn: Die islamische Republik Sudan, siebenmal so groß wie Deutschland und größter Flächenstaat des Kontinents, verfügt nach amerikanischen Schätzungen über ein Erdölvorkommen von rund 3 Milliarden Barrel. Das Öl befindet sich im Süden des Landes und wird von Unternehmen aus China, Indien, Pakistan und Malaysia gefördert. Wichtigster Investor ist hierbei die Volksrepublik China, die knapp ein Zehntel ihrer Ölimporte aus dem Sudan bezieht. Über eine Pipeline gelangt das Öl in den Norden des Landes, und zwar nach Port Sudan am Roten Meer, und wird von dort per Schiff nach Asien transportiert.

Seit 2011 ist der ölreiche Süden als Republik Südsudan ein eigener Staat. Englisch ist die Amtssprache. Fast 80 Prozent der über 8 Millionen Einwohner sind Christen. Derzeit wird eine Pipeline gebaut, die das südsudanische Öl über Äthiopien nach Dschibuti befördern soll.

Die Vernichtung staatlicher Strukturen am Horn von Afrika und damit die Sabotage der chinesischen Einflussnahme ist das Ziel des Pentagons. Ich habe in meinen Büchern detailliert darauf hingewiesen. Im Augenblick hat sich das strategische Interesse Washingtons vom Nahen Osten abgewandt und auf das Horn von Afrika konzentriert.

Verlassen wir den heißen Süden und sehen uns an, wie am nördlichsten Punkt der Neuen Seidenstraße, in der Arktis, die sogenannte polare Seidenstraße entstehen soll.

China hat nicht nur den ersten Eisbrecher aus eigener Produktion gebaut, sondern umwirbt auch Grönland. Die Nachrichtenagentur *Reuters* meldet: »Grönland bemüht sich um chinesische Investoren und Baufirmen, damit diese beim Ausbau von drei Flughäfen behilflich werden [...] Das chinesische Interesse an Grönland, einem selbstverwalteten Teil des Königreichs Dänemark, kommt, nachdem Peking im Januar seine Ambitionen zur Bildung einer ›Seidenstraße am Polarkreis‹ durch die Entwicklung von Schifffahrtsrouten [...] und den Anreiz zum Infrastrukturaufbau in der Arktis formuliert hatte.«[429]

Da schrillten natürlich in Washington die Alarmglocken. Denn China könnte genügend Einfluss gewinnen, um eine der weltweit wichtigsten US-Militärbasen von der Insel zu verdrängen: die Thule Air Base der US Air Force auf der Westseite Grönlands. Sie beherbergt den strategisch bedeutsamen 21st Space Wing der Air Force. Er ist ausgestattet mit dem modernsten Frühwarnradar zur Verfolgung ankommender ballistischer Raketen und überwacht und kontrolliert damit den gesamten nordatlantischen Raum.

Zudem verfügt der Stützpunkt über eine 3 Kilometer lange Landebahn, was für jede militärische Operation, die durch die Arktis verläuft, absolut wichtig ist. »Eine chinesische Präsenz in Grönland würde die Position der USA auf der Insel komplizierter machen, letztlich ist es nicht unmöglich, sich vorzustellen, dass China die grönländische Regierung unter Druck setzen könnte, die Amerikaner zu bitten, die Insel entweder zu verlassen oder eine chinesische Militär- oder Dual-Use-Präsenz zu erlauben«,[430] so Jon Rahbek-Clemmensen vom Royal Danish Defence College.

Bereits am 7. Mai 2014 hatte der damalige US-Verteidigungsminister Chuck Hagel das US-Engagement im Nordpolarmeer in einer Rede im Council on Global Affairs in Chicago angekündigt. Das Pentagon werde in der Arktisregion, wo es ein Potenzial für Konflikte gibt, festen Fuß fassen, sagte er. Und er fügte hinzu: »Das Schmelzen gigantischer Eismassive bietet Möglichkeiten für die Eröffnung neuer Seewege und die Erkundung von Naturressourcen, für die Energiewirtschaft und den Handel – mit einem gefährlichen Potenzial für einen Konflikt in der Arktis.«[431]

An all diesen Details erkennen wir zweierlei: Zum Ersten, dass nahezu in jeder Region der Welt die Möglichkeit vorhanden ist, Kriege anzuzetteln. Denn aus jedem Grenzstreit, aus jeder angeblichen Bedrohung durch Terroristen, aus jedem eingefrorenen Konflikt lässt sich ein Krieg inszenieren, der zum Tod von Hunderttausenden oder gar Millionen von Menschen führen kann. Zum Zweiten ist aber auch deutlich geworden, dass die Vorbereitungen auf einen großen Krieg schon seit nahezu 20 Jahren laufen. Die von mir zitierten Datumsangaben der Quellen beweisen diese Tatsache eindeutig. Wir haben auch gesehen, dass einflussreiche Persönlichkeiten und Denkfabriken die Öffentlichkeit systematisch auf kriegerische Konflikte einschwören und von ihrer angeblichen Unvermeidbarkeit sprechen.

In wessen Auftrag betreiben diese Einflussagenten ihre Propaganda? Im ersten Kapitel haben wir herausgefunden, wer diese Entscheider sind. Das Tragische ist, dass sie bestimmen können, ob und wann einer der zahlreichen Konfliktherde dieser Welt für einen groß angelegten Kriegsausbruch herhalten muss.

6 – Die Weichen sind gestellt

Weil alle hier aufgezeigten Entwicklungen – vom Gedanken der angeblichen Übervölkerung der Erde bis zum biologisch-chemischen Angriff auf unsere Gesundheit, der Nahrungsmittelverknappung, der Wettermanipulation und dem Krieg – mit Eifer vorangetrieben und zur Eskalation gebracht werden, drängt sich der Verdacht auf, dass sich ein bestimmter Zweck dahinter verbirgt.

Machen wir also die Probe: Sollte wirklich Absicht hinter all diesen Leben zerstörenden Maßnahmen stehen, dann müssten diejenigen, die sie vorantreiben, befürchten, dass der Plan, die Weltbevölkerung zu dezimieren, auffliegt und sich dann Widerstand formiert. Das heißt: Sollte so ein Vorhaben also existieren, dann müssten die Verschwörer alles daransetzen, eine möglichst umfassende Kontrolle über die Menschen zu erlangen. Für unsere Untersuchung stellt sich also die Frage: Sind in den letzten Jahren Versuche unternommen worden, immer mehr Kontrolle über den einzelnen Bürger auszuüben?

Da fallen uns natürlich gleich die vergangenen 3 Jahre ein, in denen unsere Grund- und Menschenrechte massiv eingeschränkt wurden. Ich bin in meinem Buch *Durch Corona in die Neue Weltordnung* ausführlich darauf eingegangen und möchte hier nur die wichtigsten Erkenntnisse rekapitulieren:

Seit 2017 wird mit Unterstützung der Vereinten Nationen die globale Überwachung der Flugpassagiere unter dem Stichwort »Passenger Name Record« (PNR) vorangetrieben. Mit diesem Meldesystem werden alle Daten der Reisenden gesammelt. PNR soll in Zukunft auch Bahn- und Schiffsreisende mit einschließen. Die Einführung eines international gültigen digitalen Gesundheitszertifikats steht bevor, aus dem später ein digitaler Identitätsnachweis werden soll.

Die Europäische Kommission hat im Mai 2023 für die Vorbereitung des digitalen Ausweises 46 Millionen Euro bereitgestellt. Mit dem Geld will man eine Smartphone-App entwickeln und testen, die es den Bürgern aller 27 EU-Mitgliedstaaten ermöglichen soll, einen digitalen Ausweis zu speichern und zu nutzen. Die »digitale Brieftasche« könnte für die Vorlage von Reiseausweisen, die Registrierung einer SIM-Karte, die Eröffnung eines Bankkontos und den Zugang zu Dienstleistungen wie Sozialleistungen verwendet werden.

An den Pilotprojekten werden 250 öffentliche und private Organisationen in fast allen Mitgliedstaaten sowie in Island, Norwegen und der Ukraine beteiligt sein, diese werden mindestens 2 Jahre lang laufen.[432]

Die Projekte sollen den Mitgliedstaaten helfen, sich auf die Europäische Verordnung zur digitalen Identität vorzubereiten, die derzeit im Parlament diskutiert wird. Zudem werden sie die Europäische Union auch ihrem Ziel näher bringen, bis zum Jahr 2030 alle Bürger mit einer digitalen Identität auszustatten.

Die NSA überwacht Deutschland

In meinem Buch *Besatzungszone* habe ich darauf hingewiesen, dass Massenüberwachung in den USA seit den Anschlägen des 11. September 2001 mit dem »Patriot Act« und in Großbritannien mit dem »Regulation of Investigatory Powers Act« legal ist.

Edward Snowden spricht von der »größten verdachtsunabhängigen Überwachung in der Geschichte der Menschheit«[433], die er enthüllt habe, weil sie nach seiner Auffassung einen schwerwiegenden Verstoß gegen Menschenrechte und Verfassungen darstelle. In den seit Juni 2013 nicht abreißenden Enthüllungen (Edward Snowden) wurden zahlreiche Überwachungsprogramme und -systeme auch in ihrer Funktionsweise ausführlich dargelegt.

Da die US-Geheimdienste in Deutschland ganz legal spähen und überwachen dürfen, stehen auch die Bundesbürger unter ständiger Beobachtung. In *Spiegel Online* vom 7. Juli 2013 erklärte Edward

Snowden unter anderem, dass die NSA auch mit Deutschland »unter einer Decke«[434] stecken würde. In einem ARD-Interview am 26. Januar 2014 sprach er davon, dass »der deutsche und der amerikanische Geheimdienst miteinander ins Bett gehen«.

Seit 1952 befand sich in der oberbayerischen Gemeinde Bad Aibling eine von der National Security Agency (NSA) betriebene Abhörstation. Die NSA ist mit über 50 000 Mitarbeitern der größte Geheimdienst der USA und für die weltweite Überwachung, Entzifferung und Auswertung elektronischer Kommunikation zuständig. Der offizielle Name der Bad Aiblinger NSA-Abhöranlage lautete »Field Station 81«. Die Anlage wurde auch von britischen und deutschen Geheimdiensten mit genutzt. 2004 musste die NSA auf Druck der Europäischen Union Field Station 81 räumen und dem BND übergeben.

Schon zuvor, am 28. April 2002, hatten BND und NSA ein »Memorandum of Agreement« über die Einrichtung einer gemeinsamen SIGINT-Stelle in Bad Aibling geschlossen, der genaue Inhalt ist allerdings geheim. Die Abkürzung SIGINT steht für: Signals Intelligence, die nachrichtendienstliche Informationsgewinnung, beispielsweise aus abgehörten Funksignalen (auf Deutsch etwa: Fernmelde- und Elektronische Aufklärung). Neben diesem Memorandum gab es zeitgleich weitere deutsche Gesetzesänderungen zur engeren Zusammenarbeit der Dienste.

Erklärt wurden diese Zugeständnisse als deutscher Beitrag zum Krieg gegen den Terror, den US-Präsident George W. Bush nach dem 11. September 2001 ausgerufen hatte. Und weil dieser weltweite Krieg gegen den Terror, wie von Bush angekündigt, noch Jahrzehnte dauern soll, gelten diese Abkommen immer noch. Das heißt: Die deutschen Geheimdienste sind die Zuträger der amerikanischen.

Zurück zu Bad Aibling. Nach Angaben von Edward Snowden war die NSA-Anlage auf dem Gelände der Mangfall-Kaserne in Bad Aibling eine Kommunikationszentrale, in der alle gesammelten Daten zusammenliefen und von dort direkt zum Datennetz der NSA weitergeschickt wurden.

Teile der Einrichtungen in Bad Aibling werden heute vom BND, dessen Fernmeldeverkehrsstelle in der benachbarten Bundeswehrkaserne stationiert ist, weiterbetrieben. Der BND gibt die Daten dann an die NSA weiter. Snowden hat einen NSA-Bericht vom Januar 2005 veröffentlicht, der die aus Deutschland stammenden Erkenntnisse ausdrücklich lobt. Sie seien für die Festnahme oder Tötung von mehr als 40 des Terrorismus Verdächtiger verantwortlich.[435]

Derzeit unterhält die NSA nach eigenen Angaben drei Standorte in Deutschland: den Dagger Complex in Darmstadt/Griesheim, einen in Wiesbaden und einen in Stuttgart – von ursprünglich schätzungsweise achtzehn Einrichtungen in der Bundesrepublik.

Der Standort in Wiesbaden-Erbenheim auf dem Gelände der Lucius-D.-Clay-Kaserne – etwa 8 Kilometer südöstlich der Wiesbadener Innenstadt – ist das vermutlich wichtigste Zentrum der US-Datenspionage: das Consolidated Intelligence Center (CIC, deutsch: Vereinigtes Nachrichtendienstliches Zentrum). Der Zweck der Einrichtung ist nach Angaben der US-Army die Unterstützung der US-Streitkräfte mit taktischer Kriegsschauplatzunterstützung und strategischen nachrichtendienstlichen Funktionen.[436]

Der Bau des Geheimdienstzentrums kostete 91 Millionen US-Dollar, das dazugehörende Informationsverarbeitungszentrum 30,4 Millionen US-Dollar.

Der damalige Präsident des BND, Gerhard Schindler, bestätigte gegenüber dem Bundestagsinnenausschuss, dass es sich um ein Abhörzentrum des US-Geheimdienstes NSA handele.[437]

Brisant ist die Ortswahl des NSA-Abhörzentrums deswegen, weil es sich in unmittelbarer Nähe zum weltweit verkehrsintensivsten Internetknotenpunkt in Frankfurt befindet. Es wird vermutet, dass etwa 1100 »Intelligence Professionals« und »Special Security Officers« in Wiesbaden arbeiten.[438] Die US-Dienste sind nicht verpflichtet, genaue Zahlenangaben zu ihrer Personalstärke in Deutschland zu machen.

Dieser Frankfurter Internetknoten DE-CIX wird vom Bundesnachrichtendienst unter dem Namen »Operation Eikonal« ausgespäht. Große Mengen der dort abgefangenen Rohdaten werden direkt an die NSA weitergeleitet.[439] Neben dem Bundesnachrichtendienst liefert auch das Bundesamt für Verfassungsschutz (BfV) regelmäßig vertrauliche Daten an die NSA und arbeitet mit acht weiteren US-Diensten zusammen.

Zensur gegen Andersdenkende

Neben der Erfassung und Kontrolle der Bürger sollen fortan auch Meinungen bekämpft werden, die nicht mit der offiziellen Linie übereinstimmen. Man nennt diesen Vorgang auch Zensur. Zu diesem Zweck hat die EU eine neue Verordnung erlassen, den Digital Services Act (DSA). Angeblich, um Transparenz zu schaffen und Onlineplattformen zur Rechenschaft zu verpflichten, soll jede Meinung, die dem System zuwiderläuft, eliminiert werden. Die Verordnung verpflichtet die Plattformen, Fehlinformationen oder Wahlmanipulationen ganz konkret mithilfe von »vertrauenswürdigen« Stellen, die alles zensieren werden, zu mindern.

Der DSA unterstützt Denunzianten, indem er vorsieht, dass Nutzer illegale Inhalte online melden können. Zudem fördert er die Zusammenarbeit von Plattformen mit spezialisierten »vertrauenswürdigen Hinweisgebern«, um illegale Inhalte zu ermitteln und zu entfernen. Mit dem Gesetz über digitale Dienste soll auch im Fall einer ernsthaften Bedrohung der öffentlichen Gesundheit und von Sicherheitskrisen, wie etwa einer Pandemie oder eines Krieges, ein neuer Krisenreaktionsmechanismus eingeführt werden. »Der DSA regelt die Verantwortlichkeiten von sehr großen Onlineplattformen und sehr großen Onlinesuchmaschinen, wenn es um systemische Probleme wie Fehlinformationen, Hoaxes und Manipulationen während Pandemien, Schäden für gefährdete Gruppen und andere neu entstehende gesellschaftliche Schäden geht«, heißt es im EU-Gesetz,[440] das ab dem 1. Januar 2024 Gültigkeit haben wird.

Es ist indes nicht nur die EU, die zensiert. Auch global soll in die Meinungs- und Informationsfreiheit eingegriffen werden. Und wer eignet sich dafür besser als die Weltgesundheitsorganisation? Wir werden später sehen, dass diese WHO zu einer globalen Schattenregierung ausgebaut werden soll.

In einer neuen Initiative der WHO namens »Preparedness and Resilience for Emerging Threats« (PRET) werden die Mitgliedstaaten aufgefordert, das zu bekämpfen, was die Organisation als »Infodemie« bezeichnet – dabei handelt es sich um eine Überfülle an Informationen, »ob zutreffend oder nicht«,[441] die es den Menschen schwer macht, »Verhaltensweisen anzunehmen, die ihre Gesundheit und die Gesundheit ihrer Familien und Gemeinschaften schützen«.

Die WHO schlägt eine Reihe von Empfehlungen für »Überwachungssysteme für soziales Zuhören« vor, die sich mit dem befassen sollen, was sie als »Gesundheitsbedrohung« durch »Fehlinformationen« im Internet beschreibt.

Die PRET-Initiative ist – wohl nicht zufällig – zu einem Zeitpunkt ausgerollt worden, an dem die Mitgliedstaaten der WHO über zwei umstrittene Instrumente verhandeln: den »Pandemievertrag« und Änderungen der Internationalen Gesundheitsvorschriften. Dazu gleich mehr.

Hier nur schon einmal vorweggenommen: Der jüngste Entwurf des Pandemievertrags enthält Formulierungen darüber, in welcher Weise sich die WHO-Mitgliedsstaaten für das »soziale Zuhören« engagieren müssten. Gemäß Artikel 18(b) würden sie sich demnach zu Folgendem verpflichten:

- zur regelmäßigen Kontaktaufnahme mit der Bevölkerung und zum »sozialen Zuhören«;
- zu regelmäßigen Analysen und Konsultationen mit zivilgesellschaftlichen Organisationen und Medien, um die Verbreitung und die Profile von Fehlinformationen zu ermitteln;
- zur Entwicklung von Kommunikations- und Nachrichtenstrategien für die Öffentlichkeit, um Fehlinformationen, Desinformationen und Falschnachrichten entgegenzuwirken;
- zur Stärkung des Vertrauens der Öffentlichkeit
- und dazu, die Einhaltung von Maßnahmen in den Bereichen Gesundheit und Soziales zu fördern.[442]

Es geht also um Überwachung, »soziales Abhören«, Zensur, Verbreiten des eigenen Narrativs und um das Eindringen der WHO in die nationale und individuelle Souveränität. Die WHO soll – wie wir gleich anhand des von der WHO vorgeschlagenen Pandemievertrages sehen werden – zu einer über den Nationalstaaten stehenden Instanz ausgebaut werden. »Global Governance« nennt das Klaus Schwab.

Ein WHO-Dokument, das die PRET-Initiative beschreibt, enthält eine Definition der Infodemie: »Infodemie ist die Überfülle an Informationen – ob zutreffend oder nicht –, die es dem Einzelnen erschwert, Verhaltensweisen anzunehmen, die seine Gesundheit und die Gesundheit seiner Familie und seines Umfelds schützen. Die Infodemie kann sich direkt auf die Gesundheit auswirken, die Durchführung von Gegenmaßnahmen im Bereich der öffentlichen Gesundheit behindern und das Vertrauen und den sozialen Zusammenhalt untergraben.«[443]

In dem Dokument wird empfohlen, dass die Länder als Reaktion auf die »Infodemie« »Ressourcen für Überwachungssysteme für soziales Zuhören und Kapazitäten zur Erkennung von Bedenken sowie von Gerüchten und Fehlinformationen einrichten und in diese investieren«. Im Klartext und ohne bürokratisches Geschwurbel: Die

Staaten sollen jedwede Kritik am gerade gültigen WHO-Narrativ unterbinden.

Zu diesen Ressourcen gehörten »neue Werkzeuge und Ansätze für soziales Zuhören […] unter Verwendung neuer Technologien wie künstliche Intelligenz, um die Sorgen der Bevölkerung in den sozialen Medien zu erfassen«. Mit anderen Worten: KI soll eingesetzt werden, um die Kommunikation innerhalb der Bevölkerung zu überwachen und zu analysieren. Willkommen in Orwells *1984!*

Interessant ist, dass Google der WHO helfen will, »medizinische Fehlinformationen« zu bekämpfen.

Die PRET-Vorschläge der WHO fielen mit einer neuen mehrjährigen Kooperationsvereinbarung mit Google zusammen. Diese sieht die Bereitstellung glaubwürdiger gesundheitsbezogener Informationen vor, um Milliarden von Menschen auf der ganzen Welt in eine Denkrichtung zu bringen, nämlich die der WHO.

Die Vereinbarung wurde am 23. Mai 2023 von Dr. Karen Bollinger DeSalvo, Chief of Health Officer bei Google, auf dem Blog des Unternehmens angekündigt. Sie schrieb:

»Informationen sind ein entscheidender Faktor für die Gesundheit. Die richtigen Informationen zur richtigen Zeit können zu besseren Gesundheitsergebnissen für alle führen. Wir haben dies bei der Covid-19-Pandemie am eigenen Leib erfahren, als es für die Menschen weltweit schwierig war, nützliche Informationen online zu finden.
Wir haben mit der Weltgesundheitsorganisation (WHO) an einer Reihe von Maßnahmen gearbeitet, um den Menschen zu helfen, fundierte Entscheidungen über ihre Gesundheit zu treffen – von einem SOS-Alarm über die Veröffentlichung lokal relevanter Inhalte zu Covid-19 bis zu YouTube-Richtlinien zu medizinischen Fehlinformationen.«[444]

Eine Möglichkeit, wie Google mit der WHO zusammenarbeiten wird, ist die Erstellung von noch mehr »Knowledge Panels« (Informationsfeldern), die in den Suchergebnissen für gesundheitsbezogene Fragen auf der Plattform an prominenter Stelle erscheinen werden.

Und damit auch Beiträge von Kritikern weiter nach hinten schieben. Vermutlich werden diese dem Mainstream nicht genehmen Artikel ohnehin aus dem Netz verbannt werden.

»Jeden Tag suchen Menschen in der Google-Suche nach vertrauenswürdigen Informationen über verschiedene Gesundheitszustände und Symptome«, schrieb DeSalvo. »Um ihnen den Zugang zu vertrauenswürdigen Informationen zu erleichtern, zitieren unsere Knowledge Panels Inhalte aus zuverlässigen Quellen, die Hunderte Krankheiten abdecken, von der Erkältung bis zu Angstzuständen.

In enger Zusammenarbeit mit der WHO werden wir bald weitere Krankheiten wie COPD (chronisch obstruktive Lungenerkrankung), Bluthochdruck, Typ-2-Diabetes, Mpox, Ebola, depressive Störungen, Malaria, Naturkatastrophen und mehr abdecken«, fügte sie hinzu. Dazu gewährte ihre Firma der WHO mehr als 320 Millionen Dollar »in Form von gespendeter Google-Suchwerbung über Ad Grants«.

Dass hier neben Krankheiten auch Naturkatastrophen genannt werden, ist beachtenswert, denn dieser wichtige Fakt weist bereits in die Richtung der »One-Health«-Ideologie, auf die ich gleich noch zu sprechen komme.

Google stellte der WHO allein im Jahr 2023 weitere 50 Millionen Dollar an Werbezuschüssen zur Verfügung. Nach Angaben des Unternehmens handelt es sich bei den Werbezuschüssen für die WHO um die größte Spende Googles an eine einzelne Organisation. Seit 2020 ist die WHO Partnerschaften mit YouTube (eine Tochtergesellschaft von Google LLC), Facebook und Wikipedia eingegangen, und sie hatte direkten Einfluss auf die Sprachregelungen auf diesen Plattformen.

Während diese Maßnahmen unser Denken beeinflussen sollen, geht der Co-Vorsitzende der WHO-Arbeitsgruppe, die sich mit dem neuen Pandemievertrag befasst, noch einen Schritt weiter, indem er »Maßnahmen, die die individuellen Freiheiten einschränken könnten«, fordert. Dr. Abdullah Assiri sagte auf der 76. Weltgesundheitsversammlung, einer jährlichen Tagung des Entscheidungsgremiums der WHO, im Mai 2023: »Die Welt benötigt rechtliche Mandate, wie den Pandemievertrag, um eine bestimmte Pandemie zu bewältigen, sollte sie eintreten, und das wird sie [...] Die Priorisierung von Maßnahmen, die die individuellen Freiheiten einschränken können, die Anordnung und der Austausch von Informationen, Wissen und Ressourcen und vor allem die Bereitstellung von Mitteln für die Pandemiebekämpfung sind während einer Pandemie notwendig.«[445]

Der Weg in den Polizeistaat

Die Zensurmaßnahmen gegen diejenigen, die Regierungen kritisieren, werden immer schärfer. Andersdenkende werden in den Mainstreammedien als Extremisten und Terroristen bezeichnet – eine breit angelegte Rufmordkampagne, für die sich niemand zu interessieren scheint. In den USA wurden sogar schon der ehemalige Senator Robert F. Kennedy und der Unternehmer Elon Musk von der *New York Times* beschuldigt, »rechte Ideen und Desinformation« zu verbreiten. Die Headline über dem Beitrag vom 5. Juni 2023 lautete: »Robert Kennedy Jr. With Musk, Pushes Right-Wing Ideas and Misinformation«.[446] Allein in Deutschland gibt es inzwischen so viele Beispiele für Rufmord – ich selbst bin eins –, dass sie ein eigenes Buch füllen würden. Aber darum geht es in dieser Untersuchung nicht. Ich wollte nur aufzeigen, wie scharf die Zensur mittlerweile geworden ist.

Auch die Polizeigewalt hat dramatisch zugenommen. Wir sehen das fast täglich auf den alternativen Kanälen, wo Videos auftauchen, die zeigen, wie brutal Uniformierte auf Demonstranten einprügeln, die das bestehende System kritisieren. Und weil der Staat mit aller Macht gegen Andersdenkende vorgeht, schreitet auch die Militarisierung der Polizei voran.

Polizeikräfte verwandeln sich von Beamten, die ihren Dienst am Wohl der Allgemeinheit auszurichten haben, in schwer bewaffnete

Ableger des Militärs, komplett ausgestattet mit Springerstiefeln, Helmen, Schutzschilden, Schlagstöcken, Pfefferspray, Betäubungsgewehren, Sturmgewehren, Schutzwesten, Miniaturpanzern und bewaffneten Drohnen. Sie agieren immer weniger als Diener des Volkes, die sich der Wahrung des Friedens verpflichtet sehen; vielmehr sind sie zu Gehilfen eines Systems geworden, das die Massen unter Kontrolle halten will und die Bürger wie Verdächtige, ja, Feinde behandelt.

Razzien gegen Kritiker werden mithilfe von Spezialkräften durchgeführt, um gegen eine erstaunlich triviale Anzahl von angeblich »kriminellen Handlungen« oder systemkritischen Äußerungen vorzugehen, wie zum Beispiel das Ausstellen von Maskenattests oder die grundsätzliche Kritik an den Pandemiemaßnahmen.

Daneben baut die Polizei ihren Überwachungsapparat massiv aus. Egal, ob Sie an einem beliebigen Tag durch ein Geschäft gehen, mit dem Auto fahren, Ihre E-Mails abrufen oder mit Freunden und Verwandten telefonieren, Sie können sicher sein, dass eine Regierungsbehörde Ihr Verhalten verfolgt. Die Polizei ist mit einer ganzen Reihe von Überwachungsinstrumenten ausgestattet, von Nummernschildlesern über Handyortungsgeräte bis hin zu biometrischen Datenaufzeichnungsgeräten. Die Technologie ermöglicht es den Beamten nun, Passanten zu scannen, um den Inhalt ihrer Taschen, Geldbörsen und so weiter zu ermitteln. Ganzkörperscanner, die bei Flugreisen virtuelle Leibesvisitationen durchführen, sind jetzt auch mobil in umherfahrenden Polizeifahrzeugen, die sowohl Fahrzeuge als auch Gebäude – einschließlich Privatwohnungen – durchleuchten. In Verbindung mit dem landesweit wachsenden Netz von Echtzeitüberwachungskameras und Gesichtserkennungssoftware wird es bald keinen Ort mehr geben, an dem man sich dem Ganzen entziehen kann.

Die globale Spionage wird unvermindert fortgesetzt. Das massive Überwachungsnetz der NSA, das die *Washington Post* als 500 Milliarden US-Dollar schweres »Spionageimperium« bezeichnet,[447] wird sich weiterhin über den gesamten Globus erstrecken und jede einzelne Person auf dem Planeten, die ein Telefon oder einen Computer benutzt, ins Visier nehmen. Das weltweite Spionagenetzwerk Echelon fängt praktisch jedes geführte Telefonat, jedes verschickte Fax und jede versendete E-Mail ab und analysiert sie. Echelon überwacht nicht nur »politisch inkorrekte« Gruppen, sondern dient auch den Regierungen als Instrument, um Gesellschaft, Politik und Unternehmen auszuspionieren.

Der Kampf gegen die eigenen Bürger, vor allem gegen die Kritiker, geht so weit, dass sogar ein »Wahrheitsministerium« gegründet werden soll. Das neue »Foreign Malign Influence Center« (FMIC) der USA wird sich mit »ausländischen Bedrohungen für Wahlen« sowie mit der »öffentlichen Meinung« im Land befassen, wie die Direktorin des Nationalen Nachrichtendienstes, Avril Haines, Anfang Mai 2023 in einer Anhörung des Senatsausschusses für Streitkräfte enthüllte.[448]

Das FMIC untersteht dem Büro des Direktors der Nationalen Nachrichtendienste und hat Zugang zu »allen Informationen ausländischer Geheimdienste, die sich in deren Besitz befinden oder von diesen erstellt wurden, was auch die Sicherheit von Wahlen mit einschließt«. Sein Direktor, Jeffrey K. Wichman, war der frühere »Chief of Analysis for the Counterintelligence Mission Center« der CIA, für die er mehr als 30 Jahre tätig war.

Für die Zwecke der Behörde bedeutet »ausländisch«, dass die Informationen vornehmlich aus Russland, dem Iran, China, Nordkorea oder »jedem anderen Land stammen, das der Direktor des Zentrums für angemessen hält«, während »ausländische böswillige Einflussnahme« definiert ist als »jede feindselige Bemühung, die von einem der genannten Länder oder auf dessen Anweisung oder in dessen Namen oder mit dessen wesentlicher Unterstützung unternommen wird«, um die Politik der US-Regierung oder des Staates oder die »öffentliche Meinung in den Vereinigten Staaten« mit verdeckten oder offenen Mitteln zu beeinflussen.[449]

Daneben gibt es bereits seit dem Jahr 2017 das »Global Engagement Center«, ein Ableger des US-Außenministeriums. Die erklärte

Mission dieser Behörde ist die »Leitung, Synchronisierung, Integration und Koordinierung der Bemühungen der US-Bundesregierung, ausländische staatliche und nicht staatliche Propaganda- und Desinformationsbemühungen zu erkennen, zu verstehen, zu entlarven und zu bekämpfen, die darauf abzielen, die Politik, die Sicherheit oder die Stabilität der Vereinigten Staaten, ihrer Verbündeten und Partnerländer zu untergraben oder zu beeinflussen«.

Zusätzlich dazu hat das Pentagon im Jahr 2022 still und heimlich ein »Influence and Perception Management Office» (»Büro für Einflussnahme und Rezeptionsmanagement«) ins Leben gerufen. Darüber hinaus unterhalten auch das United States Department of Homeland Security und das FBI Abteilungen, die gegen – logischerweise selbst definierte – »Falschinformationen« vorgehen sollen. Ähnliche Einrichtungen gibt es natürlich in der EU und den anderen Ländern, die der westlichen sogenannten »Wertegemeinschaft« angehören.

Es muss also mit allen Mitteln gegen Menschen und Meinungen vorgegangen werden, die aus dem Mainstream ausscheren. Der frühere US-Präsident Barack Obama zum Beispiel hat die Regierung Biden aufgefordert, den nationalen Notstand auszurufen und ihre Befugnisse dahin gehend zu nutzen, um alle unabhängigen Onlinemedien noch vor den Wahlen im Jahr 2024 auszulöschen.[450]

In einem Gespräch mit *CBS News* warnte Obama, die Mainstreammedien hätten die Kontrolle über die Berichterstattung verloren, und die einzige Lösung bestehe darin, dass die US-Regierung einschreite und drastische Maßnahmen ergreife.[451]

Klarer kann man eigentlich nicht formulieren, dass es den alternativen Medien an den Kragen gehen soll. Die Schattenregierung – auch bekannt als der Tiefe Staat (Deep State), der militärisch-industrielle Komplex oder der Überwachungsstaat – will die Zügel offenbar immer weiter anziehen. Diese korporatistische (public-private partnership), militarisierte Bürokratie ist mit nicht gewählten Beamten besetzt und hat in Washington, aber auch in allen anderen Hauptstädten und Entscheidungszentren der Welt das Sagen, egal wer in dem jeweiligen Land gerade die Regierungsverantwortung trägt. Der Deep State lässt sich nicht von Wahlen beeindrucken oder von populistischen Bewegungen beeinflussen. Er hat sich selbst außerhalb der Reichweite des Gesetzes gestellt. Er ist das Rückgrat zunehmend aggressiv-autoritärer Regierungen, die aus einer unheiligen Allianz zwischen Megakonzernen, die sich wenig um die Verfassungen scheren, und Beamten und Bürokraten besteht. Regierungen, die längst nicht mehr fähig oder willens sind, die besten Interessen ihrer Bürger zu vertreten, was ihre eigentliche Aufgabe wäre.

Die WHO als globale Befehlszentrale

Eine solche, jenseits der nationalen Gesetze agierende Organisation wurde in den letzten 3 Jahren systematisch zur Befehls- und Kontrollinstanz ausgebaut: die Weltgesundheitsbehörde (WHO). Sie wurde damit zur wichtigsten, nicht demokratisch legitimierten Institution der Welt, mit einem de facto diktatorisch agierenden WHO-Generaldirektor (derzeit Tedros Adhanom Ghebreyesus), der alleine entscheiden kann, wo wann und wie die nächste Pandemie ausgerufen beziehungsweise beendet wird.

Die WHO hat in den 3 Coronajahren nachweislich versucht, jeden Aspekt unseres Lebens zu kontrollieren. Jetzt will sie ihre Macht ausweiten, indem sie einen rechtsverbindlichen internationalen Pandemievertrag (Pandemic Treaty)[452] auszuhandeln versucht, der die nationale Souveränität der Länder aushebeln und unsere persönlichen Freiheiten einschränken wird. Gleichzeitig hat die WHO eine Arbeitsgruppe für Änderungen an den »International Health Regulations« (IHR), also den »Internationalen Gesundheitsvorschriften«

(IGV), eingesetzt.[453] Bei den »Internationalen Gesundheitsvorschriften« handelt es sich um ein seit 2005 bestehendes internationales Regelwerk, das für alle Mitgliedstaaten rechtsverbindlich ist.[454]

Welche Folgen hätte die Annahme des Pandemievertrags beziehungsweise welche Macht erhielte die WHO damit?

- Die WHO könnte jederzeit ihr »Änderungsrecht« hinsichtlich der Definition einer Pandemie nutzen, um ungerechtfertigte Pandemien auszurufen. Sie könnte damit fast alles zu einer Pandemie erklären – Herzkrankheiten, Krebs, Diabetes, Geisteskrankheiten, jede tatsächliche oder vermutete Grippewelle und sogar Erkrankungen infolge des Klimawandels. Allein die Vermutung, es liege eine pandemische Situation (Alarmierung) vor, würde dann schon ausreichen, um die Kaskade an medizinischen und nicht medizinischen Maßnahmen zu starten.
- Die WHO könnte weltweit Abriegelungen (Lockdowns/ Shutdowns) verhängen.
- Die WHO könnte weltweit teure, unsichere und unwirksame Behandlungen gegen den Willen des Einzelnen durchsetzen.
- Die WHO könnte die Einführung einer allgemeinen Impfpflicht und eines digitalen Impfpasses anordnen.
- Die WHO könnte im internationalen Reiseverkehr Kontaktverfolgung verlangen und die Digitalisierung aller Gesundheitsformulare bestimmen.
- Die WHO könnte die Entwicklung von Überwachungssystemen, die mit den nationalen Gesundheitssystemen der einzelnen Länder verknüpft werden können, anordnen.
- Die WHO könnte sicherstellen, dass die nationalen und lokalen Rechtsvorschriften zur Notfallvorsorge und -bewältigung die internationalen Gesundheitsvorschriften unterstützen und mit ihnen in Einklang stehen.

- Die WHO könnte die Förderung neuartiger Impfstoffe, Therapeutika, Diagnostika und nicht pharmazeutischer Maßnahmen für gesundheitliche Notfälle einschließlich der Kapazitäten für Tests, skalierte Herstellung und Verteilung bestimmen.
- Die WHO könnte die Förderung von nicht getesteten Medikamenten und Impfstoffen, die gegen neue Viren entwickelt wurden, die nur die Profite der Pharmaunternehmen steigern, bestimmen und deren Einsatz vorschreiben.
- Die WHO könnte die Verteilung von Impfstoffen vorgeben und durchsetzen.

Es soll indes nicht nur der Pandemievertrag geändert werden, sondern Gleiches ist auch für die bereits oben erwähnten »International Health Regulations« (IHR) vorgesehen. Bislang galten die Empfehlungen der WHO anlässlich einer Gesundheitsgefahr laut IHR Art. 1 als *nicht* bindend. Diese Verneinung soll gestrichen werden. Der Terminus »Empfehlungen« bliebe zwar erhalten, aber ein neuer Artikel formuliert, dass Staaten die WHO als führende und koordinierende Instanz bei Gesundheitsnotständen akzeptieren und ihren Empfehlungen folgen. Auch der Pandemievertrag verweist auf die WHO als zentrale, entscheidende und koordinierende Autorität, die wissenschaftliche Erkenntnisse sammelt und erarbeitet (Art. 4).

Wenn Staaten den Empfehlungen der WHO nicht nachkommen wollen, sollen sie das innerhalb von 48 Stunden erklären und begründen (IHR, Art. 13, Art. 13 A). Interessant an den IHR ist, dass es nicht erforderlich ist, dass die Mehrheit der Länder die neuen IHR oder die Änderungen ratifiziert, damit sie in Kraft treten können. Nach einer gewissen Zeit werden sie für all jene Länder rechtsgültig, die nicht aktiv widersprechen. Deutschland ist durch seine Mitgliedschaft in der WHO Vertragspartei der IHR und wird damit auch einer neuen Reihe von Gesundheitsfortschritten folgen.

Dazu passt der Entschließungsantrag, für den die überwiegende Mehrheit der Bundestagsabgeordneten am 12. Mai 2023 gestimmt hatte. Man wolle

»die Durchsetzungsfähigkeit [...] der WHO im Falle einer Gesundheitskrise [...] verbessern. [...] Das erfordert aber die Bereitschaft der globalen Gesundheitsakteure, die eindeutige Führungsrolle der Organisation anzuerkennen, und der Mitgliedstaaten, einem multilateralen Ansatz in globalen und regionalen Gesundheitsfragen Vorrang einzuräumen. Nur so gelingt es, aktuelle und zukünftige internationale Gesundheitsherausforderungen gemeinsam zu bewältigen.«[455]

Das heißt, die WHO soll nicht nur bei einer Pandemie oder einem internationalen Gesundheitsnotstand, sondern auch bei regional begrenzten Gesundheitsangelegenheiten entscheiden und Vorgaben machen dürfen. Die Entschließung des Bundestages sieht ausdrücklich vor, das Mandat der WHO für »One Health« – also dem allumfassenden Ansatz zur Kontrolle des menschlichen Lebens, von Pandemie bis Klimakrise – zu unterstützen und zu stärken.

Ökologische Krisen werden als treibende Kraft für Pandemien betrachtet. Mit dem Pandemievertrag soll daher ein koordiniertes, interoperables Überwachungssystem für »One Health« geschaffen werden. (Zu »One Health« gleich mehr.) Das schürt die Befürchtung, die Folgen des Klimawandels könnten missbraucht werden, um Überwachung, Kontrolle und Beschränkungen der Bevölkerungen zu rechtfertigen.

Was noch schwerer wiegt: Die Feststellung und Behandlung von Gesundheitsbedrohungen (Art. 12 der IHR, »Public Health Emergency of International Concern«, PHEIC, zu Deutsch: »Gesundheitliche Notlage internationaler Tragweite«, GNIT) würden in Zukunft allein auf der internationalen Ebene erfolgen und wären damit unüberprüfbar. Das ist bedenklich vor dem Hintergrund, dass es keine definierten Kriterien für die Ausrufung und die Beendigung einer PHEIC gibt.

Daher bestünde für ein Land oder eine Region keine Chance, den Gesundheitsnotstand zu beenden. Es gäbe keinerlei öffentliche Kontrolle der WHO, des Generaldirektors oder des Emergency Committees. Die WHO und ihre teilweise neu geschaffenen Institutionen hätten keine Rechenschaftspflicht bezüglich der getroffenen Prämissen und Maßnahmen.

Die von Klaus Schwab gepriesenen Public-Private-Partnership-Strukturen, die nach Ausrufung der Coronapandemie aufgebaut worden sind, erhalten mit den neuen Gesundheitsvorschriften und dem Pandemievertrag eine internationale Rechtsgrundlage, die kaum mehr angreifbar ist. Damit werden die politischen und finanziellen Interessen der dahinterstehenden Machteliten und ihrer vermeintlich philanthropischen Stiftungen dauerhaft bedient.

Die Kontrolle über unsere Gesundheit

Aus meiner Sicht will die WHO mit den von ihr angestrebten IHR-Änderungen ihre Kontrolle über die Gesundheit der Welt drastisch ausweiten, indem sie mittels eines eklatanten Machtraubs versucht, freie Menschen auf der ganzen Welt ihrer Souveränität zu berauben.

Dazu gehört die unverzügliche Unterrichtung der WHO durch die Mitgliedsstaaten über »gesundheitliche Notfälle und Maßnahmen im Zusammenhang mit Handel und Reisen«.

Werden die Änderungsanträge für die IHR angenommen, dann werden die Personen, die die Kontrolle über das Leben anderer übernehmen, selbst keiner wirklichen rechtlichen Kontrolle unterliegen. Sie genießen diplomatische Immunität (gegenüber allen nationalen Gerichtsbarkeiten). So hängen auch die Gehälter der meisten WHO-Mitarbeiter von der Unterstützung durch Privatpersonen und Unternehmen ab, die ein direktes finanzielles Interesse an den Entscheidungen haben, die diese treffen.

Diese Entscheidungen von nicht rechenschaftspflichtigen Ausschüssen werden zum Beispiel Nachfragen nach bestimmten Impfstoffen generieren oder Know-how wird durch sie an kommerzielle Konkurrenten weitergeben werden. Die Covid-19-Pandemie veranschaulicht die Unternehmensgewinne, die durch solche Entscheidungen ermöglicht werden.

Warum stellen die Änderungen an den IHR[456] eine so große Gefahr dar? Ich will hier die wichtigsten Punkte aufzählen:

1. Von der Freiwilligkeit zur Pflicht: Mit den Änderungen soll die WHO, deren Empfehlungen bislang nicht verpflichtend waren, zu einer Institution werden, an deren Vorgaben sich alle Mitgliedsstaaten zu halten haben beziehungsweise die sie zwingend durchsetzen müssen (Artikel 1 und 42 der Änderungen).
2. Von aktuellen/echten zu künftigen/allen möglichen Notlagen: Nach Artikel 2 der neuen IHR würde bereits eine »mögliche Notlage bei der öffentlichen Gesundheit« ausreichend sein, damit die IHR greifen. Eine »echte aktuell vorhandene Gefahr« wäre nicht mehr nötig.
3. Wegfall der Menschenwürde sowie der Menschen- und Freiheitsrechte aus den IHR: Der Passus in Artikel 3 »Achtung der Würde, der Menschenrechte und der Grundfreiheiten der Menschen« soll gestrichen werden.
4. Zuweisung durch die WHO: Artikel 13a der neuen IHR sieht vor, dass der Generaldirektor der WHO über die »Produktion von Gesundheitsgütern mittels eines Zuweisungsplans« bestimmt.
5. Verpflichtende medikamentöse Behandlung: Die neuen IHR sehen im Artikel 18 vor, dass die WHO die Autorität erhält zu bestimmen, ob eine Notwendigkeit zu einer medizinischen Untersuchung vorliegt, ob ein Prophylaxenachweis erforderlich ist und ob Impfpässe verpflichtend sind. Zudem kann die

WHO Kontaktbeschränkungen, Quarantäne und Behandlungsmaßnahmen vorschreiben.

6. Einführung von globalen Gesundheitszertifikaten: Eine ganze Reihe von Artikeln der neuen IHR (Artikel 18, 23, 24, 27, 28, 31, 35, 36 und 44 sowie die Anhänge 6 und 8) zielen auf den Aufbau eines Systems von Gesundheitszertifikaten in Papier- und digitaler Form ab. Dies beinhaltet Testzertifikate, Impfzertifikate, Prophylaxezertifikate, Genesenenzertifikate, Reiseortsnachweise und Nachweise über die Gesundheit eines Reisenden.
7. Verlust der Souveränität: Artikel 43 der neuen IHR lässt tief blicken. Dieser sieht vor, dass Entscheidungen der WHO (genauer des Emergency Committees) den bisher souveränen Staaten vorschreiben können, welche Gesundheitsmaßnahmen sie zu ergreifen haben. Dabei sind die Entscheidungen des Emergency Committees final, bindend und endgültig.
8. Finanzierung und Kosten: Artikel 44a regelt die Frage von »unspezifischen, potenziell hohen finanziellen Kosten«, was letztlich nichts anderes bedeutet, als dass man Milliarden an US- Dollar/Euro in den pharmazeutisch-industriellen Komplex – ohne Rechenschaftspflicht – pumpen wird.
9. Zensur: Anhang 1 (Seite 1) beschäftigt sich mit der Zensur von »Falschinformationen und Fake News«. Der WHO soll damit die Kapazität für massive Zensur an die Hand gegeben werden.
10. Verpflichtung zur Zusammenarbeit: Mittels Anhang 10 sollen die Mitgliedsstaaten dazu verpflichtet werden, die nötige IHR-Infrastruktur aufzubauen. Analog zur GEZ dürfen die Bürger dann auch noch selber für die Gängelung und Unterdrückung durch die WHO zahlen.

Im Mai 2024 wird über diese Änderungen beraten werden. Wenn nicht anders vereinbart, kommen die IHR mit einfacher Mehrheit der Regierungsvertreter in der Weltgesundheitsversammlung zustande und sind dann ohne weitere öffentliche oder parlamentarische Beratung und Beschlussfassung ab spätestens 2025 geltendes Recht.

»One Health« – das neue Zauberwort

Die vorgeschlagenen Änderungen der Internationalen Gesundheitsvorschriften und des Pandemievertrags beinhalten beide den »One-Health«-Ansatz.

Wie so oft in der schönen neuen Welt wird mit einem neuen Schlagwort Verwirrung gestiftet, da verschleiert werden soll, um was es in Wirklichkeit geht. Dies ist beabsichtigt und entspricht der Taktik, die von den Regierungen bereits während der Covid-19-Ära angewandt wurde, um die Bevölkerung zu irritieren und so die Wahrscheinlichkeit zu erhöhen, dass sie den Anweisungen blindlings folgt. »One Health« ist ein wunderbares Beispiel für diese Vorgehensweise.

»One Health« bedeutet, dass alles unter dem Gesichtspunkt der Gesundheit zu bewerten ist: Umwelt, Verlust der biologischen Vielfalt, Ernährung, Energieversorgung, der scheinbare Klimawandel sowie angebliche Pandemien – einfach alles wird unter einen Hut gezwängt. Aber das bedeutet im Grunde nichts anderes, als dass hier bei der WHO alle Macht und Kontrolle zentralisiert werden soll. Ist dies erst einmal erreicht, können derlei Maßnahmen, wie sie schon als Reaktion auf die Covid-19-Pandemie durchgesetzt wurden, auch für den Klimawandel, für herkömmliche oder durch Vektoren übertragene Krankheiten und vieles mehr eingesetzt werden.

Die Macht wird beim Direktor der Weltgesundheitsorganisation gebündelt und damit bei denjenigen, die die WHO finanzieren: Die WHO hatte in den Jahren 2022 und 2023 ein Jahresbudget von jeweils 6,4 Milliarden Dollar. Nur etwa eine Milliarde davon machten die Pflichtbeiträge der Staaten dieser Welt aus. Über 5 Milliarden stammen aus den sogenannten »freiwilligen Beiträgen«. Über diese Mittel hat der Spender und nicht die WHO die Verfügungsgewalt. Derzeit stammt der Großteil der freiwilligen Zuwendungen von der Bill & Melinda Gates Foundation. Sie hat zwischen 2016 und 2023 knapp 2,5 Milliarden Dollar an die WHO überwiesen.[457] An zweiter Stelle der privaten Spender steht die von Bill Gates finanzierte Impfstoffallianz Gavi.[458]

Der Pandemievertrag der WHO wird weltweit die »One-Health«-Ideologie einführen. Durch diese »One-Health«-Agenda wird die WHO die Befugnis haben, Entscheidungen in Fragen der Umwelt (einschließlich Treibhausgasemissionen, Umweltverschmutzung und Entwaldung), der Tiergesundheit (zum Beispiel Viehbestand) sowie der menschlichen Gesundheit (einschließlich Impfungen, sozialer Faktoren und Bevölkerungsbewegungen) zu treffen. Mit diesen erweiterten Rechten könnte die WHO ohne Weiteres einen Klima- oder Umweltnotstand ausrufen und Abriegelungsmaßnahmen durchsetzen.

»One Health« ist nicht nur im Pandemievertrag enthalten, sondern auch in den oben genannten vorgeschlagenen Änderungen der IHR.

Die amerikanische Ärztin und Anthrax-Spezialistin Dr. Meryl Nass beschreibt auf ihrer Website, wie sich »One Health« verbreitet hat und wie es für eine versteckte Agenda genutzt wird.

»One Health« sei ein Konzept, das einige Ärzte und Tierärzte vor ungefähr 20 Jahren entwickelt haben, schreibt Nass.[459] Sie meint, internationale Organisationen und selbst ernannte Eliten hätten die Idee gekapert, um sie als Mittel zur Erlangung von Macht und Kontrolle über den größten Teil der Welt zu nutzen. Infolgedessen habe sich der »Warenkorb«, der in das »One-Health«-Konzept aufgenommen werden könnte, immer weiter vergrößert.

»UN-Organisationen wurden in das Konzept einbezogen. Andere internationale Organisationen wie die Weltorganisation für Tiergesundheit wurden einbezogen. Und die Rockefeller Foundation begann 2009 mit der Finanzierung des Konzepts. Bereits 2009 hatten die CDC ein ›One-Health‹-Programm aufgelegt. Im Jahr 2012 wurde die Idee von ›One Health‹ auf dem Weltwirtschaftsforum in Davos vorgestellt. Es wurden viele Worte gemacht, die einfach besagten, dass verschiedene Gruppen für ihre gemeinsamen Ziele zusammenarbeiten müssten. Aber die Ziele wurden nicht definiert. Die Methoden, nach denen sie zusammenarbeiten sollten, wurden nicht definiert. Und auch die Projekte, an denen sie arbeiten sollten, waren nicht definiert.«[460]

Laut Nass gibt es mindestens sechzig unterschiedliche Definitionen von »One Health«. Die derzeit gängige Auslegung des Begriffs schließt nicht nur Menschen und Tiere ein, wie es das ursprüngliche Konzept vor 20 Jahren vorsah, sondern auch Pflanzen, Wasserwege und Ökosysteme. Die »One-Health-Commission« behauptet, »One Health« sei ein »Hoffnungsschimmer für die Bewältigung unserer globalen Herausforderungen«, und listet vierzehn »globale Herausforderungen« auf, darunter Lebensmittel, Wassersicherheit, Sicherheit, Bodengesundheit und »vergleichende Biologie«.[461]

Aus diesem Grund sind neben der WHO drei UN-Organisationen in das »One-Health«-Projekt eingebunden: die Ernährungs- und Landwirtschaftsorganisation (FAO), das Umweltprogramm der Vereinten Nationen (UNEP) und die Weltorganisation für Tiergesundheit (OIE).

Der »One-Health«-Ansatz ist in die vorgeschlagenen Änderungen der IHR, die derzeit auf dem Tisch liegen, integriert. Er wird in den Zuständigkeitsbereich des WHO-Generaldirektors fallen, wenn dieser beschließt, einen internationalen Gesundheitsnotstand auszurufen.

Wie Ende Mai 2023 bekannt wurde, will die Rockefeller Foundation »vorrangige Projekte des WHO-Hubs für Pandemie- und Epidemieaufklärung beschleunigen, um die globale Zusammenarbeit bei der genomischen Überwachung, der Einführung von Datentools zur Erkennung von Krankheitserregern und der Bewertung von klimabedingten Ausbruchsgefahren voranzutreiben«.[462] »Wir sind stolz darauf, mit dem Hub zusammenzuarbeiten, um dessen Fokus auf die Verhinderung von Pandemien, die durch den Klimawandel ausgelöst werden, zu erweitern«, sagte Dr. Rajiv Shah, Präsident der Rockefeller Foundation.[463]

Die WHO-Drehscheibe (»Hub«) für Pandemie- und Epidemieaufklärung wurde im September 2021 mit Unterstützung der Bundesregierung eingerichtet. Sie ist in mehr als 150 Ländern und sechs Regionalbüros mit Hauptsitz in Genf vertreten. Es handelt sich dabei um ein Daten- und Überwachungsnetz, das eine globale Zusammenarbeit von Partnern zur Vorbereitung, Erkennung und Reaktion auf Pandemie- und Epidemierisiken ermöglicht. Außerdem entwickelt es Instrumente und Vorhersagemodelle für die Risikoanalyse, die Überwachung von Maßnahmen zur Seuchenbekämpfung sowie zur weiter oben bereits beschriebenen Infodemie.

Zu Anfang des Kapitels haben wir uns gefragt, ob in den letzten Jahren Versuche unternommen wurden, mehr Kontrolle über den einzelnen Bürger auszuüben? Wir haben gesehen, dass diese Versuche in den Coronajahren 2020–2022 praktisch überhandnahmen – von der Einschränkung unserer Grundrechte bis hin zu Zensur, Überwachung und Polizeigewalt. Dass nun vorgesehen ist, die WHO mit globalen, geradezu diktatorischen Vollmachten auszustatten, zeigt, dass unsere Gesundheit offenbar als Hebel eingesetzt werden soll, um die totale Kontrolle über uns zu erlangen.

Doch woher kommt auf einmal dieser Drang, uns mit allen Mitteln beherrschen zu wollen? Haben die Entscheider Angst, dass das Volk aufsteht, wenn ihm das wahre Ausmaß der Todeswellen bewusst wird, die nun über die Länder mit den höchsten Impfquoten, also die Länder des Westens, hereinbrechen?

Schlusswort

Irgendwann muss man immer einen Punkt machen. Machen wir ihn also jetzt und schließen unsere Recherche ab. Wir hatten uns gefragt, ob an der Verschwörungstheorie, dass die Eliten angeblich die Weltbevölkerung dezimieren wollen, etwas dran ist.

Wir haben im ersten Kapitel gesehen, dass viele einflussreiche Persönlichkeiten und Kreise mit dem Gedanken der Eugenik vertraut sind und sich auch öffentlich gegen die angebliche Übervölkerung der Erde geäußert haben. Wir erinnern uns an den mysteriösen Deagel-Report, der bis 2025 einen Schwund der Bevölkerung in den westlichen Ländern von 60–70 Prozent vorhersagt. Wir erschrecken nach wie vor, wenn wir uns die Aussage des Vordenkers des Weltwirtschaftsforums, Yuval Harari, vor Augen führen, dass die Mehrheit der Erdbevölkerung ein Haufen unnützer Esser sei. Ich glaube, es ist auch klar geworden, wer diese Eliten sind und um welche Organisationen sie sich scharen.

Wir haben im zweiten Kapitel festgestellt, dass seit der sogenannten Impfung gegen das Coronavirus weltweit, aber besonders in den Staaten der westlichen Welt, eine erhebliche Übersterblichkeit zu verzeichnen ist. Darüber hinaus haben wir erfahren, dass die USA in Geheimlaboren überall auf der Welt an Viren und Biowaffen forschen, die das Potenzial haben, große Teile der Menschheit auszurotten. Und dass das eigentliche Ziel der Eliten die Züchtung eines neuen Menschen ist – eines Menschen, der zur Hälfte aus Computerschaltstellen besteht. Für diesen Zweck wurden sogenannte Impfstoffe entwickelt, die in unsere DNA eingreifen und offenbar Nanopartikel enthalten, mit denen der Mensch von außen manipuliert werden kann.

Gleichzeitig fiel uns auf, dass auf rätselhafte Weise Nahrungsmittelengpässe entstanden (drittes Kapitel). Wenig überraschend wurden – wie vor dem Ausbruch der sogenannten Covid-19-Pandemie – in den letzten Jahren Übungen abgehalten, die den Ausfall von Energie und Nahrung simulierten. Wir beobachteten den Angriff auf die bisherige Landwirtschaft, die wegen des angeblich durch den CO_2-Ausstoß verursachten Klimawandels zerstört werden soll.

In Wahrheit ist – wie wir im vierten Kapitel erkannt haben – der Mensch tatsächlich für die globale Erwärmung mit verantwortlich, denn er manipuliert seit Jahrzehnten das Wetter. »Uns gehört das Wetter«, verkündet das US-Militär. Wie viele Tausende Opfer diese Manipulationen bereits gefordert haben, wissen wir nicht, aber es scheint klar, dass sogar gewaltige Naturkatastrophen ausgelöst werden können – Stichwort HAARP – und wahrscheinlich bereits wurden, von Erdbeben über Dürren und Regenfluten. Am Glaubensdogma, dass wir Bürger mit unserem CO_2-Ausstoß für die Erwärmung verantwortlich sind, wird dennoch festgehalten, denn es ist ein hervorragendes Mittel, unsere Freiheiten weiter einzuschränken. Die Klimakrise wird von den Denkfabriken bereits in den Status einer Pandemie gehoben.

Dann ordneten wir die geopolitischen Ereignisse der Gegenwart ein und kamen im fünften Kapitel zu dem Schluss, dass ein globaler Krieg zwischen den Ländern des Westens und dem von Russland und China geführten Rest der Welt ausgebrochen ist. Dabei mischt Deutschland an vorderster Front mit, angeführt von der einstigen Friedenspartei »Die Grünen«. Sollte es zu einem globalen Schlagabtausch kommen, dann würde die Weltbevölkerung in der Tat drastisch dezimiert werden.

Weil die Eliten damit rechnen müssen, dass große Unruhe entsteht, wenn die Bürger der Welt all die hier aufgezählten Entwicklungen nicht als Zufall, sondern als Plan begreifen, müssen sie Überwachung und Zensur einführen und verschärfen, um jegliche Kritik zu unterbinden. Genau dies geschieht gerade vor unseren Augen.

Zufall oder Plan? Das ist für unsere Untersuchung die entscheidende Frage. Ich glaube, wir haben genügend Indizien gefunden, die auf einen Plan hindeuten.

Schon heute sind fast der gesamte Reichtum und beinahe die ganze Macht in den Händen riesiger Institutionen konzentriert. Unsere Politiker haben Billionen neuer Dollar und Euro in das System gepumpt, und die Reichen sind noch viel, viel reicher geworden. In der Zwischenzeit sind die Lebenshaltungskosten für den Rest von uns allerdings viel schneller gestiegen als unsere Löhne und Gehälter. Das Ergebnis ist, dass wir immer ärmer werden und die Mittelschicht schrumpft.

Die Kluft zwischen Arm und Reich ist stetig gewachsen und heute größer als je zuvor. Der frühere US-Präsidentschaftsbewerber und Senator von Vermont, Bernie Sanders, beschreibt dies wie folgt: »Heute lebt die Hälfte unserer Bevölkerung von der Hand in den Mund, 500 000 der Ärmsten unter uns sind obdachlos, Millionen haben Angst vor Zwangsräumungen [...] Und, was am obszönsten ist, die Lebenserwartung von Amerikanern mit niedrigem Einkommen ist heute etwa 15 Jahre niedriger als die der Wohlhabenden. Armut ist in Amerika zu einem Todesurteil geworden.

Derweil ging es den Menschen an der Spitze noch nie so gut wie heute. Das oberste ein Prozent besitzt heute mehr Vermögen als die unteren 92 Prozent, und die fünfzig vermögendsten Amerikaner besitzen mehr Vermögen als die untere Hälfte der amerikanischen Gesellschaft – 165 Millionen Menschen.«[464]

Während es »denen da oben« also ständig besser geht, verdienen viele hart arbeitende Menschen nicht einmal genug Geld, um ihre grundlegendsten Bedürfnisse zu decken. In den USA zum Beispiel hat mehr als ein Drittel der Familien, deren Ernährer einer Vollzeitbeschäftigung nachgehen, nicht genug Geld, um Wohnung, Lebensmittel und Kinderbetreuung zu bezahlen. Forscher der Brandeis University in Massachusetts fanden heraus, dass 35 Prozent der amerikanischen Familien das »Grundbedürfnisbudget«, also den Betrag, der für Miete, Lebensmittel, Transport, medizinische Versorgung und minimale Haushaltsausgaben benötigt wird, nicht erreichen, obwohl sie das ganze Jahr über Vollzeit arbeiten.[465] Und aufgrund der Inflation wird es von Monat zu Monat schlimmer.

Einer kürzlich durchgeführten Umfrage zufolge geben etwa 70 Prozent aller Amerikaner offen zu, dass sie »wegen ihrer persönlichen Finanzen gestresst sind«, und eine Mehrheit – 52 Prozent – der erwachsenen US-Bürger gab an, ihr finanzieller Druck habe seit dem Beginn der Covid-19-Pandemie im März 2020 zugenommen.[466]

In Europa ist die Situation nicht anders – wie könnte sie auch, wo doch der Westen seit dem Ukrainekrieg mehr und mehr zu einem System verschmilzt.

Aber es ist ja nicht nur die bereits erfolgte Umverteilung des Vermögens dieser Welt in die Taschen einiger weniger, die gerade geschieht, es ist auch die immer weiter erfolgende Automatisierung plus das Vordringen der künstlichen Intelligenz in der Arbeitswelt, die Millionen von Menschen arbeitslos und damit zu »unnützen Essern« machen wird. Ebenso deutet der Propagandakrieg um das Thema Klimawandel und der damit verbundene Eingriff in die Art und Weise, wie wir – auf Befehl von oben – zu leben haben, darauf hin, dass es um mehr geht als nur um die Steigerung der Profite.

Transparenz statt Geheimnistuerei

Wenn all dies hier Vorgetragene nur eine obskure Verschwörungstheorie ist, dann liegt es an den Eliten, diese durch Transparenz zu entkräften. Dass wir Bürger ihnen gegenüber skeptisch sind, müsste einleuchten, denn wir sind es schließlich, die am meisten unter den Maßnahmen, die sie sich jeweils ausdenken, leiden.

Wenn es um den Vorwurf der Entvölkerung unter dem Deckmantel der »Rettung des Planeten« geht, weckt der Mangel an Offenheit und klarer Kommunikation berechtigte Bedenken bei uns allen. Wir müssen die Motive mächtiger Institutionen und Einzelpersonen ständig infrage stellen. Und wir haben auch allen Grund dazu, wie wir aus der Vergangenheit wissen. Dass die Medien diese ihre Aufgabe nicht erfüllen, zeigt, dass sie die Partei der Mächtigen ergriffen haben nach dem Motto: »Wes Brot ich ess, des Lied ich sing.«

Das Weltwirtschaftsforum, Bill Gates und andere einflussreiche Persönlichkeiten in globalen Angelegenheiten sollten einer strengen Prüfung und unabhängigen Untersuchung unterzogen werden. Es gilt, die wahren Absichten hinter ihren Aktionen zu erhellen und den Verdacht einer versteckten Agenda zu entkräften. Auch hier hätten die Medien längst aktiv werden müssen – was natürlich unmöglich ist, wenn die zu Untersuchenden, wie etwa Bill Gates, diese Medien mit Millionenzahlungen subventionieren.

Unabhängige Untersuchungen könnten objektive Beurteilungen der Aktionen und Pläne des WEF und seiner Mitglieder liefern und dazu beitragen, versteckte Motive aufzudecken oder aber deren Engagement für die Verbesserung der Gesellschaft zu bestätigen. Es geht um Transparenz, um Rechenschaftspflicht und um Klarheit. Erst dann wissen wir, ob sich die Handlungen und Initiativen mächtiger Einrichtungen mit den Interessen von uns Bürgern decken.

Derlei Überprüfung nennt man übrigens Demokratie.
Aufsichtsmechanismen und die Veröffentlichung umfassender Daten könnten dazu beitragen, die Mächtigen zur Verantwortung zu ziehen und einen offenen Dialog zu fördern. Nur dann haben Wahrheit, Fairness und Gerechtigkeit eine Chance.

Das heißt ganz klar, dass das, was ich in diesem Buch versucht habe – nämlich zu überprüfen, ob es einen Entvölkerungsplan der Eliten gibt –, ernsthafte Überlegungen und unabhängige Untersuchungen rechtfertigt. Wir müssen wieder zurückfinden zu Wahrheit, Transparenz und offener Diskussion. Denkverbote haben im 21. Jahrhundert keine Daseinsberechtigung; sie hatten sie ohnehin noch nie.

Ich bitte Sie, lieber Leser, immer kritisch zu bleiben und alle Ereignisse zu hinterfragen. Sie tragen damit zu einer besseren Welt bei, die auf Gerechtigkeit, Gleichheit und dem Streben nach Wahrheit beruht.

Wir leben in Zeiten eines tiefgreifenden Wandels, der in dieser Form zu unseren Lebzeiten noch nicht stattfand: Unsere bisherigen Weltbilder werden in allen Bereichen zerstört, und wir werden seit nunmehr 3 Jahren in einem Dauerzustand der Angst und Panik gehalten. Ob wir wollen oder nicht, wir müssen uns gezwungenermaßen mit diesen Änderungen auseinandersetzen.

All die uns heute umgebenden Themen – die inszenierte Pandemie, die Zerstörung unserer Nahrungsmittel, die absichtlich herbeigeführte Energieverknappung, das durch Geoengineering veränderte Klima und schließlich der ständig verschärfte Ukrainekrieg plus die Kriegsvorbereitungen in aller Welt – dienen aus meiner Sicht nur einem Zweck, einem Ziel: Die Eliten wollen mit diesem Krisendauerfeuer eine Bewusstwerdung der Menschen verhindern. Durch die Angst und Panik, die uns ständig auferlegt wird, versucht sie die Menschen dahin gehend zu beeinflussen, dass die Mehrheit kein Bewusstsein für ihre heutige Situation, für die Drahtzieher und Profiteure des Systems entwickelt.

Der derzeitige Angriff auf unsere Existenz – bitte realisieren Sie, dass es das ist, was gerade geschieht – findet indes nicht nur auf der materiellen Ebene statt, sondern vor allem auf der geistigen. Der Kampf gegen unsere alten Werte und Normen (Genderwahn und so weiter), der mittlerweile fast die Ausmaße der maoistischen Kulturrevolution im Jahr 1966 angenommen hat, soll die geistige Basis zerstören, auf der wir leben. Er soll uns zutiefst verunsichern und orientierungslos machen. Wir sollen daran gehindert werden, dass wir die Macht und Kraft in uns erkennen, unsere Zukunft selbst zu gestalten. Denn würden wir begreifen, dass wir es sind und nicht die Eliten, die das Recht haben,

Systemgestalter zu sein, wäre dies gleichbedeutend mit dem Ende der Eliten. Dieser Umstand ist ihnen vollkommen klar. Deshalb haben sie vor der Bewusstwerdung der Menschen die größte Angst.

Im Ringen zwischen Freiheit und Knechtschaft sind wir jetzt an den Scheidepunkt gekommen: Bleibt das seit Jahrhunderten bestehende System der Kontrolle und Ausbeutung der Massen durch die Wenigen, die sich an der Spitze der wirtschaftlichen und politischen Macht wähnen, bestehen, oder besinnen wir uns auf unser Menschenrecht der Freiheit von jeglicher Bevormundung? Begreifen wir endlich, dass kein Mensch das Recht hat, über uns zu herrschen? Erkennen wir schließlich, dass unsere individuelle absolute Souveränität unser Geburtsrecht ist?

Manche werden nun einwenden, die Mächtigen hätten ja auch tatsächlich die physische Macht, uns ihren Willen aufzudrängen. Das mag sein, aber nur, weil wir es ihnen gestatten. Es gibt durchaus historische Beispiele, die zeigen, wie man gemeinsam regiert, ohne regiert zu werden. Aber das funktioniert – wie die Geschichte zeigt – offenbar nur in kleinen oder maximal regionalen Gemeinschaften. Der riesige Nationalstaat oder gar ein Staatenbund wie die USA und Europa hat stets die Tendenz, die Macht zu zentrieren. Auf dieses Zentrum der Macht hat der einzelne Bürger keinerlei Zugriff mehr, und Demokratie wird durch die anonyme Bürokratie ausgehebelt. Schon jetzt müssen Washington und Brüssel bei dem, was sie anordnen, keinerlei Rücksicht mehr auf die Bedürfnisse der Bürger nehmen.

Es ist meine Überzeugung, dass wir nur in regionalen Gemeinschaften selbstbestimmt und frei sein können. Natürlich können sich diese zu überregionalen Gemeinschaften zusammenschließen, aber die Entscheidungsgewalt darüber, wie wir leben wollen, muss immer von der jeweiligen regionalen Regierung getroffen werden. Die Zentrale dieses Gemeinschaftsbundes hat dabei lediglich eine koordinierende

Funktion – wie es ja im Grunde in den föderalistischen Verfassungen der USA und Deutschlands vorgesehen war.

Den Eliten geht es um Macht, Kontrolle, Überwachung und – wie wir gesehen haben – offensichtlich auch um Eugenik bis hin zum Demozid. Mit diesen Mitteln wollen sie verhindern, dass die Menschheit in eine Phase der Bewusstwerdung eintritt.

Könnte es sein, das die gezielte Verdummung der Bevölkerung, die Spaltung der Gesellschaft, die Verbreitung von Angst und Panik, die Auflösung klassischer Familienbilder, der Genderschwachsinn und so weiter dazu dienen, diese Bewusstwerdung, diesen Sprung in die eigene Souveränität zu verhindern?

Das beste Mittel, um eben jene Bewusstwerdung zu verhindern, ist es, die Menschen im Panikmodus zu halten, da dadurch negative Energien erzeugt werden und ins Gesamtsystem einfließen.

Um noch einmal auf die Eingangsfragen dieser Untersuchung zurückzukommen: Verfolgen die Eliten den Gedanken, die Menschheit zu dezimieren? Daran kann es nach dem hier Erläuterten keinen Zweifel geben. Setzt sie diese Idee in Taten um? Auch für diese Vermutung haben wir etliche Indizien gefunden. Handfeste Beweise – wie sie etwa ein Staatsanwalt vor Gericht vorbringen muss – mögen sich zwar in der einen oder anderen Aktion der Eliten finden, aber sicher nicht das ganze Ausmaß betreffend. Sie haben ohnehin keine Anklagen zu erwarten, da sie ja die Medien kontrollieren.

Wie geht es also weiter? Meine Prognose ist, dass die 1968 vom Club of Rome ausgerufene neue Religion des apokalyptischen Klimawandels die Zukunft unserer Gesellschaften bestimmen wird. Damals, im Jahr 1968, gestanden die Eliten:

> »*Auf der Suche nach einem neuen Feind, der uns vereinen könnte, kamen wir auf die Idee, dass Umweltverschmutzung, die drohende globale Erwärmung, Wasserknappheit, Hungersnöte und Ähnliches*

dazu passen würden. Der wahre Feind ist also die Menschheit selbst.«[467]

Die angebliche Klimakrise wird als Instrument zur Erlangung der totalitären Macht missbraucht – so ist nach meiner Ansicht der Plan der Eliten. Ob es im Zuge dessen zu einer Todeswelle kommt, ist zum jetzigen Zeitpunkt noch nicht mit Gewissheit vorherzusagen – dazu müssen wir die Sterbezahlen in den nächsten Jahren genau beobachten.

Die gute Nachricht ist: Wenn wir unsere tatsächliche Unabhängigkeit und Freiheit im Denken und Handeln erkennen, dann werden alle Pläne, uns zu beherrschen oder gar zu töten, scheitern. Das wünsche ich uns allen.

Quellen

Sämtliche Links in den Quellenangaben waren bei Redaktionsschluss online zugänglich. Möglicherweise haben Seitenbetreiber in der Zwischenzeit Links hinter einer Paywall versteckt. Dies liegt nicht im Verantwortungsbereich von Autor und Verlag. Für Links, die nach der Veröffentlichung von den Seitenbetreibern gelöscht oder verändert wurden, übernehmen Autor und Verlag keine Verantwortung. Manche verlorenen Links können mithilfe der Wayback Machine im Internet Archive aufgefunden werden: *archive.org/web/*.

1 *http://www.hawaii.edu/powerkills/.*
2 Ebd.
3 DeRolf, Eileen, van Helsing, Jan: *Wir töten die halbe Menschheit – und es wird schnell gehen!,* Amadeus Verlag, Fichtenau 2021.
4 *https://www.youtube.com/watch?v=SR0HMpuNZSM.*
5 *http://www.bmz.de/de/themen/2030_agenda/.*
6 Ebd., S.67.
7 Ebd., S.67.
8 Ebd., S.68.
9 *https://en.wikipedia.org/wiki/Earth_First!.*
10 DeRolf, Eileen, van Helsing, Jan: *Wir töten die halbe Menschheit – und es wird schnell gehen!,* Amadeus Verlag, Fichtenau 2021, S. 68.
11 *https://www.guidestar.org/profile/.*
12 *http://zombietime.com/john_holdren/.*
13 *https://jme.bmj.com/content/39/5/261.full.*
14 *https://www.lifenews.com/2022/03/24/california-bill-would-allow-killing-babies-in-infanticide-up-to-28-days-after-birth/.*
15 *https://www.thelancet.com/commissions/value-of-death.*
16 *https://nypost.com/2023/02/13/yale-professor-suggests-elderly-japanese-residents-should-die-in-mass-suicide/.*
17 *https://infiniteunknown.net/2020/10/31/what-in-the-world-is-deagel-com-deagel-com-forecast-2025/.*
18 *https://www.deagel.com/.*
19 *https://infiniteunknown.net/2020/10/31/what-in-the-world-is-deagel-com-deagel-com-forecast-2025/.*
20 Ebd.
21 *https://population.un.org/wpp/Graphs/DemographicProfiles/Line/1500.*

22 *https://uncutnews.ch/die-entvoelkerungsprognosen-fuer-2025-von-deagel-neu-betrachtet/.*
23 Ebd.
24 *https://nobulart.com/deagel-2025-forecast-resurrected/.*
25 *https://metallicman.com/.*
26 *https://metallicman.com/2025-deagel-forecast-casualty-figures/.*
27 *https://web.archive.org/web/20170606040640/http:/www.pizzagate.wiki/Deagel; https://thewatchtowers.org/deagel-a-real-intelligence-organization-for-the-u-s-government-predicts-massive-global-depopulation-50-80-by-2025/.*
28 Ehrlich, Paul R.: *The Population Bomb.* Ballantine, New York 1968; überarbeitete Ausgabe 1971.
29 Ehrlich, Paul R.: *Die Bevölkerungsbombe.* Hanser, München 1971.
30 *https://www.wsj.com/articles/why-is-paul-ehrlich-so-hard-to-ignore-doom-population-bomb-memoir-60-minutes-bad-news-evolution-11673533906.*
31 *https://www.tagesschau.de/faktenfinder/ueberbevoelkerung-101.html.*
32 *https://www.theguardian.com/world/2023/mar/27/world-population-bomb-may-never-go-off-asfeared-finds-study.*
33 Ebd.
34 Ebd.
35 Ehrlich, Paul R.: *Die Bevölkerungsbombe.* Hanser, München 1971.
36 *https://www.weltagrarbericht.de/themen-des-weltagrarberichts/hunger-im-ueberfluss.html.*
37 *https://www.deutschlandfunknova.de/beitrag/lebensmittel-wie-wir-2100-knapp-11-milliarden-menschen-ernaehren.*
38 *https://www.dailymail.co.uk/femail/article-5046845/Prince-William-warns-s-people-world.html.*
39 *https://www.bueso.de/nazitradition-britischen-koenigshaus.*
40 *https://www.zeit.de/news/2020-10/22/was-in-sachen-corona-ueber-bill-gates-behauptet-wird.*
41 *https://www.spectator.co.uk/article/malthus-s-children/.*
42 *https://taz.de/Debatte-Arm-gegen-Reich/!5083155/.*
43 Siehe hierzu: Orzechowski, Peter: *Durch Corona in die Neue Weltordnung,* Kopp Verlag, Rottenburg a. N. 2021.
44 *https://www.zeit.de/politik/2023-01/wef-2023-davos-ursula-von-der-leyen-live.*
45 Schwab, Klaus, Malleret, Thierry: *COVID-19: Der Grosse Umbruch,* Forum Publishing, 2020.
46 Schwab, Klaus: Die Vierte Industrielle Revolution, Pantheon Verlag, München 2016.
47 *https://www.getabstract.com/de/zusammenfassung/die-vierte-industrielle-revolution/27559.*
48 Ebd.
49 Orzechowski, Peter: *Durch Corona in die Neue Weltordnung,* Kopp Verlag, Rottenburg a. N. 2021.

50 *https://www.weforum.org/.*
51 *https://inclusivecapitalism.com/.*
52 *https://www.ots.at/presseaussendung/OTS_20201208_OTS0072/der-rat-fuer-einen-inklusiven-kapitalismus-mit-dem-vatikan-ein-neues-buendnis-von-globalen-wirtschaftsfuehrern-startet-heute.*
53 *https://deutsche-wirtschafts-nachrichten.de/508119/Great-Reset-Vatikan-schliesst-grosses-Buendnis-mit-den-Reichsten-der-Welt.*
54 *https://beruhmte-zitate.de/zitate/135549-horst-seehofer-diejenigen-die-entscheiden-sind-nicht-gewahlt-u/.*
55 *https://de.wikipedia.org/wiki/Bilderberg-Konferenz.*
56 *https://www.dailymail.co.uk/news/article-2336847/Bilderberg-2013-Who-billionaires-politicians-arriving-secretive-conference-Watford-hotel.html.*
57 *http://www.propagandafront.de/130870/fruherer-nato-generalsekretar-raumt-ein-dass-bilderberger-globale-politik-festlegen.html.*
58 *https://de.wikipedia.org/wiki/Trilaterale_Kommission.*
59 *https://www.basel-express.ch/redaktion/geld-und-wirtschaft/275-unglaublich-aber-wahr.*
60 *https://english.berkeley.edu/user_books/136.*
61 *https://www.weforum.org/people/yuval-noah-harari.*
62 *Der Spiegel,* Nr. 13, 21. März 2020, S. 110.
63 Ebd.
64 *https://de.wikipedia.org/wiki/Yuval_Noah_Harari.*
65 *Der Spiegel,* Nr. 13, 21. März 2020, S. 111 f.
66 *https://apolut.net/nutzlose-menschen-von-ruediger-lenz/.*
67 *https://uncutnews.ch/eine-ki-die-bibel-umschreibt-und-religionen-schafft-die-tatsachlich-korrekt-sind/.*
68 *https://www.kiss-stuttgart.de/wp-content/uploads/2020/05/Yuval-Noah-Harari-deutsch.pdf.*
69 *https://www.youtube.com/watch?v=od54InL1fMg.*
70 Ebd.
71 *https://www.reuters.com/article/fact-check-wef-schwab-harari-idUSL1N33D18N.*
72 *https://www.globalresearch.ca/dark-origins-davos-great-reset/5797113.*
73 *https://uncutnews.ch/die-entvoelkerungsagenda-teil-1/.*
74 Meadows, Donella, Meadows, Dennis, Randers, Jørgen, Behrens, William W.: *Die Grenzen des Wachstums. Bericht des Club of Rome zur Lage der Menschheit,* Deutsche Verlags-Anstalt, Stuttgart 1972.
75 *https://www.zeit.de/2022/41/dennis-meadows-wirtschaftswachstum-klimakrise.*
76 *https://uncutnews.ch/der-autor-von-die-grenzen-des-wachstums-befuerwortet-den-voelkermord-an-86-der-weltbevoelkerung/.*
77 *https://archive.org/details/united-nations-agenda-2030-global-biodiversity-assessment-1995/page/773/mode/2up.*

78 *https://www.pravda-tv.com/2021/09/die-agenda-der-sogenannten-elite-verringerung-der-weltbevoelkerung/.*
79 *https://www3.weforum.org/docs/WEF_First40Years_Book_2010.pdf.*
80 *https://www.watson.ch/wissen/history/504864928-wie-viele-menschen-ertraegt-die-erde.*
81 Ebd.
82 *https://quadrant.org.au/opinion/doomed-planet/2015/12/discovering-maurice-strong/.*
83 *https://uncutnews.ch/der-autor-von-die-grenzen-des-wachstums-befuerwortet-den-voelkermord-an-86-der-weltbevoelkerung/.*
84 *https://de.wikipedia.org/wiki/United_Nations_Foundation.*
85 *https://de.wikipedia.org/wiki/Tim_Wirth.*
86 *https://sandiadams.net/what-is-agenda-21-introduction-history/.*
87 *https://mirfaces.com/lester-russel-brown-american-environmentalist/.*
88 Ebd.
89 *https://de.wikipedia.org/wiki/Thomas_Robert_Malthus.*
90 *https://www.gutenberg.org/files/2010/2010-h/2010-h.htm.*
91 *https://evolutionnews.org/2005/12/suppressing_the_truth_about_da/.*
92 *https://uncutnews.ch/barbara-malthusian-hubbard-von-den-grenzen-des-wachstums-zur-un-agenda-2030/.*
93 *https://de.wikipedia.org/wiki/Eugenik.*
94 Galton, F.: »Eugenics, its Definition, Scope, and Aim«, in: *Sociological Papers, Band* 1, 1905, S. 45–50.
95 *https://www.goodreads.com/quotes/638504-the-most-merciful-thing-that-a-large-family-does-to.*
96 *https://www.azquotes.com/author/23433-Julian_Huxley.*
97 *https://www.azquotes.com/author/13418-George_Bernard_Shaw/tag/euthanasia.*
98 Levy, David M., Peart, Sandra J.: »Eugenics Rides a Time Machine. H. G. Well's outline of a genocide« (Memento vom 3. September 2009 im Internet Archive), *Reason Magazine,* 26. März 2002.
99 Wells, Herbert G.: »Race in Utopia: Modern Utopia« (1905), in: *The Works of H. G. Wells,* Bd. IV, T. Fisher Unwin Verlag, London 1924–1927, S. 274.
100 *https://en.wikipedia.org/wiki/Bill_Gates_Sr.*
101 *https://uncutnews.ch/die-globalisten-fuhren-einen-krieg-um-die-welt-alex-jones-schlusselt-den-great-reset-auf/.*
102 *https://archive.is/ZOVcK.*
103 Hrsg.: Peterson, Dale und Bekoff, Marc: *The Jane Effect - Celebrating Jane Goodall,* Trinity University Press, San Antonio 2015.
104 *https://www.youtube.com/watch?v=9XKm0MUIJQs.*
105 Ebd.
106 *https://www.spectator.co.uk/article/malthus-s-children/.*
107 *https://en.wikipedia.org/wiki/PopOffsets.*

108 *https://populationmatters.org/empower-to-plan/.*
109 Diessenbacher, Hartmut: *Kriege der Zukunft: Die Bevölkerungsexplosion gefährdet den Frieden,* Hanser, München 1998.
110 *https://uncutnews.ch/putins-gesandter-in-wladiwostok-der-westen-will-die-weltbevoelkerung-auf-1-milliarde-reduzieren/.*
111 Das Interview ist im Netz nicht mehr abrufbar, aber erhalten bei: *https://uncutnews.ch/ehemaliger-pfizer-vizepraesident-michael-yeadon-das-entvoelkerungsprogramm-in-den-koepfen-der-menschen-hinter-der-covid-tyrannei/.*
112 *https://uncutnews.ch/die-schockierende-wahrheit-ueber-die-globale-entvoelkerungsagenda/.*
113 *https://uncutnews.ch/ehemaliger-vizepraesident-von-pfizer-es-gibt-einen-plan-millionen-wenn-nicht-milliarden-von-menschen-zu-toeten/.*
114 Ebd.
115 *https://www.weforum.org/agenda/2022/06/global-decline-of-fertility-rates-visualised/.*
116 *https://www.cf.org/news/project-veritas-exposes-pfizer-director-expressing-concerns-over-vaccine-related-menstrual-cycle-changes/.*
117 *https://apnews.com/article/fact-checking-950821598874; https://expose-news.com/2023/03/08/confidential-pfizer-documents-reveal-covid-19-vaccination-is-going-to-lead-to-depopulation/.*
118 *https://www.conservativewoman.co.uk/devastating-horrific-the-jabs-true-effect-on-mothers-to-be/.*
119 *https://uncutnews.ch/fruchtbarkeitskrise-top-facharzt-beschuldigt-pfizer-des-toedlichen-komplotts-gegen-babys-und-schwangere-frauen-das-schlimmste-steht-noch-bevor/.*
120 Ebd.
121 Ebd.
122 Ebd.
123 *https://mole.substack.com/p/vax_danger-2022-07-26-special-killjab.*
124 *https://vaccineimpact.com/2022/australian-bureau-of-statistics-shows-72-drop-in-births-9-months-after-covid-shots-started/.*
125 *https://vk.ovg.ox.ac.uk/vaccine-ingredients#Products-used-in-the-manufacture-of-the-vaccine.*
126 *https://uncutnews.ch/dr-naomi-wolf-die-entvoelkerungsagenda-von-pfizer-belegt-durch-ihre-eigenen-dokumente/.*
127 *https://www.scirp.org/Journal/PaperInformation.aspx?PaperID=81838.*
128 *https://pubmed.ncbi.nlm.nih.gov/2445212/.*
129 Einsehbar unter: *https://uncutnews.ch/die-schockierende-wahrheit-ueber-die-globale-entvoelkerungsagenda/.*
130 Ebd.
131 Ebd.
132 Ebd.

133 Ebd.
134 Ebd.
135 *https://www.mtdialog.de/artikel/eu-uebersterblichkeit-im-dezember-deutschland-auf-platz-1.*
136 *https://uncutnews.ch/katastrophe-zeichnet-sich-ab-deagels-prognose-fuer-die-entvoelkerung-im-2025-wird-durch-offizielle-zahlen-ueber-todesfaelle-in-millionenhoehe-und-vertrauliche-pfizer-dokumente-gestuetzt/.*
137 *https://expose-news.com/2023/04/30/pfizer-75billion-kill-your-friends-family/.*
138 *https://web.archive.org/web/20230330133828/https://www.euromomo.eu/graphs-and-maps.*
139 *https://stats.oecd.org/index.aspx?queryid=104676.*
140 *https://reitschuster.de/post/massive-uebersterblichkeit-ab-dem-zweiten-halbjahr-2021/.*
141 Ebd.
142 Ebd.
143 Ebd.
144 *https://uncutnews.ch/arne-burkhardt-ich-sehe-eine-uebersterblichkeit-aufgrund-der-mrna-impfung/.*
145 *https://www.msn.com/de-de/gesundheit/medizinisch/ein-kardiologe-warnt-immer-mehr-junge-menschen-bekommen-einen-herzinfarkt-schuld-ist-ihr-lifestyle/ar-AA17PNOi?getstaticpage=true&ocid=BingNews.*
146 *https://www.help.senate.gov/imo/media/doc/report_an_analysis_of_the_origins_of_covid-19_102722.pdf.*
147 *https://jme.bmj.com/content/early/2023/04/25/jme-2022-108871.full.*
148 Ebd.
149 *https://www.internationalcovidsummit.com/.*
150 Alle Zitate nach: *https://uncutnews.ch/dies-ist-das-wichtigste-video-das-sie-in-diesem-jahr-sehen-werden/.*
151 *https://www.everycrsreport.com/reports/RL33589.html.*
152 *https://www.fda.gov/emergency-preparedness-and-response/mcm-legal-regulatory-and-policy-framework/pandemic-and-all-hazards-preparedness-reauthorization-act-2013-pahpra.*
153 Ebd.
154 *https://obamawhitehouse.archives.gov/the-press-office/2016/11/04/executive-order-advancing-global-health-security-agenda-achieve-world.*
155 *https://www.congress.gov/114/plaws/publ328/PLAW-114publ328.pdf.*
156 *https://trumpwhitehouse.archives.gov/wp-content/uploads/2019/05/GHSS.pdf.*
157 *https://www.congress.gov/bill/116th-congress/senate-bill/1379.*
158 Ebd.
159 Ebd.
160 *https://www.youtube.com/watch?v=kCmHlp97YNk.*

161 *https://www.who.int/news/item/12-09-2019-vaccination-european-commission-and-world-health-organization-join-forces-to-promote-the-benefits-of-vaccines.*
162 Ebd.
163 *https://multipolar-magazin.de/artikel/wie-der-lockdown-nach-deutschland-kam.*
164 Ebd.
165 *https://de.wikipedia.org/wiki/Robert_Koch-Institut.*
166 *https://www.rki.de/DE/Content/InfAZ/N/Neuartiges_Coronavirus/Arbeitsschutz_Tab.html.*
167 Ebd.
168 *https://unlimitedhangout.com/2020/12/investigative-series/developers-of-oxford-astrazeneca-vaccine-tied-to-uk-eugenics-movement/.*
169 Ebd.
170 *https://wellcome.org/grant-funding.*
171 *https://www.jenner.ac.uk/about.*
172 *https://www.gatesfoundation.org/search?q=reproduction%20control%20in%20Africa.*
173 *https://www.hopkinsguides.com/hopkins/view/Johns_Hopkins_ABX_Guide/540747/all/Coronavirus_COVID_19__SARS_CoV_2_.*
174 *https://archive.vn/B9iNZ.*
175 *https://groups.google.com/g/de.soc.umwelt/c/Zu_F8u700ls.*
176 *https://www.epochtimes.de/gesundheit/johns-hopkins-universitaet-und-pfizer-warnen-vor-sich-selbst-ausbreitenden-impfstoffen-a3507722.html.*
177 Ebd.
178 *https://takecontrol.substack.com/p/eating-pork-treated-with-gene-therapy.*
179 Ebd.
180 Ebd.
181 Ebd.
182 Ebd.
183 Ebd.
184 Ebd.
185 *https://www.vol.at/bill-gates-warnt-vor-nachster-pandemie/7867444.*
186 Ebd.
187 Ebd.
188 *https://multipolar-magazin.de/media/pdf/corona-laborvirus.pdf.*
189 Ebd. sowie *https://www.independentsciencenews.org/commentaries/an-interview-with-richard-ebright-anthony-fauci-francis-collins-systematically-thwarted/.*
190 *https://timesofindia.indiatimes.com/life-style/health-fitness/health-news/boston-university-claims-to-have-developed-a-lethal-covid-strain-with-80-kill-rate-all-you-need-to-know/photostory/94933128.cms?picid=94933195.*

191 *https://www.tagesspiegel.de/wissen/neuer-bericht-des-us-senats-zu-covid-ursprung-chinesisches-labor-kampfte-offenbar-mit-sicherheitsproblemen-9674684.html.*
192 *https://www.infosperber.ch/politik/und-doch-labors-in-ukraine-forschten-mit-b-kampfstoffen/.*
193 *https://www.n-tv.de/politik/WHO-Ukraine-soll-Erreger-in-Laboren-zerstoeren-article23188413.html.*
194 Ausführliche Informationen dazu in: Röper, Thomas: *Inside Corona. Die Pandemie, das Netzwerk & die Hintermänner*, J. K. Fischer Verlag, Gelnhausen 2020.
195 *https://www.infosperber.ch/politik/und-doch-labors-in-ukraine-forschten-mit-b-kampfstoffen/.*
196 Ausführlich beschrieben in verschiedenen Artikeln: *https://www.anti-spiegel.ru/?s=Biowaffenlabore+in+der+Ukraine.*
197 Ebd.
198 Ebd.
199 *https://media.defense.gov/2022/Mar/11/2002954612/-1/-1/0/FACT-SHEET-THE-DEPARTMENT-OF-DEFENSE'S-COOPERATIVE-THREAT-REDUCTION-PROGRAM-BIOLOGICAL-THREAT-REDUCTION-PROGRAM-ACTIVITIES-IN-UKRAINE.PDF.*
200 *https://www.fli.de/de.*
201 *https://www.anti-spiegel.ru/?s=Biowaffenlabore+in+der+Ukraine.*
202 *https://de.wikipedia.org/wiki/Biowaffenkonvention.*
203 *https://www.theguardian.com/media/2022/mar/18/ukrainian-bioweapons-labs-qanon-fox-news.*
204 *https://resistir.info/livros/rebuilding_americas_defenses.pdf.*
205 *https://media.defense.gov/2019/Apr/11/2002115517/-1/-1/0/53ALMOSARAMONO.PDF.*
206 *https://www.etcgroup.org/.*
207 *https://www.anti-spiegel.ru/?s=Biowaffenlabore+in+der+Ukraine.*
208 Ebd.
209 *https://thenationalpulse.com/2021/06/08/daszak-reveals-chinese-colleagues-manipulating-coronaviruses/.*
210 *https://humansbefree.com/2021/06/researcher-who-funded-wuhan-lab-admitted-to-manipulating-coronaviruses.html.*
211 *https://www.fli.de/de.*
212 *https://organicconsumers.org/why-are-the-chickens-so-sick/.*
213 Ebd.
214 Ebd.
215 *https://www.fli.de/de.*
216 *https://winepressnews.com/2023/01/16/former-cdc-director-redfield-warns-the-great-pandemic-of-bird-flu-is-going-to-happen-media-pushes-this-mass-culling-scenario/.*

217 Ebd.
218 *https://abcnews.go.com/Health/latest-bird-flu-outbreak-humans/story?id=96989200.*
219 *https://www.cdc.gov/flu/avianflu/avian-flu-summary.htm.*
220 *https://globalnews.ca/news/9575793/bird-flu-pandemic-potential-canada/.*
221 *https://www.reuters.com/video/watch/idOV893221032023RP1.*
222 *https://research.cornell.edu/news-features/nanobots-can-do-just-about-anything.*
223 Ebd.
224 Ebd.
225 *https://www.youtube.com/watch?v=T9Y_W_30hsM; in voller Länge siehe: https://freedomlibrary.hillsdale.edu/programs/cca-iv-big-pharma/what-s-in-the-pfizer-documents?utm_campaign=ea_15min&utm_medium=youtube&utm_source=youtube&utm_content=Wolf_030623.*
226 Ebd.
227 Ebd.
228 Ebd.
229 Ebd.
230 Ebd.
231 Ebd.
232 Ebd.
233 Ebd.
234 *https://uncutnews.ch/cv19-biowaffe-injektion-ist-kein-voelkermord-es-ist-ausrottung-karen-kingston/.*
235 *https://uncutnews.ch/das-grosste-verbrechen-gegen-die-menschheit-in-unserer-geschichte-naomi-wolfs-11-enthullungen-aus-den-pfizer-impfstoff-dokumenten/.*
236 *http://www.jcimjournal.com/EN/2095-4964/home.shtml.*
237 *https://www.ijphs.org/.*
238 *https://www.researchgate.net/publication/273526401_Insights_of_Spermicidal_Research_An_Update.*
239 *https://uncutnews.ch/die-entvoelkerungsagenda-teil-4-giftstoffe-in-unserer-nahrung-und-unserem-wasser/.*
240 Ebd.
241 *https://www.scienceandsociety.com/.*
242 *https://www.naturalhealthwoman.com/jo-wood-my-concerns-about-gm-food.*
243 *https://www.bund.net/fileadmin/user_upload_bund/publikationen/chemie/fluor_studie.pdf.*
244 *https://www.planet-wissen.de/natur/tier_und_mensch/tierzucht/pwieschadstoffeinlebensmitteln100.html.*
245 *https://www.test.de/Dioxin-in-Lebensmitteln-10-Fragen-und-Antworten-4191849-0/.*

246 *https://www.who.int/news-room/fact-sheets/detail/dioxins-and-their-effects-on-human-health.*
247 *https://www.efsa.europa.eu/de/press/news/dioxins-and-related-pcbs-tolerable-intake-level-updated.*
248 *https://www.laves.niedersachsen.de/startseite/lebensmittel/lebensmittelgruppen/fisch_fischerzeugnisse/schwermetalle-in-fischen-und-fischereierzeugnissen-152347.html.*
249 *https://chemie-in-lebensmitteln.katalyse.de/schwermetalle/.*
250 *https://www.planet-wissen.de/natur/tier_und_mensch/tierzucht/pwieschadstoffeinlebensmitteln100.html#Kaffee.*
251 *https://de.wfp.org/.*
252 *https://www.nweurope.eu/media/15027/phos4you_201_schilthuis_eu_com.pdf.*
253 *https://www.unep.org/news-and-stories/press-release/colombo-declaration-calls-tackling-global-nitrogen-challenge.*
254 *https://reason.com/2022/09/07/when-sri-lanka-banned-synthetic-fertilizers-the-country-imploded/.*
255 *https://www.conservativewoman.co.uk/sri-lankas-toxic-mix-of-corruption-chinese-buy-ups-and-green-lunacy/.*
256 *https://www.theorganicprepper.com/dutch-government-steal-farms/.*
257 *https://www.bauernverband.de/topartikel/massnahmen-zur-sicherung-der-nahrungsmittelversorgung-sowie-zur-kostendaempfung-auf-den-weg-bringen.*
258 *https://www.tagesspiegel.de/wirtschaft/wir-steuern-auf-die-grosste-hungersnot-der-menschheitsgeschichte-zu-5766304.html.*
259 *https://www.faz.net/aktuell/wirtschaft/der-krieg-wird-bis-zu-100-millionen-menschen-in-den-hunger-treiben-17868516.html.*
260 *https://www.sueddeutsche.de/wirtschaft/welternaehrungsprogramm-hunger-1.5778666?reduced=true.*
261 *https://www.costanachrichten.com/service/residenten-ratgeber/insekten-lebensmittel-forscher-spanien-risiken-gesundheit-allergien-gefahr-hausgrille-eu-zugelassen-92071177.html .*
262 *https://www.faz.net/aktuell/wirtschaft/oxfam-ukraine-krieg-hat-katastrophale-folgen-auch-fuer-ostafrika-17896047.html.*
263 Ebd.
264 *https://www.fr.de/panorama/ukraine-krieg-lebensmittel-knapp-weizen-anh-entwicklungsministerin-schulze-brotaufstaende-91430724.html.*
265 *https://www.ifastat.org/databases/plant-nutrition.*
266 *https://www.fao.org/statistics/en/.*
267 *https://www.vaticannews.va/de/welt/news/2022-08/uno-fao-westafrika-gaoutoueu-hunger-not-krieg-weizen.html.*
268 *https://de.wfp.org/pressemitteilungen/hunger-verschaerft-sich-19-hunger-hotspots-am-horn-von-afrika-droht-hungersnot.*
269 *https://www.theccc.org.uk/.*

270 *https://becauseipcc.thesuccession.ca/about/.*
271 *https://tapnewswire.com/2023/03/researchers-warn-net-zero-zealots-policies-will-cause-half-the-worlds-population-to-starve/.*
272 *https://www.foxnews.com/politics/john-kerry-targets-agriculture-part-climate-crusade.*
273 *https://web.de/magazine/wissen/klima/klima-irland-erwaegt-toetung-zehntausender-kuehe-38337046.*
274 *https://uncutnews.ch/von-netto-null-bis-glyphosat-agritechs-gruengewaschener-griff-nach-der-macht/.*
275 *https://uncutnews.ch/mitbegruender-von-greenpeace-warnt-wenn-wir-den-nullpunkt-erreichen-werden-mindestens-50-prozent-der-bevoelkerung-sterben/.*
276 *https://www.gov.uk/government/publications/apply-for-a-lump-sum-payment-to-leave-or-retire-from-farming.*
277 *https://www.theguardian.com/commentisfree/2021/apr/05/bill-gates-climate-crisis-farmland.*
278 *https://cowboystatedaily.com/2022/09/27/ef-bf-bcbill-gates-backed-fake-meat-ventures-may-be-too-woke-for-some/.*
279 *https://www.deseret.com/2023/2/21/23608561/baby-formula-shortage-may-not-be-as-over-as-you-think.*
280 *https://uncutnews.ch/the-economist-hohe-energiepreise-toeteten-im-letzten-winter-68-000-europaeer/.*
281 *https://sdgs.un.org/conferences/water2023.*
282 *https://sdgs.un.org/conferences/water2023/action-agenda.*
283 *https://sdgs.un.org/sites/default/files/2022-11/Water_Action_Agenda_operations_concept_note.pdf.*
284 *https://www.bbk.bund.de/DE/Themen/Krisenmanagement/LUEKEX/_documents/art-luekex18.html.*
285 *https://www.cna.org/reports/2015/IQR-2015-U-012427.pdf.*
286 *https://eatforum.org/.*
287 Ebd.
288 *https://www.intentionalendowments.org/farm_animal_investment_risk_and_return.*
289 *https://ripe.illinois.edu/news/uk-aid-partners-gates-foundation-tackle-global-food-insecurity.*
290 *https://www.youtube.com/watch?v=GdvOs9enLNw.*
291 *https://www.galvmed.org/news/gates-foundation-dfid-award-galvmed-51-million-to-combat-livestock-disease/.*
292 *https://nypost.com/2018/01/29/bill-gates-invests-40-million-to-create-a-super-cow/.*
293 *https://apnews.com/article/fact-check-bill-gates-blackrock-788010130032.*
294 *https://www.gatesagone.org/.*
295 *https://agra.org/.*

296 *https://breakthroughenergy.org/.*
297 *https://projectcatalyst.org/.*
298 *https://thinkamericana.com/heres-96-examples-that-the-food-shortages-are-being-created-not-predicted/.*
299 *https://www.westernstandard.news/news/exclusive-destruction-of-food-plants-a-global-phenomenon/article_d795f4fe-88ef-57a4-a671-957b584fb147.html.*
300 Stand: 1. Mai 2023.
301 *https://www.theguardian.com/environment/2022/dec/09/avian-flu-has-led-to-the-killing-of-140m-farmed-birds-since-last-october.*
302 *https://www.gov.uk/government/news/bird-flu-avian-influenza-latest-situation-in-england.*
303 *https://www.oecd.org/coronavirus/policy-responses/food-supply-chains-and-covid-19-impacts-and-policy-lessons-71b57aea/.*
304 *https://www.youtube.com/watch?v=7E4Eg_ixHBw.*
305 *https://nachrichten.fr/meteo-france-warnt-vor-trockenheit-und-duerre/.*
306 *https://droughtmonitor.unl.edu/.*
307 *https://uncutnews.ch/wird-die-massenvergiftung-unseres-himmels-einen-toedlichen-feldeffekt-verursachen/.*
308 *https://www.pravda-tv.com/2018/10/chemtrails-gegen-den-klimawandel-die-stra%C2%ADte%C2%ADgi%C2%ADsche-zer%C2%ADstoe%C2%ADrung-jeg%C2%ADli%C2%ADcher-naturgrundlage-videos/.*
309 *http://webserver.rilin.state.ri.us/BillText17/HouseText17/H6011.pdf.*
310 *https://www.globalresearch.ca/spain-law-allows-geoengineering-experiments/5790524; https://aemetblog.es/2016/09/30/aemet-al-margen-de-las-llamadas-avionetas-anti-lluvias/*
311 *https://uncutnews.ch/wird-die-massenvergiftung-unseres-himmels-einen-toedlichen-feldeffekt-verursachen/.*
312 Ebd.
313 Ebd.
314 *http://docplayer.org/189341260-Us-kongress-finanziert-jetzt-umstrittenen-geoengineering-plan-b-um-partikel-in-den-himmel-zu-spruehen-um-die-erde-zu-kuehlen.html.*
315 *https://techcrunch.com/2022/10/25/chris-sacca-on-climate-investing-right-now-were-trying-to-keep-up-with-tailwinds/.*
316 *https://www.cnbc.com/2022/10/13/what-is-solar-geoengineering-sunlight-reflection-risks-and-benefits.html.*
317 Ebd.
318 *https://www.cnbc.com/2023/04/13/solar-geoengineering-climate-scientists-are-far-from-convinced.html.*
319 *https://uncutnews.ch/mitbegruender-von-greenpeace-hat-die-nase-voll-vom-klima-luft-geplaenkel/.*
320 *https://dudeweblog.wordpress.com/2020/09/26/hybride-kriegsfuhrung-die-waffe-wetter/.*

321 *https://www.anti-spiegel.ru/2023/wie-einig-ist-sich-die-wissenschaft-wirklich/.*
322 *https://uncutnews.ch/sie-luegen-sie-an-die-emissionen-fossiler-brennstoffe-verursachen-keine-globale-erwaermung/.*
323 *https://www.anti-spiegel.ru/2023/wie-einig-ist-sich-die-wissenschaft-wirklich/.*
324 *https://www.tandfonline.com/doi/full/10.1080/21550085.2023.2166342.*
325 Ebd.
326 *https://dudeweblog.wordpress.com/2020/06/07/wetterterror-alternative-hebemechanismen-zum-wasserklau-der-neuen-welt-unwetter-ordnung/.*
327 *https://electroverse.co/temps-fall-below-30-year-baseline-now-down-0-75c-from-2016/.*
328 *https://electroverse.co/heavy-snow-lebanon-balkans-freeze-polar-vortex-we-should-fear-a-deep-temperature-drop/.*
329 *https://www.researchgate.net/publication/365216760_Application_of_Technologies_for_Influencing_the_Weather_in_Contempoprary_Geopolitical_Situation.*
330 *https://dudeweblog.wordpress.com/2020/01/11/berechtigte-fragen-an-die-who/.*
331 *https://dudeweblog.wordpress.com/2014/07/12/elektrosmog-und-funktechnologie-als-zerstorer-des-naturlichen-lebens/.*
332 *https://dudeweblog.wordpress.com/2019/12/29/im-schnellzug-gen-abgrund-die-laufende-totale-versklavung-der-menschheit/.*
333 *https://de.wikipedia.org/wiki/Magnesium.*
334 *https://de.wikipedia.org/wiki/Eisen.*
335 *https://de.wikipedia.org/wiki/Schwefel.*
336 *https://de.wikipedia.org/wiki/JP-8.*
337 *https://www.faz.net/aktuell/gesellschaft/thema/waldbrand-kalifornien.*
338 *https://www.ausairpower.net/APA-DEW-HEL-Analysis.html#mozTocId262135.*
339 *https://dudeweblog.wordpress.com/2020/03/06/strahlenkrieg-neue-studie-der-ieee-die-vor-funktechnologien-warnt-entlarvt/.*
340 Ebd.
341 *https://www.srf.ch/news/international/erforschung-von-waldbraenden-wir-sind-am-punkt-an-dem-sich-das-klima-schon-veraendert-hat.*
342 Ebd.
343 Ebd.
344 Dieses und die folgenden Zitate aus: *https://ia801605.us.archive.org/35/items/WeatherAsAForceMultiplier/WeatherAsAForceMultiplier.pdf.*
345 *https://www.mutex.school/hall_of_fame/john-von-neumann.*
346 *https://en.wikipedia.org/wiki/Operation_Popeye.*
347 *https://www.youtube.com/watch?v=r00BJR9qV-0; https://www.youtube.com/watch?v=TSJtBnbcm98.*
348 *https://www.globalresearch.ca/romanian-general-emil-strainu-terrifying-possibilities-geo-warfare/5811760.*
349 Ebd.

350 *https://truthcomestolight.com/romanian-senator-diana-iovanovici-sosoaca-speaks-to-parliament-about-earthquakes-on-demand-technology-by-killing-people-they-served-their-interests/.*
351 Ebd.
352 *https://www.pbs.org/tesla/res/res_art11.html.*
353 *https://uncutnews.ch/whistleblower-macht-erstaunliche-enthullungen-uber-die-antarktis-was-sie-verbergen/.*
354 *https://apps.dtic.mil/sti/pdfs/AD0509724.pdf.*
355 *https://www.geoengineeringwatch.org/.*
356 *https://www.welt.de/politik/deutschland/article223275012/Kampf-gegen-Klimawandel-Lauterbach-wegen-Coronazeit-pessimistisch.html.*
357 *https://www.project-syndicate.org/commentary/radical-green-overhaul-to-avoid-climate-lockdown-by-mariana-mazzucato-2020-09/german.*
358 *https://uncutnews.ch/energie-als-mittel-der-kontrolle-und-der-krieg-gegen-den-kohlenstoff/.*
359 Ebd.
360 Ebd.
361 Ebd.
362 *https://www.foreignaffairs.com/issues/2019/98/3.*
363 *https://www.bloomberg.com/view/articles/2019-06-10/china-and-russia-want-to-control-the-world-island#xj4y7vzkg.*
364 *https://www.archives.gov/files/declassification/iscap/pdf/2008-003-docs1-12.pdf.*
365 *https://www.nato.int/nato_static_fl2014/assets/pdf/2021/6/pdf/2106-factsheet-nato2030-en.pdf.*
366 Ebd.
367 *https://www.spiegel.de/politik/ausland/gipfel-in-bukarest-nato-verspricht-georgien-und-ukraine-aufnahme-in-ferner-zukunft-russland-wuetend-a-545145.html.*
368 *https://rsvdr.wordpress.com/2014/05/25/russland-reagiert-mit-gegenmasnahmen-auf-aufstockung-von-nato-truppen/*
369 *https://www.congress.gov/113/plaws/publ272/PLAW-113publ272.pdf.*
370 *https://outdoorundsurvival.blogspot.com/2015/11/die-achse-des-bosen-usa-katar-ukraine.html.*
371 *https://www.telepolis.de/features/Poroschenko-warnt-vor-griechischem-Virus-3374064.html.*
372 *https://diefreiheitsliebe.de/wirtschaft/der-iwf-leiht-geld-trotz-zahlungsausfall-die-ukraine-in-der-schocktherapie/.*
373 *https://www.congress.gov/86/statute/STATUTE-73/STATUTE-73-Pg212.pdf.*
374 *https://www.stern.de/politik/ausland/propaganda--wladimir-putin-spricht-von--genozid--in-der-ostukraine---was-ist-da-dran--31631064.html.*
375 *https://www.german-foreign-policy.com/news/detail/8826.*
376 *https://dgap.org/de.*
377 *https://www.german-foreign-policy.com/news/detail/8826.*

378 *https://www.auswaertiges-amt.de/de/newsroom/baerbock-nationale-sicherheitsstrategie/2517738.*
379 *https://www.bundestag.de/resource/blob/892384/d9b4c174ae0e0af275b8f42b143b2308/WD-2-019-22-pdf-data.pdf.*
380 *https://www.faz.net/aktuell/politik/ausland/afghanistan-kramp-karrenbauers-vorschlag-fuer-eu-eingreiftruppe-17513437.html.*
381 *https://www.bmvg.de/de/presse/eu-verteidigungsminister-erreichen-mehrere-meilensteine-4526066.*
382 *https://www.labournet.de/politik/eu-politik/eu-militaer/die-prioritaeten-der-eu-verteidigungsminister-der-vier-groessten-eu-staaten-fordern-wegen-covid-19-pandemie-weitere-staerkung-des-militaers/.*
383 *https://ec.europa.eu/commission/presscorner/detail/de/speech_22_5493.*
384 *https://www.bpb.de/kurz-knapp/hintergrund-aktuell/243279/nato-enhanced-forward-presence-im-baltikum-und-polen/.*
385 *https://www.bmvg.de/resource/blob/26544/9ceddf6df2f48ca87aa0e3ce2826348d/20180731-konzeption-der-bundeswehr-data.pdf.*
386 *https://www.bmvg.de/resource/blob/228940/8ed9503058718376a774edcc3ae6a484/20200324-download-rede-akk-bei-maritime-akademie-data.pdf.*
387 *https://deutscher-friedensrat.de/pdf/FremdeBaseniD(2).pdf.*
388 *https://www.swp-berlin.org/10.18449/2022A49/.*
389 *https://ifsh.de/file/publication/Policy_Brief/19_02_Policy_Brief.pdf.*
390 *https://www.degruyter.com/document/doi/10.1515/sirius-2019-3004/html?lang=de.*
391 *https://de.rbth.com/politik/2016/10/13/us-raketenschild-in-europa-ist-russland-das-eigentliche-ziel_638467.*
392 *https://www.rri.ro/de_de/russland_kritisiert_raketenabschuss_station_im_sudrumaensichen_deveselu-2547586.*
393 *https://www.swp-berlin.org/publications/products/studien/2017S13_kuk.pdf.*
394 *https://www.foreignaffairs.com/issues/2006/85/2.*
395 *https://www.globalresearch.ca/sauron-rules-in-washington-neocons-firmly-believe-they-can-win-a-nuclear-war-against-russia-and-china/5588846.*
396 Ebd.
397 *https://www.usmcu.edu/Outreach/Marine-Corps-University-Press/MCU-Journal/Journal-of-Advanced-Military-Studies-SI-2022/Deterring-Russian-Nuclear-Threats-with-Low-Yield-Nukes-May-Encourage-Limited-Nuclear-War/.*
398 *https://media.defense.gov/2018/Feb/02/2001872886/-1/-1/1/2018-NUCLEAR-POSTURE-REVIEW-FINAL-REPORT.PDF.*
399 *https://www.swp-berlin.org/10.18449/2020S11/.*
400 *https://www.sozialismus.de/nc/vorherige_hefte_archiv/kommentare_analysen/detail/artikel/neues-kapitel-fuer-die-nukleare-abruestung/.*
401 *https://www.spiegel.de/ausland/russland-ukraine-news-briten-sehen-russische-armee-bei-cherson-in-einer-zwickmuehle-a-7b7aaede-87ed-4cec-9e55-7c313e9af5b9.*

402 *https://internationalepolitik.de/sites/default/files/ip_jahresregister_2018.pdf.*
403 *https://de.wikipedia.org/wiki/Council_on_Foreign_Relations.*
404 *https://www.welt.de/politik/deutschland/plus180136274/Eine-Nuklearmacht-Deutschland-staerkt-die-Sicherheit-des-Westens.html.*
405 *https://www.cicero.de/aussenpolitik/donald-trump-deutschland-usa-atommacht-nato-verteidigung-christian-hacke.*
406 *https://www.kas.de/documents/252038/253252/7_dokument_dok_pdf_18492_1.pdf/68b85438-891d-6438-8b03-41df635118d9?t=1539661534399.*
407 *https://www.baks.bund.de/de/arbeitspapiere/2016/der-nato-gipfel-von-warschau-sieben-zu-erwartende-botschaften.*
408 Ebd.
409 Diese und die folgenden Details in: *https://www.bits.de/public/researchreport/rr12-1-2.htm.*
410 *https://www.bundestag.de/webarchiv/textarchiv/2010/29155758_kw12_de_abruestung-201446.*
411 *https://www.bundesheer.at/pdf_pool/publikationen/iss_hauser_sicherheitsstrategien_usa.pdf.*
412 *https://thebulletin.org/2017/03/how-us-nuclear-force-modernization-is-undermining-strategic-stability-the-burst-height-compensating-super-fuze/.*
413 Ebd.
414 *https://repo.bibliothek.uni-halle.de/bitstream/1981185920/70959/1/iwr_84_265.pdf.*
415 *https://amti.csis.org/.*
416 *https://www.bloomberg.com/view/articles/2019-06-10/china-and-russia-want-to-control-the-world-island#xj4y7vzkg.*
417 Ebd.
418 *https://www.de.emb-japan.go.jp/itpr_de/presse_pm210322.html.*
419 *https://gppi.net/2022/02/28/schlüsselfrage-taiwan.*
420 *https://shop.freiheit.org/#!/Publikation/1330.*
421 *https://www.freiheit.org/node/25449.*
422 *https://www.swp-berlin.org/10.18449/2022S11/.*
423 Ebd.
424 Stavridis, James G., Ackerman, Elliot: *2034: A Novel of the Next World War*, Penguin Press, New York 2021.
425 *https://www.unhcr.org/dach/de/ueber-uns/wo-wir-taetig-sind/asien.*
426 *https://kurier.at/chronik/welt/indische-militaerflugzeuge-in-kaschmir-abgeschossen/400419470.*
427 *https://amerika21.de/2018/11/217437/venehzuela-gold-us-sanktionen.*
428 *https://www.voltairenet.org/article213164.html.*
429 *https://jp.reuters.com/article/china-arctic-greenland-idUSL4N1QP346.*
430 *https://www.defensenews.com/global/europe/2018/09/07/how-a-potential-chinese-built-airport-in-greenland-could-be-risky-for-a-vital-us-air-force-base/.*

431 *https://www.belfercenter.org/publication/russia-review-133.*
432 *https://www.biometricupdate.com/202305/e46m-earmarked-for-four-eu-digital-identity-wallet-pilots.*
433 *https://www.sopos.org/aufsaetze/54609993df2a6/1.phtml.html.*
434 *https://www.spiegel.de/netzwelt/web/edward-snowden-ueber-tempora-macht-der-britischen-datensauger-a-909849.html.*
435 *https://www.spiegel.de/politik/deutschland/mehr-als-200-us-geheimdienstler-spionieren-offiziell-in-deutschland-a-975285.html.*
436 *https://www.spiegel.de/politik/deutschland/nsa-nutzt-neues-abhoerzentrum-in-wiesbaden-a-911811.html.*
437 *https://www.merkur.de/politik/bauen-neues-abhoerzentrum-wiesbaden-bestaetigt-bericht-zr-3012023.html.*
438 *https://www.faz.net/aktuell/politik/inland/nsa-skandal-washingtons-drehscheibe-in-deutschland-12712833-p3.html.*
439 *https://www.sueddeutsche.de/politik/geheimdienste-codewort-eikonal-der-albtraum-der-bundesregierung-1.2157432.*
440 *https://commission.europa.eu/strategy-and-policy/priorities-2019-2024/europe-fit-digital-age/digital-services-act-ensuring-safe-and-accountable-online-environment_de.*
441 *https://www.who.int/initiatives/preparedness-and-resilience-for-emerging-threats.*
442 *https://apps.who.int/gb/wgihr/pdf_files/wgihr1/WGIHR_Compilation-en.pdf.*
443 *https://www.who.int/initiatives/preparedness-and-resilience-for-emerging-threats.*
444 *https://blog.google/technology/health/world-health-organization-google-collaboration-health-information/.*
445 *https://reclaimthenet.org/who-restrict-individual-civil-liberties.*
446 *https://www.nytimes.com/2023/06/05/us/politics/robert-f-kennedy-jr-twitter-2024.html.*
447 *https://www.cashkurs.com/wirtschaftsfacts/beitrag/der-weg-in-die-diktatur-amerikas-schattenregierung-und-deren-lautloser-putsch/.*
448 *https://www.activistpost.com/2023/05/u-s-rulers-launch-another-ministry-of-truth.html.*
449 Ebd.
450 *https://magspress.com/barack-obama-we-need-full-blown-govt-censorship-to-e/.*
451 *https://www.cbsnews.com/news/obama-grapples-americas-different-realities-how-can-we-have-a-common-set-of-facts/.*
452 *https://www.consilium.europa.eu/de/policies/coronavirus/pandemic-treaty/.*
453 *https://apps.who.int/gb/wgihr/.*
454 *https://dpa-factchecking.com/switzerland/230203-99-461849/.*
455 *https://dserver.bundestag.de/btd/20/067/2006712.pdf.*
456 *https://apps.who.int/gb/wgihr/pdf_files/wgihr1/WGIHR_Compilation-en.pdf.*

457 *https://interaktiv.tagesspiegel.de/lab/diese-laender-zahlen-am-meisten-fuer-die-weltgesundheit/.*
458 *https://gandhi.bvmd.de/wer-bezahlt-globale-gesundheit/.*
459 *https://merylnass.substack.com/archive?sort=search&search=One%20Health.*
460 Ebd.
461 *https://www.onehealthcommission.org/.*
462 *https://uncutnews.ch/rockefeller-arbeitet-mit-der-who-zusammen-um-die-welt-im-falle-von-pandemien-die-durch-den-klimawandel-verursacht-werden-zu-kontrollieren/.*
463 Ebd.
464 *https://uncutnews.ch/die-mittelschicht-wird-systematisch-vernichtet/.*
465 Ebd.
466 Ebd.
467 *https://uncutnews.ch/die-entvoelkerungsagenda-teil-1/.*